『訓民正音』의 한 이해

『訓民正音』의 한 이해

이현희・두임림・사화・스기야마 유타카・정혜린・김소영
김주상・백채원・가와사키 케이고・이상훈・김한결・김민지・왕철

역락

머리말

이 자료집은 2010년 2학기에 서울대학교 대학원 국어국문학과에 개설되었던 석박사공통과목 '훈민정음특강'(담당교수: 이현희) 시간 중에 학생들이 조별로 나누어 검토하였던 내용을 담고 있다. 석사과정과 박사과정을 이수하는 학생들에게 『訓民正音』의 해례본 내용에 담겨 있는 개념어들을 『訓民正音』 자체의 내적 논리에 따라 해설하고 그 문장의 현대어역을 검토하되 몇 가지 기존 연구성과를 대비하여 당시로서 최선의 번역문을 찾아내는 작업을 행하게 한 것이다. 아직 배우는 과정 중에 있기 때문에 그들이 이룬 이 결과물의 내용 중에는 미흡한 곳이 많으리라고 생각된다. 그러나 배우고 행하는 과정 중에 느낀 '감'이 있었을 것이다. 이것을 감지할 수 있었다면 그 '훈민정음특강' 시간은 충분히 제 역할을 다한 것이리라.

수강생은 12명이었다. 이상훈・김한결・Wang Zhe(王喆)・김민지(이상 석사과정), Xie Hua(謝華)・Du Linlin(杜林林)・Sugiyama Yutaka(杉山豊)・김주상・정혜린・김소영・백채원・Kawasaki Keigo(河崎啓綱)(이상 박사과정) 군 등이 편집과 간행까지 수고를 하였다. 특히 외국인 유학생들이 어려운 내용을 분석・해석하느라 땀을 꽤나 흘린 것으로 알고 있다. 내용 중에는 불균형하게 되어 있는 곳이 없지 않을 것이다. 그것은 짧으면 짧다고 할 만한 한 학기 동안에 이루어져야 하는 시간적 제약 때문에 어쩔 수가 없었다. 사실은 이 결과물의 편집이 끝나고 나서 담당교수인 내가 몇 군데 고치거나 기워 넣거나 하고 싶은 부분이 없지 않았다. 그러나 학기 중에 지적해 준 사항은 몰라도, 학기가 끝나고 나서까지 내 의견을 고집하여 반영

시킨다는 것은 이 결과물의 성격에 걸맞지 않은 것으로 판단하여 상당 부분을 덜어 내었음을 밝혀둔다.

　원래 이 결과물은 『국어학논집』 제8집으로 구상되었던 것이다. 그러나 이 결과물을 일독하신 출판사 역락의 이대현 사장께서 단행본으로 내었으면 어떻겠는가 하는 의견을 주셨다. 감사하고도 감사한 일이다. 이 일의 실무를 맡아 수고하신 모든 이들에게 고맙다는 인사를 전한다.

　　　　　　　교정지를 만지작거리며 이현희가 몇 자 적는다

차례

『訓民正音』 解例本의 제번역 검토와 새 번역안

0 『訓民正音』 解例本

① 方鍾鉉(1947), 『訓民正音通史』, 一成堂書店.

② 金敏洙(1957), 『(注解)訓民正音』, 通文館.

③ 강신항(1978/2008), 『訓民正音(譯註)』, 新丘文化社.

④ 李成九(1985), 『訓民正音研究』, 東文社.

⑤ 조규태(2010), 『번역하고 풀이한 훈민정음』, 개정판 ; 한국문화사.

⑥ 홍기문(1946), 『正音發達史』, 서울신문사 출판국.

⑦ 田蒙秀・洪起文(1949), 『訓民正音 譯解』, 조선어문연구회.

⑧ 렴종률・김영황(1982), 『≪훈민정음≫에 대하여』, 김일성종합대학출판사.

⑨ 새 번역안

◪ 일러두기

• 원문의 장차는 <正音>과 <正音解例>의 두 가지로 표시하였는데, 그 이유는 『訓民正音』이 세종이 지은 본문과 신하들이 지은 해례의 두 부분으로 되어 있고 실제로 版心題가 그렇게 되어 있기 때문이다. 조규태(2010), 『번역하고 풀이한 훈민정음』의 영인본에도 '정음'과 '정음 해례'로 장차가 구분되어 있다.

『訓民正音』解例本의 제번역 검토와 새 번역안

1. 새 번역안은 『訓民正音』의 제번역을 검토한 후에 새로운 대안으로 제시한 것이다. 제번역과 새 번역안의 약호는 다음과 같다.

   ❶ 『訓民正音』解例本
   ① 方鍾鉉(1947), 『訓民正音通史』, 一成堂書店.
   ② 金敏洙(1957), 『(注解)訓民正音』, 通文館.
   ③ 강신항(1978/2008), 『訓民正音(譯註)』, 新丘文化社.
   ④ 李成九(1985), 『訓民正音研究』, 東文社.
   ⑤ 조규태(2010), 『번역하고 풀이한 훈민정음』, 개정판 ; 한국문화사.
   ⑥ 홍기문(1946), 『正音發達史』, 서울신문사 출판국.
   ⑦ 田蒙秀・洪起文(1949), 『訓民正音 譯解』, 조선어문연구회.
   ⑧ 렴종률・김영황(1982), 『≪훈민정음≫에 대하여』, 김일성종합대학출판사.
   ⑨ 새 번역안

2. [원문대로]: 제번역에서 띄어쓰기를 비롯한 표기법이 현행 정서법과 차이가 있어도 손보지 않고 원문대로 입력하였다.
   예) 방종현(1947)의 경우 '兼하여再出이'

3. 『訓民正音』 원문의 한자에 성조표시가 있는 경우 아래첨자로 성조를 표시하였다.
   예) 終聲復(去)用初聲. ('復'가 거성임.)

4. 『訓民正音』 원문의 한글에 방점이 표기된 경우는 방점을 그대로 표시하였다.
   예) 如:잣爲海松

5. 구점(句點)과 두점(讀點)을 충실히 반영하여, 구점을 온점(.)으로, 두점을 반점(,)으로 ❶
   에 표기하되 구점과 구점 사이를 한 문장으로 하여 이를 해석의 단위로 삼았다. 단, 칠
   언시(七言詩)의 형태를 가지고 있는 결(訣)부분은 2구씩 끊어서 해석하였다.

6. 새 번역안의 한자어 표기는 '한글(漢字)'를 원칙으로 하였다.
   예) 아음(牙音)

例義

⓪ 〈正音 1a〉訓民正音

國之語音 異乎中國 與文字 不相流通 故愚民 有所欲言而終不得伸其情者

多矣 予 爲此憫然 新制二十八字 欲使人人易習 便於日用矣[1]

① (대응 번역문 없음)[2]

② 훈민정음(訓民正音)

나랏말이 중국(中國)과 달라, 한자(漢字)와 서로 통하지 아니하므로, 백성이 말하고자 할 바가 있어도, ― 의사(意思)를 표현(表現)하려 하건만, 제 말을 표기(表記)하기에 알맞는 글자가 없기 때문에 ― 제 뜻을 잘 펴지 못하는 사람이 많더라. 내 이를 딱하게 여기어, 새로 스물 여덟 글자를 만들었으니, 사람들로 하여금 쉬 익히어, 날마다 쓰는데 편하게 할 뿐이다.

③ 우리나라 말이 중국과 달라서 한문자와 서로 통하지 않으므로 어리석은 백성들은 말하고자 하는 바가 있어도 마침내 그 뜻을 펼 수 없는 사람이 많기 때문에 내가 이를 딱하게 여기고, 새로 스물여덟 글자를 만들어 사람들로 하여금 쉽게 익혀 나날이 쓰기에 편토록 하고자 할 뿐이다.

④ 우리 나라의 말이 중국과 달라서, 중국의 한자와는 서로 통하지 않으므로, 글을 배우지 않은 백성들은 말하고자 하는 바가 있어도 마침내 제 뜻을 글로 나타내지 못하는 자가 많다. 내가 이것을 가엾게 여겨서 새로 스물 여덟 글자를 만들었으니, 사람들로 하여금 쉽게 익혀서 일상 생활에 사용하는 데에 편하게 하고자 할 따름이다.

⑤ 백성 가르치는 바른 소리

---

1) 낙장으로 보사된 권두의 두 장은 구두점을 표시하지 않았다.
2) 방종현(1947)에서는 훈민정음서(訓民正音序)를 따로 번역하지 않았다.

우리나라의 말이 중국과 달라 한자와 서로 통하지 않으므로, 어리석은 백성들이 말하고자 하는 바가 있어도, 끝내 제 뜻을 펴지 못하는 사람들이 많으니라. 내가 이를 가엾게 여겨 새로 스물여덟 글자를 만드니, 사람들로 하여금 쉽게 익혀 날마다 쓰는 데 편하게 하고자 할 따름이니라.

⑥ 나라의 말이 中國과 달러서 文字로 더부러 서로 流通치 못 하매 어리석은 百姓들은 말하고 시픈 바이 잇건만 마침내 그 뜻을 펼 수 업는 者가 만흔지라 내가 이를 爲해서 딱하게 녀기어 새로 스물여덜의 글짜를 맨들엇노니 사람들로 하야금 쉽사리 이키어 日用에 便케 하고자 할뿐이니라.

⑦ 나라의 말이 中國에 달라서 漢文字로서 서로 流通치 못하매 어린 百姓들이 말하고 싶은 바이 있어도 마침내 제 뜻을 能히 펴지 못할 者가 많다. 내가 이를 爲해서 憫然히 여기여 새로 스물여덟 글자를 만드노니 사람마다 하여금 쉬 익히여 날로 씀에 便케 하고자 할 뿐이다.

⑧ 우리 나라의 말소리가 중국말과 다르므로 한자로는 그것을 나타낼수 없다. 따라서 한자를 모르는 백성들은 말을 하고 싶은것이 있어도 자기의 뜻을 글로 쓰지 못하고있다. 나는 이에 대하여 딱하게 생각하여 새로 28글자를 만들었으니 모든 사람들로 하여금 이것을 쉽게 익히고 날마다 쓰는데서 불편이 없게 하려고 할뿐이다.

⑨ 우리나라 말이 중국과 달라 한자와는 서로 통하지 않으므로 어리석은 백성이 말하고자 하는 바가 있어도 마침내 제 뜻을 펴지 못하는 사람이 많다. 내가 이를 딱하게 여겨 새로 스물여덟 자를 만들었으니 사람마다 쉽게 익혀서 일상에서 사용함에 편안하도록[3] 하고자 할 따름이다.

---

3) 안병희(1996)에서는 '便於日用矣'에서 '便'은 '편리'로 해석해 왔으나 육체적인 편리함 보다는 정신적 편안함으로 해석해야 한다고 하였다.

❶ ㄱ 牙音 如君字初發聲[4)]

① (대응 번역문 없음)

② ㄱ은 아음(牙音)이며, 군(君)자의 처음 나는 소리와 같다.

③ ㄱ는 엄소리니 「군(君)」자의 처음 나는 소리와 같으니

④ ㄱ은 아음(牙音: 어금닛소리)이니, 「군」(君)자 처음에 나는 소리와 같으며,

⑤ 'ㄱ'은 어금닛소리이니, '군(君)'자 첫소리와 같다.

⑥ ㄱ는 牙音이니 君(군)字의 처음 나는 소리와 가트니

⑦ ㄱ는 牙音이니 君(군)字의 처음 나는 소리와 같으니,

⑧ ≪ㄱ≫는 어금이소리다. ≪君≫(군)자의 처음에 나는 소리와 같다.

⑨ 'ㄱ'은 아음(牙音)이니 '君'자의 처음 나는 소리와 같다.

❷ 〈正音 1b〉並書 如虯字初發聲

① (대응 번역문 없음)

② 병서(並書)하면 뀨(虯뀽)자의 처음 나는 소리와 같다.

③ 나란히 쓰면 「뀽(虯)」[원문대로]자의 처음 나는 소리와 같다.

④ 병서(並書)하면 「뀽」(虯)자 처음에 나는 소리와 같다.

⑤ 나란히 쓰면 '뀽(虯)'자 첫소리와 같다.

⑥ 並書하면 虯(뀽)字의 처음 나는 소리와 가트니라.

⑦ 並書하면 虯(뀨)[5)]字의 처음 나는 소리와 같다.

---

4) 안병희(1986)는 해례본 교감에서의 행관(行款) 문제를 다루면서, 초성의 각자병서에 대한 규정과 관련된 부분에서 보수는 별행(別行)으로 하였으나 원간본의 모습으로 복원시 앞 행에 계속되어야 한다고 지적한 바 있다. 여기에서는 편의상 단락을 나누어 번역하였다.

5) 전몽수·홍기문(1949)는 한자음 표기에 종성 'ㅇ', 'ㅱ'는 표기하지 않았으며, 한국어의 한자음에서 입성운미 'ㄷ'이 'ㄹ'로 변한 것을 모두 'ㄷ'으로 표기하였다. 이는 해례본이 편찬될 당시에는 한자음 표기에 종성 'ㅇ', 'ㅱ'이나 이영보래식 표기는 사용되지 않은 사정을 고려한 것으로 생각된다.

⑧ 나란히 쓰면 ≪蚪≫(뀸)[원문대로]자의 처음에 나는 소리와 같다.

⑨ 병서(並書)하면 '蚪'자의 처음 나는 소리와 같다.

❶ ㅋ 牙音 如快字初發聲

① (대응 번역문 없음)

② ㅋ은 아음(牙音)이며 쾌(快쾡)자의 처음 나는 소리와 같다.

③ ㅋ는 엄소리니 「쾡(快)」자의 처음 나는 소리와 같다.

④ ㅋ은 아음(牙音: 어금닛소리)이니, 「쾡」(快)자 처음에 나는 소리와 같다.

⑤ 'ㅋ'은 어금닛소리인, '쾡(快)'자 첫소리와 같다.

⑥ ㅋ는 牙音이니 快(쾡)字의 처음 나는 소리와 가트니라.

⑦ ㅋ는 牙音이니 快(쾌)字의 처음 나는 소리와 같다.

⑧ ≪ㅋ≫는 어금이소리다. ≪快≫(쾌)자의 처음에 나는 소리와 같다.

⑨ 'ㅋ'는 아음(牙音)이니 '快'자의 처음 나는 소리와 같다.

❶ ㆁ 牙音 如業字初發聲

① (대응 번역문 없음)

② ㆁ은 아음(牙音)이며, 업(業업)자의 처음 나는 소리와 같다.

③ ㆁ는 엄소리니 「업(業)」자의 처음 나는 소리와 같다.

④ ㆁ은 아음(牙音: 어금닛소리)이니, 「업」(業)자 처음에 나는 소리와 같다.

⑤ 'ㆁ'은 어금닛소리이니, '업(業)'자 첫소리와 같다.

⑥ ㆁ는 牙音이니 業(업)字의 처음 나는 소리와 가트니라.

⑦ ㆁ는 牙音이니 業(업)字의 처음 나는 소리와 같다.

⑧ ≪ㆁ≫는 어금이소리다. ≪業≫(업)자의 처음에 나는 소리와 같다.

⑨ 'ㆁ'는 아음(牙音)이니 '業'자의 처음 나는 소리와 같다.

⓪ ㄷ 舌音 如斗字初發聲

① (대응 번역문 없음)

② ㄷ은 설음(舌音)이며, 두(斗듛)자의 처음 나는 소리와 같다.

③ ㄷ는 혓소리니 「듛(斗)」자의 처음 나는 소리와 같으니

④ ㄷ은 설음(舌音: 혓소리)이니, 「듛」(斗)자 처음에 나는 소리와 같으며,

⑤ 'ㄷ'은 혓소리이니, '듛(斗)'자 첫소리와 같다.

⑥ ㄷ는 舌音이니 斗(듛)字의 처음 나는 소리와 가트니

⑦ ㄷ는 舌音이니 斗( )[6]字의 처음 나는 소리와 같으니,

⑧ ≪ㄷ≫는 혀소리다. ≪斗≫(듛)자의 처음에 나는 소리와 같다.

⑨ 'ㄷ'는 설음(舌音)이니 '斗'자의 처음 나는 소리와 같다.

⓪ 並書 如覃字初發聲

① (대응 번역문 없음)

② 병서(並書)하면 담(覃땀)자의 처음 나는 소리와 같다.

③ 나란히 쓰면 「땀(覃)」자의 처음 나는 소리와 같다.

④ 병서(並書)하면 「땀」(覃)자 처음에 나는 소리와 같다.

⑤ 나란히 쓰면 '땀(覃)'자 첫소리와 같다.

⑥ 並書하면 覃(땀)字의 처음 나는 소리와 가트니라.

⑦ 並書하면 覃(땀)字의 처음 나는 소리와 같다.

⑧ 나란히 쓰면 ≪覃≫(땀)자의 처음에 나는 소리와 같다.

⑨ 병서(並書)하면 '覃'자의 처음 나는 소리와 같다.

---

6) 전몽수·홍기문(1949: 83)에서는 비어 있으나 '(두)'가 쓰였을 것으로 기대된다.

0 ㅌ 舌音 如呑字初發聲

① (대응 번역문 없음)

② ㅌ은 설음(舌音)이며, 탄(呑톤)자의 처음 나는 소리와 같다.

③ ㅌ는 혓소리니 「톤(呑)」자의 처음 나는 소리와 같다.

④ ㅌ은 설음(舌音: 혓소리)이니, 「톤」(呑)자 처음에 나는 소리와 같다.

⑤ 'ㅌ'은 혓소리이니, '톤(呑)'자 첫소리와 같다.

⑥ ㅌ는 舌音이니 呑(톤)字의 처음 나는 소리와 가트니라.

⑦ ㅌ는 舌音이니 呑(톤)字의 처음 나는 소리와 같다.

⑧ ≪ㅌ≫는 혀소리다. ≪呑≫(톤)자의 처음에 나는 소리와 같다.

⑨ 'ㅌ'는 설음(舌音)이니 '呑'자의 처음 나는 소리와 같다.

0 ㄴ 舌音 如那字初發聲

① (대응 번역문 없음)

② ㄴ은 설음(舌音)이며, 나(那낭)자의 처음 나는 소리와 같다.

③ ㄴ는 혓소리니 「낭(那)」자의 처음 나는 소리와 같다.

④ ㄴ은 설음(舌音: 혓소리)이니, 「낭」(那)자 처음에 나는 소리와 같다.

⑤ 'ㄴ'은 혓소리이니, '낭(那)'자 첫소리와 같다.

⑥ ㄴ는 舌音이니 那(낭)字의 처음 나는 소리와 가트니라.

⑦ ㄴ는 舌音이니 那(나)字의 처음 나는 소리와 같다.

⑧ ≪ㄴ≫는 혀소리다. ≪那≫(낭)자의 처음에 나는 소리와 같다.

⑨ 'ㄴ'는 설음(舌音)이니 '那'자의 처음 나는 소리와 같다.

0 〈正音 2a〉ㅂ 脣音 如彆字初發聲

① (대응 번역문 없음)

② ㅂ은 순음(脣音)이며, 별(彆볃)자의 처음 나는 소리와 같다.

③ ㅂ는 입술소리니 「삥(彆)」자의 처음 나는 소리와 같으니

④ ㅂ은 순음(脣音: 입술소리)이니, 「삥」(彆)자 처음에 나는 소리와 같으며,

⑤ 'ㅂ'은 입술소리이니, '삥(彆)'자 첫소리와 같다.

⑥ ㅂ는 脣音이니 彆(삥)字의 처음 나는 소리와 가트니

⑦ ㅂ는 脣音이니 彆(변)字의 처음 나는 소리와 같으니,

⑧ ≪ㅂ≫는 입술소리다. ≪彆≫(삥)자의 처음에 나는 소리와 같다.

⑨ 'ㅂ'는 순음(脣音)이니 '彆'자의 처음 나는 소리와 같다.

◑ 並書 如步字初發聲

① (대응 번역문 없음)

② 병서(並書)하면, 보(步뽕)자의 처음 나는 소리와 같다.

③ 나란히 쓰면 「뽕(步)」자의 처음 나는 소리와 같다.

④ 병서(並書)하면 「뽕」(步)자 처음에 나는 소리와 같다.

⑤ 나란히 쓰면 '뽕'(步)자 첫소리와 같다.

⑥ 並書하면 步(뽕)字의 처음 나는 소리와 가트니라.

⑦ 並書하면 步(뽀)字의 처음 나는 소리와 같다.

⑧ 나란히 쓰면 ≪步≫(뽕)자의 처음에 나는 소리와 같다.

⑨ 병서(並書)하면 '步'자의 처음 나는 소리와 같다.

◑ ㅍ 脣音 如漂字初發聲

① (대응 번역문 없음)

② ㅍ은 순음(脣音)이며, 표(漂푱)자의 처음 나는 소리와 같다.

③ ㅍ는 입술소리니 「푱(漂)」자의 처음 나는 소리와 같다.

④ ㅍ은 순음(脣音: 입술소리)이니, 「푱」(漂)자 처음에 나는 소리와 같다.

⑤ 'ㅍ'은 입술소리이니, '푱(漂)'자 첫소리와 같다.

⑥ ㅍ는 脣音이니 漂(푱)字의 처음 나는 소리와 가트니라.

⑦ ㅍ는 脣音이니 漂(표)字의 처음 나는 소리와 같다.

⑧ ≪ㅍ≫는 입술소리다. ≪漂≫(푱)자의 처음에 나는 소리와 같다.

⑨ 'ㅍ'는 순음(脣音)이니 '漂'자의 처음 나는 소리와 같다.

① (대응 번역문 없음)

② ㅁ은 순음(脣音)이며, 미(彌밍)자의 처음 나는 소리와 같다.

③ ㅁ는 입술소리니 「밍(彌)」자의 처음 나는 소리와 같다.

④ ㅁ은 순음(脣音: 입술소리)이니, 「밍」(彌)자 처음에 나는 소리와 같다.

⑤ 'ㅁ'은 입술소리이니, '밍(彌)'자 첫소리와 같다.

⑥ ㅁ는 脣音이니 彌(밍)字의 처음 나는 소리와 가트니라.

⑦ ㅁ는 脣音이니 彌(미)字의 처음 나는 소리와 같다.

⑧ ≪ㅁ≫는 입술소리다. ≪彌≫(밍)자의 처음에 나는 소리와 같다.

⑨ 'ㅁ'는 순음(脣音)이니 '彌'자의 처음 나는 소리와 같다.

① (대응 번역문 없음)

② ㅈ은 치음(齒音)이며, 즉(卽)자의 처음 나는 소리와 같다.

③ ㅈ는 잇소리니 「즉(卽)」자의 처음 나는 소리와 같으니

④ ㅈ은 치음(齒音: 잇소리)이니, 「즉」(卽)자 처음에 나는 소리와 같으며,

⑤ 'ㅈ'은 잇소리이니, '즉(卽)'자 첫소리와 같다.

⑥ ㅈ는 齒音이니 卽(즉)字의 처음 나는 소리와 가트니

⑦ ㅈ는 齒音이니 卽(즉)字의 처음 나는 소리와 같으니,

⑧ ≪ㅈ≫는 이소리다. ≪卽≫(즉)자의 처음에 나는 소리와 같다.

⑨ 'ㅈ'는 치음(齒音)이니 '卽'자의 처음 나는 소리와 같다.

❿ 並書 如慈字初發聲

① (대응 번역문 없음)

② 병서(並書)하면, 자(慈쭝)자의 처음 나는 소리와 같다.

③ 나란히 쓰면 「쫑(慈)」자의 처음 나는 소리와 같다.

④ 병서(並書)하면 「쫑」(慈)자 처음에 나는 소리와 같다.

⑤ 나란히 쓰면 '쫑(慈)'자 첫소리와 같다.

⑥ 並書하면 慈(쭝)字의 처음 나는 소리와 가트니라.

⑦ 並書하면 慈(쪽)字의 처음 나는 소리와 같다.

⑧ 나란히 쓰면 ≪慈≫(쭝)자의 처음에 나는 소리와 같다.

⑨ 병서(並書)하면 '慈'자의 처음 나는 소리와 같다.

❿ ㅊ 齒音 如侵字初發聲

① (대응 번역문 없음)

② ㅊ은 치음(齒音)이며, 침(侵)자의 처음 나는 소리와 같다.

③ ㅊ는 잇소리니 「침(侵)」자의 처음 나는 소리와 같다.

④ ㅊ은 치음(齒音: 잇소리)이니, 「침」(侵)자 처음에 나는 소리와 같다.

⑤ 'ㅊ'은 잇소리이니, '침(侵)'자 첫소리와 같다.

⑥ ㅊ는 齒音이니 侵(침)字의 처음 나는 소리와 가트니라.

⑦ ㅊ는 齒音이니 侵(침)字의 처음 나는 소리와 같다.

⑧ ≪ㅊ≫는 이소리다. ≪侵≫(침)자의 처음에 나는 소리와 같다.

⑨ 'ㅊ'는 치음(齒音)이니 '侵'자의 처음 나는 소리와 같다.

⓪ 〈正音 2b〉ㅅ 齒音 如戌字初發聲

① (대응 번역문 없음)

② ㅅ은 치음(齒音)이며, 슐(戌슗)자의 처음 나는 소리와 같다.

③ ㅅ는 잇소리니 「슗(戌)」자의 처음 나는 소리와 같으니

④ ㅅ은 치음(齒音: 잇소리)이니, 「슗」(戌)자 처음에 나는 소리와 같으며,

⑤ 'ㅅ'은 잇소리이니, '슗(戌)'자 첫소리와 같다.

⑥ ㅅ는 齒音이니 戌(슗)字의 처음 나는 소리와 가트니

⑦ ㅅ는 齒音이니 戌(슗)字의 처음 나는 소리와 같으니,

⑧ ≪ㅅ≫는 이소리다. ≪戌≫(슗)자의 처음에 나는 소리와 같다.

⑨ 'ㅅ'는 치음(齒音)이니 '戌'자의 처음 나는 소리와 같다.

⓪ 並書 如邪字初發聲

① (대응 번역문 없음)

② 병서(並書)하면, 싸(邪쌰)자의 처음 나는 소리와 같다.

③ 나란히 쓰면 「쌰(邪)」자의 처음 나는 소리와 같다.

④ 병서(並書)하면 「쌰」(邪)자 처음에 나는 소리와 같다.

⑤ 나란히 쓰면 '쌰(邪)'자 첫소리와 같다.

⑥ 並書하면 邪(쌰)字의 처음 나는 소리와 가트니라.

⑦ 並書하면 邪(쌰)字의 처음 나는 소리와 같다.

⑧ 나란히 쓰면 ≪邪≫(쌰)자의 처음에 나는 소리와 같다.

⑨ 병서(並書)하면 '邪'자의 처음 나는 소리와 같다.

⓪ ㆆ 喉音 如挹字初發聲

① (대응 번역문 없음)

② ㆆ은 후음(喉音)이며, 읍(挹흡)[원문대로]자의 처음 나는 소리와 같다.

③ ㆆ는 목구멍소리니 「흡(挹)」자의 처음 나는 소리와 같다.

④ ㆆ은 후음(喉音: 목구멍소리)이니, 「흡」(挹)자 처음에 나는 소리와 같다.

⑤ 'ㆆ'은 목구멍소리이니, '흡(挹)'자 첫소리와 같다.

⑥ ㆆ는 喉音이니 挹(흡)字의 처음 나는 소리와 가트니라.

⑦ ㆆ는 喉音이니 挹(흡)字의 처음 나는 소리와 같다.

⑧ ≪ㆆ≫는 목구멍소리다. ≪挹≫(흡)자의 처음에 나는 소리와 같다.

⑨ 'ㆆ'는 후음(喉音)이니 '挹'자의 처음 나는 소리와 같다.

⓿ ㅎ 喉音 如虛字初發聲

① (대응 번역문 없음)

② ㅎ은 후음(喉音)이며, 허(虛헝)자의 처음 나는 소리와 같다.

③ ㅎ는 목구멍소리니 「헝(虛)」자의 처음 나는 소리와 같으니

④ ㅎ은 후음(喉音: 목구멍소리)이니, 「헝」(虛)자 처음에 나는 소리와 같으며,

⑤ 'ㅎ'은 목구멍소리이니, '헝(虛)'자 첫소리와 같다.

⑥ ㅎ는 喉音이니 虛(헝)字의 처음 나는 소리와 가트니

⑦ ㅎ는 喉音이니 虛(허)字의 처음 나는 소리와 같으니,

⑧ ≪ㅎ≫는 목구멍소리다. ≪虛≫(헝)자의 처음에 나는 소리와 같다.

⑨ 'ㅎ'는 후음(喉音)이니 '虛'자의 처음 나는 소리와 같다.

⓿ 並書 如洪字初發聲

① (대응 번역문 없음)

② 병서(並書)하면, 홍(洪뽕)자의 처음 나는 소리와 같다.

③ 나란히 쓰면 「뽕(洪)」자의 처음 나는 소리와 같다.

④ 병서(並書)하면 「뽕」(洪)자 처음에 나는 소리와 같다.

⑤ 나란히 쓰면 '뽕(洪)'자 첫소리와 같다.

⑥ 並書하면 洪(훙)字의 처음 나는 소리와 가트니라.

⑦ 並書하면 洪(훙)字의 처음 나는 소리와 같다.

⑧ 나란히 쓰면 ≪洪≫(훙)자의 처음에 나는 소리와 같다.

⑨ 병서(並書)하면 '洪'자의 처음 나는 소리와 같다.

⓪ ㅇ 喉音 如欲字初發聲

① (대응 번역문 없음)

② (번역 누락)

③ ㅇ는 목구멍소리니 「욕(欲)」자의 처음 나는 소리와 같다.

④ ㅇ은 후음(喉音: 목구멍소리)이니, 「욕」(欲)자 처음에 나는 소리와 같다.

⑤ 'ㅇ'은 목구멍소리이니, '욕(欲)'자 첫소리와 같다.

⑥ (번역 누락)

⑦ (번역 누락)

⑧ ≪ㅇ≫는 목구멍소리다. ≪欲≫(욕)자의 처음에 나는 소리와 같다.

⑨ 'ㅇ'는 후음(喉音)이니 '欲'자의 처음 나는 소리와 같다.

⓪ ㄹ 半舌音 如閭字初發聲

① (대응 번역문 없음)

② ㄹ은 반설음(半舌音)이며, 려(閭령)자의 처음 나는 소리와 같다.

③ ㄹ는 반혓소리니 「령(閭)」자의 처음 나는 소리와 같다.

④ ㄹ은 반설음(半舌音: 반혓소리)이니, 「령」(閭)자 처음에 나는 소리와 같다.

⑤ 'ㄹ'은 반혓소리이니, '령(閭)'자 첫소리와 같다.

⑥ ㄹ는 半舌音이니 閭(령)字의 처음 나는 소리와 가트니라.

⑦ ㄹ는 半舌音이니 閭(려)字의 처음 나는 소리와 같다.

⑧ ≪ㄹ≫는 반혀소리다. ≪閭≫(령)자의 처음에 나는 소리와 같다.

⑨ 'ㄹ'는 반설음(半舌音)이니 '閭'자의 처음 나는 소리와 같다.

⓪ 〈正音 3a〉 △. 半齒音. 如穰字初發聲

① (대응 번역문 없음)

② △은 반치음(半齒音)이며, 양(穰샹)자의 처음 나는 소리와 같다.

③ △는 반잇소리니 「샹(穰)」자의 처음 나는 소리와 같다.

④ △은 반치음(半齒音: 반잇소리)이니, 「샹」(穰)자 처음에 나는 소리와 같다.

⑤ 'ㅿ'은 반잇소리이니, '샹(穰)'자 첫소리와 같다.

⑥ △는 半齒音이니 穰(샹)字의 처음 나는 소리와 가트니라.

⑦ △는 半齒音이니 穰(양)[원문대로]字의 처음 나는 소리와 같다.

⑧ ≪△≫는 반이소리다. ≪穰≫(샹)자의 처음에 나는 소리와 같다.

⑨ 'ㅿ'는 반치음(半齒音)이니 '穰'자의 처음 나는 소리와 같다.[7]

⓪ ㆍ. 如呑字中聲

① (대응 번역문 없음)

② ㆍ는 탄(呑튼)자의 가운데 소리와 같다.

③ ㆍ는 「튼(呑)」자의 가운데 소리와 같다.

④ ㆍ는 튼(呑)자 가운뎃소리[中聲]와 같다.

⑤ 'ㆍ'는 '튼(呑)'자의 가운뎃소리와 같다.

⑥ ㆍ는 呑(튼)字의 가온데 소리와 가트니라.

⑦ ㆍ는 呑(튼)字의 가운데 소리와 같다.

⑧ ≪ㆍ≫는 ≪呑≫(튼)자의 가운데서 나는 소리와 같다.

---

7) 낙장되지 않은 부분의 처음인 이 부분이 'ㅿ.'으로 시작한다. 즉, 구점이 'ㅿ' 뒤와 '半
齒音' 뒤에 있으므로, 그 번역은 원칙적으로 'ㅿ이다, 반치음(半齒音)이다.'로 되어야
하나 여기에서는 문맥을 고려하여 'ㅿ는 반치음(半齒音)이니'로 번역하였다. 이하 마찬
가지이다.

⑨ '·'는 '呑'자의 중성(中聲)과 같다.

❿ 一. 如卽字中聲

① (대응 번역문 없음)

② 一는 즉(卽)자의 가운데 소리와 같다.

③ 一는 「즉(卽)」자의 가운데 소리와 같다.

④ 一는 즉(卽)자 가운뎃소리[中聲]와 같다.

⑤ '一'는 '즉(卽)'자의 가운뎃소리와 같다.

⑥ 一는 卽(즉)字의 가온데 소리와 가트니라.

⑦ 一는 卽(즉)字의 가운데 소리와 같다.

⑧ ≪一≫는 ≪卽≫(즉)자의 가운데서 나는 소리와 같다.

⑨ '一'는 '卽'자의 중성과 같다.

❿ ｜. 如侵字中聲

① (대응 번역문 없음)

② ｜는 침(侵)자의 가운데 소리와 같다.

③ ｜는 「침(侵)」자의 가운데 소리와 같다.

④ ｜는 침(侵)자 가운뎃소리[中聲]와 같다.

⑤ '｜'는 '침(侵)'자의 가운뎃소리와 같다.

⑥ ｜는 侵(침)字의 가온데 소리와 가트니라.

⑦ ｜는 侵(침)字의 가운데 소리와 같다.

⑧ ≪｜≫는 ≪侵≫(침)자의 가운데서 나는 소리와 같다.

⑨ '｜'는 '侵'자의 중성과 같다.

⓪ ㅗ. 如洪字中聲

① (대응 번역문 없음)

② ㅗ는 홍(洪뽕)자의 가운데 소리와 같다.

③ ㅗ는 「뽕(洪)」자의 가운데 소리와 같다.

④ ㅗ는 뽕(洪)자 가운뎃소리[中聲]와 같다.

⑤ 'ㅗ'는 '뽕(洪)'자의 가운뎃소리와 같다.

⑥ ㅗ는 洪(뽕)字의 가온데 소리와 가트니라.

⑦ ㅗ는 洪(뽕)字의 가운데 소리와 같다.

⑧ ≪ㅗ≫는 ≪洪≫(뽕)자의 가운데서 나는 소리와 같다.

⑨ 'ㅗ'는 '洪'자의 중성과 같다.

⓪ ㅏ. 如覃字中聲

① (대응 번역문 없음)

② ㅏ는 담(覃땀)자의 가운데 소리와 같다.

③ ㅏ는 「땀(覃)」자의 가운데 소리와 같다.

④ ㅏ는 땀(覃)자 가운뎃소리[中聲]와 같다.

⑤ 'ㅏ'는 '땀(覃)'자의 가운뎃소리와 같다.

⑥ ㅏ는 覃(땀)字의 가온데 소리와 가트니라.

⑦ ㅏ는 覃(땀)字의 가운데 소리와 같다.

⑧ ≪ㅏ≫는 ≪覃≫(땀)자의 가운데서 나는 소리와 같다.

⑨ 'ㅏ'는 '覃'자의 중성과 같다.

⓪ ㅜ. 如君字中聲

① (대응 번역문 없음)

② ㅜ는 군(君)자의 가운데 소리와 같다.

③ ㅜ는 「군(君)」자의 가운데 소리와 같다.

④ ㅜ는 군(君)자 가운뎃소리[中聲]와 같다.

⑤ 'ㅜ'는 '군(君)'자의 가운뎃소리와 같다.

⑥ ㅜ는 君(군)字의 가온데 소리와 가트니라.

⑦ ㅜ는 君(군)字의 가운데 소리와 같다.

⑧ ≪ㅜ≫는 ≪君≫(군)자의 가운데서 나는 소리와 같다.

⑨ 'ㅜ'는 '君'자의 중성과 같다.

⓿ 〈正音 3b〉 ㅓ. 如業字中聲

① (대응 번역문 없음)

② ㅓ는 업(業업)자의 가운데 소리와 같다.

③ ㅓ는 「업(業)」자의 가운데 소리와 같다.

④ ㅓ는 업(業)자 가운뎃소리[中聲]와 같다.

⑤ 'ㅓ'는 '업(業)'자의 가운뎃소리와 같다.

⑥ ㅓ는 業(업)字의 가온데 소리와 가트니라.

⑦ ㅓ는 業(업)字의 가운데 소리와 같다.

⑧ ≪ㅓ≫는 ≪業≫(업)자의 가운데서 나는 소리와 같다.

⑨ 'ㅓ'는 '業'자의 중성과 같다.

⓿ ㅛ. 如欲字中聲

① (대응 번역문 없음)

② ㅛ는 욕(欲)자의 가운데 소리와 같다.

③ ㅛ는 「욕(欲)」자의 가운데 소리와 같다.

④ ㅛ는 욕(欲)자 가운뎃소리[中聲]와 같다.

⑤ 'ㅛ'는 '욕(欲)'자의 가운뎃소리와 같다.

⑥ ㅛ는 欲(욕)字의 가온데 소리와 가트니라.

⑦ ㅛ는 欲(욕)字의 가운데 소리와 같다.

⑧ ≪ㅛ≫는 ≪欲≫(욕)자의 가운데서 나는 소리와 같다.

⑨ 'ㅛ'는 '欲'자의 중성과 같다.

● ㅑ. 如穰字中聲

① (대응 번역문 없음)

② ㅑ는 양(穰샹)자의 가운데 소리와 같다.

③ ㅑ는 「샹(穰)」자의 가운데 소리와 같다.

④ ㅑ는 샹(穰)자 가운뎃소리[中聲]와 같다.

⑤ 'ㅑ'는 '샹(穰)'자의 가운뎃소리와 같다.

⑥ ㅑ는 穰(샹)字의 가온데 소리와 가트니라.

⑦ ㅑ는 穰(양)[원문대로]字의 가운데 소리와 같다.

⑧ ≪ㅑ≫는 ≪穰≫(샹)자의 가운데서 나는 소리와 같다.

⑨ 'ㅑ'는 '穰'자의 중성과 같다.

● ㅠ. 如戍字中聲

① (대응 번역문 없음)

② ㅠ는 슐(戍슌)자의 가운데 소리와 같다.

③ ㅠ는 「슗(戍)」자의 가운데 소리와 같다.

④ ㅠ는 슗(戍)자 가운뎃소리[中聲]와 같다.

⑤ 'ㅠ'는 '슗(戍)'자의 가운뎃소리와 같다.

⑥ ㅠ는 戍(슗)字의 가온데 소리와 가트니라.

⑦ ㅠ는 戍(슌)字의 가운데 소리와 같다.

⑧ ≪ㅠ≫는 ≪戍≫(슗)자의 가운데서 나는 소리와 같다.

⑨ 'ㅠ'는 '戌'자의 중성과 같다.

❿ ㅕ. 如彆字中聲

① (대응 번역문 없음)

② ㅕ는 별(彆변)자의 가운데 소리와 같다.

③ ㅕ는 「볋(彆)」자의 가운데 소리와 같다.

④ ㅕ는 볋(彆)자 가운뎃소리[中聲]와 같다.

⑤ 'ㅕ'는 '볋(彆)'자의 가운뎃소리와 같다.

⑥ ㅕ는 彆(볋)字의 가온대 소리와 가트니라.

⑦ ㅕ는 彆(별)字의 가운데 소리와 같다.

⑧ ≪ㅕ≫는 ≪彆≫(볋)자의 가운데서 나는 소리와 같다.

⑨ 'ㅕ'는 '彆'자의 중성과 같다.

⓫ 終聲復(去)用初聲.

① (대응 번역문 없음)

② 종성(終聲)에는 다시 초성(初聲)을 쓴다.

③ 종성에는 다시 초성(글자)을 쓴다.

④ 종성(終聲)에는 초성(初聲) 글자를 다시 사용한다.

⑤ 끝소리는 첫소리를 다시 쓴다.

⑥ 終聲에는 다시 初聲을 쓰나니라.

⑦ 終聲은 다시 初聲을 쓴다.

⑧ 종성으로는 다시 초성을 쓴다.

⑨ 종성에는 초성 글자를 다시 사용한다.

⓪ ○連書脣音之下, 則爲脣輕音.

① (대응 번역문 없음)

② ○을 순음(脣音) 아래에 이어 쓰면, 순경음(脣輕音)이 된다.

③ ○을 입술소리 아래 이어 쓰면 입술 가벼운 소리가 된다.

④ ○를 순음(脣音)의 아래에 이어 쓰면 순경음(脣輕音: 입술가벼운소리)이 된다.

⑤ 'ㅇ'을 입술소리 아래 이어 쓰면 입술가벼운소리가 된다.

⑥ ○을 脣音아래 連書하면 脣輕音이 되나니라.

⑦ ○를 脣音 아래 連書하면 脣輕音이 된다.

⑧ ㅇ[원문대로]를 입술소리아래에 이어쓰면 입술가벼운소리가 된다.

⑨ 'ㅇ'을 순음(脣音) 아래에 이어 쓰면 순경음(脣輕音)이 된다.

⓪ 初聲合用〈正音 4a〉則並書, 終聲同.

① (대응 번역문 없음)

② 초성을 합용(合用)하려면 병서(並書)할 것이다. 종성도 마찬가지다.

③ 초성(글자)을 어울려 쓰려면 나란히 써야 하니 종성도 같다.

④ 초성(初聲)을 합쳐 쓰려면 병서(並書)한다. 종성(終聲)의 경우도 이와 같이 병서(並書)한다.

⑤ 첫소리를 합해 쓰려면 나란히 쓴다. 끝소리도 마찬가지다.

⑥ 初聲을 合用하려면 並書할찌니 終聲도 가트니라.

⑦ 初聲을 合用할찌면 並書하라. 終聲도 한가지이다.

⑧ 초성을 합하여 쓰려면 나란히 쓴다. 종성도 마찬가지이다.

⑨ 초성을 합하여 쓰려면 나란히 써야 하니 종성도 마찬가지다.

⓪ ·ㅡㅗㅜㅛㅠ, 附書初聲之下.

① (대응 번역문 없음)

② ·ㅡㅗㅜㅛㅠ는 초성 아래에 붙여 쓰고,

③ · ㅡ ㅗ ㅜ ㅛ ㅠ는 첫소리 아래 붙여 쓰고

④ ·ㅡㅗㅜㅛㅠ자는 초성(初聲) 아래에 붙여 쓰고,

⑤ '·ㅡㅗㅜㅛㅠ'는 첫소리 아래쪽에 붙여 쓰고,

⑥ ·ㅡㅗㅜㅛㅠ는 初聲아래 附書하고

⑦ ·ㅡㅗㅜㅛㅠ는 初聲 아래 붙여 쓰고,

⑧ ≪·, ㅡ, ㅗ, ㅜ, ㅛ, ㅠ≫는 초성의 아래쪽에 붙여쓴다.

⑨ '·ㅡㅗㅜㅛㅠ'는 초성 아래에 붙여 쓴다.

⓪ ㅣㅏㅓㅑㅕ, 附書於右.

① (대응 번역문 없음)

② ㅣㅏㅓㅑㅕ는 초성의 오른쪽에 붙여 쓴다.

③ ㅣ ㅏ ㅓ ㅑ ㅕ는 오른쪽에 붙여 쓰라.

④ ㅣㅏㅓㅑㅕ자는 초성의 오른쪽에 붙여 쓴다.

⑤ 'ㅣㅏㅓㅑㅕ'는 (첫소리) 오른쪽에 붙여 쓴다.

⑥ ㅣㅏㅓㅑㅕ는 올흔 편에 附書하나니라.

⑦ ㅣㅏㅓㅑㅕ는 오른 편에 붙여 쓰라.

⑧ ≪ㅣ, ㅏ, ㅓ, ㅑ, ㅕ≫는 오른쪽에 붙여쓴다.

⑨ 'ㅣㅏㅓㅑㅕ'는 초성의 오른쪽에 붙여 쓴다.

⓪ 凡字必合而成音.

① (대응 번역문 없음)

② 모든 글자는 반드시 합해야 음을 이룬다.

③ 무릇 글자란 합해서만 소리를 이루니

④ 무릇 글자는 반드시 합하여야 소리[音節]를 이룬다.

⑤ 무릇 글자는 반드시 합해져야 음절을 이룬다.

⑥ 무릇 글짜란 반듯이 合해서 音을 이루나니

⑦ 무릇 글자란 반드시 合해서야 音을 이루나니

⑧ 일반적으로 글자는 합하여야 음을 이룬다.

⑨ 무릇 글자는 반드시 합해야 음을 이룬다.

⓪ 左加一點則去聲, 二則上(上)聲, 無則平聲.

① (대응 번역문 없음)

② 왼쪽에 한 점을 가하면 거성(去聲)이요, 둘이면 상성(上聲)이요, 없으면 평성(平聲)이요,

③ 왼쪽에 한 점을 더하면 거성(去聲)이요, 둘이면 상성(上聲)이요, 없으면 평성이요,

④ 왼쪽에 점 하나를 찍으면 거성(去聲)이고, 점 둘을 찍으면 상성(上聲)이며, 점이 없으면 평성(平聲)이고,

⑤ 왼쪽에 한 점을 더하면 거성이요, 두 점을 더하면 상성이요, 없으면 평성이요,

⑥ 윈[원문대로] 편에 한 點을 加하면 去聲이요 둘이면 上聲이요 업스면 平聲이요

⑦ 왼편에 한點을 加하면 去聲이요, 둘이면 上聲이요, 없으면 平聲이다.

⑧ 왼쪽에 한점을 더한것은 거성이고 점이 둘이면 상성이다. 점이 없으면 평성이다.

⑨ 왼쪽에 한 점을 가하면 거성(去聲)이요, 둘이면 상성(上聲)이요, 점이 없으면 평성(平聲)이다.

⓪ 入聲加點同而促急

① (대응 번역문 없음)

② 입성(入聲)은 점을 가하는 것이 꼭 같으나, 다만 촉급(促急)하다.

③ 입성(入聲)은 점을 더하기는 같으나 촉급(促急)하다.

④ 입성(入聲)은 점 찍는 것은 거성(一點)·상성(二點)·평성(無點)의 경우 와 같으나 촉급(促急)하다.

⑤ 입성은 점을 더함은 같으나 (소리의 끝남이) 빠르다.

⑥ 入聲은 點을 加함이 가트나 促急하니라.

⑦ 入聲은 點을 加함이 한가지나 促急하다.

⑧ 입성은 점을 더하는것은 같으나 빠르다.

⑨ 입성(入聲)은 점을 가하는 방식이 (그와) 같되, 촉급(促急)하다.

制字解

⓿ 天地之道, 一陰陽五行而已.

① 天地의 道는 한 陰陽 五行뿐이니

② 천지(天地)의 이치(理致)는 한 음양(陰陽) 오행(五行)뿐이니.

③ 천지의 도는 한 음양 오행일 뿐이니

④ 우쥬(우주)의 근본 원리는 하나의 음양오행의 원리뿐이다.

⑤ 하늘과 땅의 본체는 오직 음양과 오행뿐이다.

⑥ 天地의 道는 한 陰陽五行일 따름이니

⑦ 天地의 道는 한 陰陽五行일 따름이다.

⑧ 세상만물의 리치는 하나의 음양오행일뿐이다.

⑨ 우주 만물의 근본 원리는 오로지 음양오행 하나뿐이다.

⓿ 坤復之間爲太極, 而動靜之後爲陰陽.

① 坤과 復의 사이가 太極이 되고 動과 靜의 뒤가 음양이 되는것이니라.

② 곤(坤)과 복(復)의 사이가 태극(太極)이 되고, 동(動)과 정(靜)의 뒤가 음양이 되는 것이다.

③ 곤(坤)과 복(復)의 사이가 태극이 되고 동(動)하고 정(靜)한 뒤에 음양(陰陽)이 되는 것이다.

④ 곤괘(坤卦)와 복괘(復卦)의 사이가 태극(太極)이 되고, 태극이 動하여 陽이 되고, 靜하여 陰이 된다.

⑤ 곤(坤)괘(卦)와 복(復)괘의 사이가 태극(太極)이 되고, 움직이고 멈춘 뒤에 음양이 된다.

⑥ 坤과 復의 사이가 太極이 되고 動과 靜의 뒤가 陰陽이 되나니라.

⑦ 坤과 復의 사이가 太極이 되고 動과 靜의 뒤가 음양이 되다.

⑧ 건과 복의 사이가 태극이 되고 동과 정의 뒤가 음양이 된다.

⑨ 곤괘와 복괘의 사이가 태극이 되고, 태극이 동(動)하고 정(靜)한 뒤에 양(陽)과 음(陰)이 된다.

⓪ 凡有生類在天地之間者, 捨陰陽而何之.

① 무릇 天地 間에 있는 生流로써 陰陽을 버리고 어디로 가리오.

② 무릇 천지 사이에 살고 있는 무리가 음양을 버릴 수가 있는가. --떼어 버릴 수 없는 음양의 이치 속에 있는 것이다.

③ 무릇 천지 사이에 있는 목숨 가진 것[生類]들로서 음양을 버리고 어디 로 가랴.

④ 무릇 天地間에 있는 생명이 있는 무리들이 陰陽의 원리를 버리고, 어디 로 가리오.

⑤ 무릇 어떤 생물이든 하늘과 땅 사이에 있는 것들이 음양을 버리고 어 디로 갈 것인가?

⑥ 무릇 天地間에 잇는 生類로서 陰陽을 버리고 어대로 가리오.

⑦ 무릇 天地間에 있는 生類로서 陰陽을 버리고 어디로 가리오.

⑧ 이 세상에 존재하는 모든 생물유기체가 음양을 떠나 어떻게 있을수 있 겠는가.

⑨ 무릇 천지 사이에 살아 있는 무리가 음양을 버리고 어디로 갈 수 있겠 는가?

⓪ 故人之聲音, 皆有陰陽之理, 顧人不察耳.

① 그러므로 사람의 聲音도 다 陰陽의 理致가 있는것이언만 사람이 살피 지 못할 따름이니라.

② 그러므로, 사람의 말소리(聲音)도 다 음양의 이치가 있지마는 사람들이 살피지 못할 따름이다.

③ 그러므로 사람의 소리[聲音]도 다 음양의 이치가 있는 것인데 사람이 살피지 못할 뿐이다.

④ 그러므로 사람의 성음도 다 음양의 이치가 있지만, 도리어 사람이 이 이치를 살피지 못할 뿐이다.

⑤ 그러므로 사람의 말소리에도 다 음양의 이치가 있는 것인데, 다만 사람이 살피지 않았을 뿐이다.

⑥ 그러매 사람의 聲音도 다 陰陽의 理致가 잇는 것이어늘 사람이 살피지 못 할뿐이니라.

⑦ 그러므로 사람의 發聲도 다 陰陽의 理致가 있으되 다만 사람이 살피지 못할 뿐이다.

⑧ 그러므로 사람의 말소리에도 다 음양의 리치가 있는것이지만 다만 사람들이 그것을 미처 살피지 못할뿐이다.

⑨ 그러므로 사람의 말소리에도 다 음양의 이치가 있는 것인데, 다만[8] 사람이 살피지 못할 뿐이다.

⓪ 今正音之作, 初非智營而力索(ㅅ), 但因其聲音而極其〈正音解例 1b〉理而已.

① 지금 正音을 맨듬도 애초 붙어 知慧로써 이루고 힘 씀으로써 찾은것이 아니라 단지 그 聲音으로 因하여 그 理致를 다한것 뿐인즉

② 이제 「훈민정음」(訓民正音)을 만든 것도 애초부터 지혜(智慧)로 경영(經營)하고 힘써서 찾은 것이 아니요, 다만 그 말소리에 따라 이치를 다했을 따름이다.

③ 이제 정음(正音)을 만듦도 애초부터 슬기로써 마련하고 애씀으로써 찾은 것이 아니라 다만 그 성음을 바탕으로 하여 그 이치를 다한 것 뿐

---

8) 《說文》云: "(顧)還視也."段氏注云: "還視者, 返而視也. …又引伸爲語將轉之詞." '돌이켜 보니'의 뜻에서 파생된 '그런데, 다만' 정도의 뜻.

이다.

④ 이제 訓民正音을 지은 것도 애초에 지혜로 이룩하고 힘씀으로 찾아낸 것이 아니라, 다만 그 聲音의 원리에 따라서 그 이치를 다하였을 따름이다.

⑤ 이제 정음을 만든 것도, 처음부터 슬기로써 마련하고 힘으로써 찾아낸 것이 아니라, 다만 그 말소리를 바탕으로 그 이치를 철저히 밝혔을 뿐이다.

⑥ 이제 正音을 맨듬도 애초부터 知慧로써 마련하고 힘씀으로써 차즌 것이 아니라 다만 그 聲音에 因 하야 그 理致를 다할 따름이니라.

⑦ 이제 正音의 지음도 애초부터 智慧로써 마련하고 힘씀으로써 찾은 것이 아니라 다만 그 聲音을 因하여 제 理致를 다할 따름이다.

⑧ 훈민정음을 지은것도 처음부터 지혜로 마련하고 힘으로써 찾은것이 아니라 다만 그 말소리에 따라서 그 리치를 다 하였을뿐이다.

⑨ 이제 정음(正音)을 만든 것도(정음(正音)이 만들어진 것도[9]) 애초부터 지혜를 짜서 이룩하거나 힘써서 억지로 찾아낸 것이 아니라, 다만 그 말소리에 따라서 그 이치를 철저히 구명(究明)했을 뿐이다.

⓪ 理旣不二, 則何得不與天地鬼神同其用也.

① 天地 鬼神으로 더부러 그 用을 같이 하지않으리오.

② 이치는 둘이 아니거든, 어찌 천지 귀신(天地鬼神)으로 더불어 그 쓰임(用)을 같이 하지 않을 수 있을가.

③ 이치가 이미 둘이 아니니 어찌 천지 귀신과 함께 그 용(用)을 같이 하지 않겠는가.

---

9) ≪說文≫云: "(作)起也。"段氏注云: "「秦風」「無衣」轉曰: '作, 起也。'「釋言」、「穀梁傳」云: '作, 爲也。'「魯頌」「駉」傳曰: '作, 始也。'「周頌」「天作」傳曰: '作, 生也。'…"

④ 이치는 이미 둘이 아니고 하나이니, 어찌 천지 귀신과 더불어 그 用을 같이하지 않겠는가?

⑤ 이치는 둘이 아니니, 어찌 하늘과 땅과 귀신과 더불어 그 씀을 함께 하지 않을 수 있겠는가?

⑥ 理致가 이미 둘이 아니어니 어이 天地鬼神으로 더부러 그 用을 가치 할 수 업스리오.

⑦ 理致가 이미 둘이 아닌즉 이의 天地 鬼神과 그 用을 한가지로 할 수 없으리오.

⑧ 리치가 둘이 있는것이 아니므로 어찌 그 신묘한 것을 밝혀내지 못하겠는가.

⑨ 이치는 둘이 아닌 바에야, 어찌 천지귀신(天地鬼神)과 그 작용이 같지 않을 수 있겠는가?

❶ 正音二十八字, 各象其形而制之.

① 正音 二十 八字는 다 各各 그 形狀을 模象하여 맨든것이니라.

② 「훈민정음」 28 자는 각각 그 형상(形象)을 본떠서 만들었다.

③ 정음 스물여덟 자는 각각 그 모양을 본떠서 만들었다.

④ 훈민정음 스물 여덟 글자는 각각 그 형상을 본떠서 만들었다.

⑤ 정음 스물여덟 자는 각각 그 모양을 본떠서 만들었다.

⑥ 正音 二十八字는 各各 그 形狀을 模象하야 맨드니라.

⑦ 正音 二十八字는 각각 그 形狀을 模象하여 만들다.

⑧ 정음 28자는 각각 그 모양을 본따서 만들었다.

⑨ 정음(正音) 스물여덟 자는 각각 그 형상을 본떠서 만들었다.

⓪ 初聲凡十七字.

① 初聲은 무릇 十七字니

② 초성(初聲)은 모두 17자니.

③ 첫소리는 무릇 열일곱 자니

④ 초성 글자는 모두 17자이다.

⑤ 첫소리는 무릇 열일곱 자인데.

⑥ 초성(初聲)은 무릇 十七字니

⑦ 초성은 무릇 17자니

⑧ 초성은 17자다.

⑨ 초성은 모두 열일곱 자다.

⓪ 牙音ㄱ, 象舌根閉喉之形.

① 牙音ㄱ은 舌根이 목구녁을 가리우는 形狀을 模象한것이요

② 아음(牙音) ㄱ은 혀뿌리가 목구멍을 막는 형상을 본뜬 것이요.

③ 엄소리 ㄱ는 혀뿌리가 목구멍을 막는 모양을 본뜨고

④ 어금니소리: 牙音 글자 ㄱ은 혀뿌리가 목구멍을 닫는 형상을 본뜨고.

⑤ 어금닛소리 ㄱ은 혀뿌리가 목구멍을 닫는 모양을 본뜨고.

⑥ 아음(牙音) ㄱ는 혀뿌리가 목구녁 막는 形狀을 模象하고

⑦ 아음 ㄱ는 혀뿌리가 목구멍을 막는 形狀을 模象하고

⑧ 어금이소리 ≪ㄱ≫는 혀뿌리가 목구멍을 막는 모양을 본떴다.

⑨ 아음 'ㄱ'는 혀뿌리가 목구멍을 막는 형상을 본뜬 것이다.

⓪ 舌音ㄴ, 象舌附上腭之形.

① 舌音 ㄴ은 혀가 위ㅅ 이ㅅ몸에 닿는 形狀을 模象한것이요

② 설음(舌音) ㄴ은 혀끝이 웃잇몸에 닿는 현상을 본뜬 것이요.

③ 혓소리 ㄴ는 혀가 웃잇몸에 닿는 모양을 본뜨고,

④ 혓소리[舌音] 글자 ㄴ은 혀가 윗잇몸에 붙는 형상을 본뜨고.

⑤ 혓소리 ㄴ은 윗잇몸에 붙는 모양을 본뜨고.

⑥ 舌音 ㄴ는 혀가 우 닛몸에 닷는 形狀을 摸象하고

⑦ 설음(舌音) ㄴ는 혀가 위 이 몸에 닿는 形狀을 模象함이요,

⑧ 혀소리 ≪ㄴ≫는 혀뿌리가 목구멍을 막는 모양을 본떴다.

⑨ 설음 'ㄴ'는 혀끝이 윗잇몸에 닿는 모양을 본뜬 것이다.

⓪ 脣音ㅁ, 象口形.

① 脣音 ㅁ은 입 形狀을 模象한것이요

② 순음(脣音) ㅁ은 입의 형상을 본뜬 것이요.

③ ㅁ는 입 모양을 본뜨고

④ 입술소리[脣音] 글자 ㅁ은 입의 형상을 본뜨고.

⑤ 입술소리 ㅁ은 입의 모양을 본뜨고.

⑥ 脣音 ㅁ는 입形狀을 摸象하고

⑦ 순음(脣音) ㅁ는 입 形狀을 模象함이요.

⑧ 입술소리 ≪ㅁ≫는 입모양을 본떴다.

⑨ 순음 'ㅁ'는 입의 모양을 본뜬 것이다.

⓪ 齒音ㅅ, 象齒形.

① 齒音 ㅅ은 니 形狀을 模象한것이요

② 치음(齒音) ㅅ은 이의 형상을 본뜬 것이요.

③ 잇소리 ㅅ는 이[齒]의 모양을 본뜨고,

④ 잇소리[齒音] 글자 ㅅ은 이의 형상을 본뜨고.

⑤ 잇소리 ㅅ은 이의 모양을 본뜨고.

⑥ 齒音 'ㅅ'는 니形狀을 摸象하고

⑦ 치음(齒音) ㅅ는 이 形狀을 模象함이요.

⑧ 이소리 ≪ㅅ≫는 이의 모양을 본떴다.

⑨ 치음 'ㅅ'는 이의 모양을 본뜬 것이다.

ⓞ 喉音ㅇ, 象喉形.

① 喉音 ㅇ은 목구녁 形狀을 模象한것인데

② 후음(喉音) ㅇ은 목구멍의 형상을 본뜬 것이다.

③ 목구멍소리 ㅇ는 목구멍의 모양을 본뜬 것인데

④ 목구멍소리[喉音] 글자 ㅇ은 목구멍의 형상을 본떴다.

⑤ 목구멍소리 ㅇ은 목구멍의 모양을 본떴다.

⑥ 喉音 ㅇ는 목구녁 形狀을 模象한 것인데

⑦ 후음(喉音) ㅇ는 목구멍 形狀을 模象함이다.

⑧ 목구멍소리 ≪ㅇ≫는 목구멍의 모양을 본떴다.

⑨ 후음 'ㅇ'는 목구멍의 모양을 본뜬 것이다.

ⓞ ㅋ比ㄱ, 聲出稍厲, 故加畫.

① ㅋ은 ㄱ에 比하야 소리를 내는것이 조금 센 까닭에 劃을 더한 것으로

② ㅋ은 ㄱ보다 소리가 좀 세게 나는 까닭에 획(劃)을 더한 것이요.

③ ㅋ는 ㄱ에 비하여 소리 나는 게 조금 센 까닭으로 획을 더한다.

④ ㅋ은 ㄱ에 비하여 소리가 조금 거세므로 획을 더하였다.

⑤ ㅋ은 ㄱ보다 소리가 조금 세게 나므로 획을 더하였다.

⑥ ㅋ는 ㄱ에 比하야 소리가 남이 가칫 센 까닭에 畫을 더 한 것으로

⑦ ㅋ는 ㄱ에 비하여 소리 남이 자칫 세다. 고로 畫을 더한 것이요.

⑧ ≪ㅋ≫는 ≪ㄱ≫에 비하여 소리가 조금 세다. 때문에 획을 더하였다.

⑨ 'ㅋ'는 'ㄱ'에 비하여 소리가 조금 거세므로 획을 더하였다.

⓪ ㄴ而ㄷ, ㄷ而ㅌ, ㅁ而ㅂ, ㅂ而ㅍ, ㅅ而ㅈ, ㅈ而〈正音解例 2a〉ㅊ, ㅇ而
ㆆ, ㆆ而ㅎ, 其因聲加畫之義皆同, 而唯ㆁ爲異.

① ㄴ에서 ㄷ, ㄷ에서 ㅌ, ㅁ에서 ㅂ, ㅂ에서 ㅍ, ㅅ에서 ㅈ, ㅈ에서 ㅊ, ㅇ
에서 ㆆ, ㆆ에서 ㅎ가 그 소리로 因하야 劃을 더한 뜻이 같으나 오즉
ㆁ만은 다르고

② ㄴ에서 ㄷ, ㄷ에서 ㅌ, ㅁ에서 ㅂ, ㅂ에서 ㅍ, ㅅ에서 ㅈ, ㅈ에서 ㅊ,
ㅇ에서 ㆆ, ㆆ에서 ㅎ이 된 것도 그 소리를 따라 획을 더한 뜻이 다
같다. 그러나, ㆁ은 다르게 하였다.

③ ㄴ에서 ㄷ, ㄷ에서 ㅌ, ㅁ에서 ㅂ, ㅂ에서 ㅍ, ㅅ에서 ㅈ, ㅈ에서 ㅊ,
ㅇ에서 ㆆ, ㆆ에서 ㅎ도 그 소리로 인하여 획을 더한 뜻이 다 같으나
오직 ㆁ만은 다르다.

④ ㄴ에서 ㄷ, ㄷ에서 ㅌ, ㅁ에서 ㅂ, ㅂ에서 ㅍ, ㅅ에서 ㅈ, ㅈ에서 ㅊ,
ㅇ에서 ㆆ, ㆆ에서 ㅎ으로 그 소리를 따라 획을 더한 뜻은 모두 같으
나, 오직 ㆁ만은 다르다.

⑤ ㄴ에서 ㄷ, ㄷ에서 ㅌ, ㅁ에서 ㅂ, ㅂ에서 ㅍ, ㅅ에서 ㅈ, ㅈ에서 ㅊ,
ㅇ에서 ㆆ, ㆆ에서 ㅎ이 됨도 그 소리로 말미암아 획을 더한 뜻이 모
두 같으나, 오직 ㆁ만은 다르게 하였다.

⑥ ㄴ에서 ㄷ, ㄷ에서 ㅌ, ㅁ에서 ㅂ, ㅂ에서 ㅍ, ㅅ에서 ㅈ, ㅈ에서 ㅊ,
ㅇ에서 ㆆ, ㆆ에서 ㅎ는 그 소리를 因하야 畵을 더한 뜻이 모다 가트
나 오즉 ㆁ만은 다르고

⑦ ㄴ에서 ㄷ, ㄷ에서 ㅌ ; ㅁ에서 ㅂ, ㅂ에서 ㅍ ; ㅅ에서 ㅈ, ㅈ에서 ㅊ
; ㅇ에서 ㆆ, ㆆ에서 ㅎ는 그 소리로 因하여 畵을 더한 뜻이 모두 한가
지이다. 오직 ㆁ만은 다르다.

⑧ ≪ㄴ≫에서 ≪ㄷ≫, ≪ㄷ≫에서 ≪ㅌ≫, ≪ㅁ≫에서 ≪ㅂ≫, ≪ㅂ≫에서 ≪ㅍ≫, ≪ㅅ≫에서 ≪ㅈ≫, ≪ㅈ≫에서 ≪ㅊ≫, ≪ㅇ≫에서 ≪ㆆ≫, ≪ㆆ≫에서 ≪ㅎ≫는 그 소리로 하여 획을 더한 뜻은 모두 같다. 오직 ≪ㆁ≫만은 다르다.

⑨ 'ㄴ'에서 'ㄷ', 'ㄷ'에서 'ㅌ', 'ㅁ'에서 'ㅂ', 'ㅂ'에서 'ㅍ', 'ㅅ'에서 'ㅈ', 'ㅈ'에서 'ㅊ', 'ㅇ'에서 'ㆆ', 'ㆆ'에서 ㅎ가 되는 것도 소리에 따라 획을 더한 뜻이 다 같으나, 오직 'ㆁ'는 다르다.

⓪ 半舌音ㄹ, 半齒音△, 亦象舌齒之形而異其體, 無加畫之義焉.

① 半舌音 ㄹ과 半齒音 △는 또한 혀와 이의 形狀을 模象은 했으나 그 모양을 달리 한것이요 劃을 더하는 뜻이 있는 것은 아니로라.

② 반설음(半舌音) ㄹ과 반치음(半齒音) △은 각각 혀와 이의 형상을 본떴으나, 그 체(體)를 달리하였을 뿐, 획을 더한 뜻은 없다.

③ 반혓소리 ㄹ과 반잇소리 △는 또한 혀와 이[齒]의 모양을 본뜨긴 했으나 그 체(體)를 달리하여 획을 더한 뜻이 없다.

④ 반혓소리[半舌音] ㄹ과 반잇소리[半齒音] △도 또한 혀와 이의 형상을 본떴는데, 그 체형(體形)이 다를 뿐 획을 더한 뜻은 없다.

⑤ 반혓소리 ㄹ, 반잇소리 △도 또한 혀와 이의 모양을 본떴으나, 그 모양을 달리해서 (만들었기에) 확을 더한 뜻은 없다.

⑥ 반설음(半舌音) ㄹ와 반치음(半齒音) △는 또한 혀와 니의 形狀을 摸象하나 그 形體를 달리하야 畫을 더한 뜻이 업나니라.

⑦ 半舌音 ㄹ와 半齒音 △ 또한 혀와 이의 形狀을 模象함이나 그 形體를 달리하여 畫을 더한 뜻이 없다.

⑧ 반혀소리 ≪ㄹ≫와 반이소리 ≪△≫ 또한 혀와 이의 모양을 본떴으나 글자모양을 달리하여 획을 더한 뜻은 없다.

⑨ 반설음(半舌音) '리'와 반치음(半齒音) 'ㅿ' 역시 혀와 이의 형상을 본뜨되 모양을 달리 한 것이지, 획을 더하는 뜻은 없다.

⓪ 夫人之有聲本於五行.

① 大抵 사람의 소리가 모두 五行에 根本되어 있는 까닭에

② 대저(?大低) 사람의 말소리가 있는 것도 오행(五行)에 근본되었으므로,

③ 대개 사람의 소리 있음도 오행에 근본을 두는 까닭으로

④ 무릇 사람이 음성을 가지고 있는 것은 오행에 근본한다.

⑤ 대저 사람의 말소리는 오행에 근본을 두고 있으므로,

⑥ 大抵 사람의 소리가 잇슴도 五行에 根本되는 까달게

⑦ 대저 사람의 소리 있음도 오행에 근본하는 고로

⑧ 일반적으로 사람의 말소리가 있는것도 오행에 그 근본을 두고있는것만큼

⑨ 대저 사람의 말소리가 있는 것도 오행(五行)에 근본을 두고 있다.

⓪ 故合諸四時而不悖, 叶之五音而不戾.

① 이것을 四時에 어울러 어그러 지지않고 五音에 맞추어 틀리지 않는것이니라.

② 사시(四時)에 어울리어 어그러지지 않으며, 오음(五音)에 맞아서 틀리지 않는다.

③ 사철에 어울러 어그러짐이 없고, (음악의) 오음에 맞추어 틀리지 않으니,

④ 그러므로 음성의 원리를 네 계절의 이치에 합하여 보아도 어긋나지 않고 궁(宮)·상(商)·각(角)·치(徵)·우(羽)의 오음(五音)의 원리에 맞추어도 틀리지 않는다.

⑤ 네 계절에 짝지어도 어그러짐이 없고, (음악의) 오음(五音)에 맞추어도 어긋나지 않는다.

⑥ 四時에 어울러 어그러지지 안고 五音에 마치어 틀리지 안나니

⑦ 四時에 어울려 어그러지지 않고 五音에 맞아 틀리지 않는다.

⑧ 네철에 어울러 어그러지지 않고 5음에 맞아 틀리지 않는다.

⑨ 그러므로 사시(四時)에 어울려 어그러지지 않고, 오음(五音)에 부합되어 어긋나지 않는다.

🅞 **喉邃而潤, 水也.**

① 목구녁은 깊고 처저서 水라할 것이니

② 목구멍(喉)은 깊숙하고 젖어 있으니, 오행(五行)의 수(水)라.

③ 목구멍은 깊고 젖어 수(水)라고 할 것이니

④ 목구멍[喉]은 입 안 깊숙한 곳에 있고, 축축한 물기가 있으니 五行의 水에 해당된다.

⑤ 목구멍은 깊숙하고 젖어 있으니, (오행으로는) 물이다.

⑥ 목구녁은 깁고 저저서 水라고 할 것이라

⑦ 목구멍은 음성깊고 젖다. 水이라.

⑧ 목구멍은 깊숙하고 미끄럽다. 물과 같다.

⑨ 목구멍은 입 안 깊숙한 곳에 있고 물기가 있으니, 오행(五行)의 수(水)에 해당한다.

🅞 **聲虛而通, 如水之虛明而流通也.**

① 소리가 비고 通하야 물의 虛明하고 流通하는것과 같은지라.

② 이 소리가 비고 거침없음은 마치 물이 맑으며 흐르는 것과 같다.

③ 소리가 비고 통하여 물의 허명(虛明)하고 두루 흐름과 같은바

④ 그 목구멍에서 나는 소리가 虛하고 막힘이 없이 통함은, 물이 환히 맑으며 잘 흐르는 것과 같다.

⑤ 소리는 비어 있고 거침없으니, 물이 비어서 밝고 흘러서 통하는 것과
   같다.
⑥ 소리가 비고 通하야 물의 虛明하고 流通함과 가튼바
⑦ 소리가 비고 通함이 물의 虛明하고 流通함과 같도다.
⑧ 소리가 비고 통하는것은 물이 투명하고 밝으며 흘러통하는것과 같다.
⑨ 소리가 비고 막힘없는 듯한 것은, 마치 물이 투명하게 맑고 두루 흘러
   통하는 것과 같다.

⓪ 於時爲冬, 於音爲羽.
① 철로는 冬이요 音으로는 羽며
② 철(四時)로는 겨울(冬)이요, 음악(音樂)의 음(五音)으로는 우(羽)가 된다.
③ 철로는 겨울이요 음(音)으로는 우(羽)이다.
④ 계절로는 겨울[冬]에 해당되고, 五音으로는 우[羽]에 해당된다.
⑤ 계절로는 겨울이 되고, (음악의) 소리로는 羽가 된다.
⑥ 철로는 겨을이요 音으로는 羽며
⑦ 철로는 겨울이고 音으로서는 羽이다.
⑧ 철로는 겨울이고 음으로서는 우이다.
⑨ 계절로는 겨울에 해당하고 오음(五音)으로는 우(羽)에 해당한다.

⓪ 牙錯而長, 木也.
① 어금니는 울퉁 불퉁하고 길어서 木이라 할것이니
② 어금니(牙)는 착잡(錯雜)하고 기니, 오행의 목(木)이라.
③ 어금니는 서로 어긋나고[錯] 길어서 목(木)이라고 할 것이니
④ 어금니[牙]는 얽히고[錯] 기니 五行의 木에 해당된다.
⑤ 어금니는 어긋나고 기니, (오행으로는) 나무다.

⑥ 어금니는 錯雜하고 길어서 木이라고 할 것이라

⑦ 어금이는 交錯하고 길다. 목(木)이다.

⑧ 어금이는 어긋지고 길다. 나무와 같다.

⑨ 어금니는 울퉁불퉁하고 기니, 오행(五行)의 목(木)에 해당한다.

⑩ 聲似〈正音解例 2b〉喉而實, 如木之生於水而有形也.

① 소리가 목구녁 소리와 비슷 해도 實해서 나무가 물에서 生長하건만 形體가 있음과 같은지라

② 이 소리가 목구멍소리(喉音)와 비슷하나 실함은 마치 나무가 물에서 나도 형체가 있는 것과 같다.

③ 소리가 목구멍소리와 비슷해도 여무져서 나무가 물에서 나되 그 모양이 있음과 같은바

④ 그 소리가 목구멍 소리[후음(喉音)]와 비슷하지만, 실[實]함은 나무가 물에서 나되 형상이 있는 것과 같다.

⑤ 소리는 목구멍소리와 비슷하나 여무니, 나무가 물에서 나서 형체가 있는 것과 같다.

⑥ 소리가 목구녁소리와 비슷해도 여물어서 나무가 물에서 나도 形狀이 잇슴과 가튼바

⑦ 소리가 목구멍소리와 비슷하되 여뭄이, 마치 나무가 물에서 나서 形狀이 있음과 같도다.

⑧ 소리가 목구멍소리와 비슷하지만 끝맺는것이 마치 나무가 물에서 나서 모양이 있는것과 같다.

⑨ 소리가 후음(喉音)과 비슷하되 여문 것은, 마치 나무가 물에서 나되 형체가 있는 것과 같다.

⓪ 於時爲春, 於音爲角,

① 철로는春이요 音으로는 角이며

② 철로는 봄(春)이요, 음악으로는 각(角)이 된다.

③ 철로는 봄이요 음으로는 각(角)이다.

④ 계절로는 봄[春]에 해당되고, 오음(五音)으로는 각(角)에 해당된다.

⑤ 계절로는 봄이 되고, (음악의) 소리로는 角이 된다.

⑥ 철로는 봄이요 音으로는 角이며

⑦ 철로는 봄이요, 音으로는 角이다.

⑧ 철로는 봄이고 음으로서는 각이다.

⑨ 계절로는 봄에 해당하고, 오음(五音)으로는 각(角)에 해당한다.

⓪ 舌銳而動, 火也.

① 혀는 날카롭고 움지기어 火라할것이니

② 혀(舌)는 날카롭고 움직이니, 오행의 화(火)라.

③ 혀는 날카롭고 움직여 화(火)라 할 것이니,

④ 혀[舌]는 날카롭고 잘 움직이니 五行의 火에 해당된다.

⑤ 혀는 날카로우며 움직이니, (오행으로는) 불이다.

⑥ 혀는 날카롭고 움즉이어 火라고 할것이라

⑦ 혀는 날카롭고 움직이다. 火라,

⑧ 혀는 날카롭고 움직인다. 불과 같다.

⑨ 혀는 날카롭고 움직이니, 오행(五行)의 화(火)에 해당한다.

⓪ 聲轉而颺, 如火之轉展而揚揚也.

① 소리가 굴르고 날리어 불의 轉展하여 揚揚함과 같은지라

② 이 소리가 구르고 날림은 마치 불이 퍼지며 활활 날치는 것과 같다.

③ 소리가 구르고 날리어 불의 이글거리며[轉展] 활활 타 오름[揚揚]과 같아

④ 그 소리가 구르고 날리는 것은 불이 구르고 펼쳐지며 너울거리는 것과 같다.

⑤ 소리가 구르고 날리니, 불이 구르고 펴져 휘날리는 것과 같다.

⑥ 소리가 구르고 날리어 불의 轉展하야 揚々함과 가튼바

⑦ 소리가 굴고 날림이 불의 轉展하여 揚揚함과 같도다.

⑧ 소리가 굴고 날리는것이 불이 귀피여나 훨훨 날치는것과 같다.

⑨ 소리가 입 안을 구르고 날아다니는 듯한 것은, 마치 불이 구르고 펼쳐지며 활활 날치는 것과 같다.

⓪ 於時爲夏, 於音爲徵(上).

① 철로는夏요 音으로는 徵며

② 철로는 여름(夏)이요, 음으로는 치(徵)가 된다.

③ 철로는 여름이요 음으로는 치(徵)다.

④ 계절로는 여름[夏]에 해당되고, 五音으로는 齒에 해당된다.

⑤ 계절로는 여름이 되고, (음악의) 소리로는 徵가 된다.

⑥ 철로는 녀름이요 音으로는 徵며

⑦ 철로는 여름이고 音으로는 徵이다.

⑧ 철로는 여름이고 음으로는 치이다.

⑨ 계절로는 여름에 해당하고, 오음(五音)으로는 치(徵)에 해당한다.

⓪ 齒剛而斷, 金也.

① 이는 단단하고 끊어서 金이라 할것이니

② 이(齒)는 단단하고 부러지니, 오행의 금(金)이라.

③ 이는 단단하고 끊어서 금(金)이라고 할 것이니

④ 이[齒]는 단단하여 다른 물건을 끊을 수 있으니 五行의 金에 해당된다.

⑤ 이는 단단하고 (물건을) 끊을 수 있으니, (오행으로는) 쇠이다.

⑥ 니는 단〃하고 쓴허서 金이라고 할 것이라

⑦ 이는 단단하고 끊다. 金이라,

⑧ 이는 단단하고 싹독거린다. 쇠와 같다.

⑨ 이는 단단하고 물건을 끊으니(혹은 모양이 끊어져 있으니[10]), 오행(五行)의 금(金)에 해당한다.

⓪ 聲屑而滯, 如金之屑瑣而鍛成也.

① 소리가 부스러지고 막히어 쇠의 瑣屑한것이 鍛鍊하여 이루어지는것과 같은지라

② 이 소리가 부스러지고 걸림은 마치 쇠가 가루같이 부숴지되, 쇠 불려 이루는 것과 같다.

③ 소리가 부스러지고 걸리어 쇠의 잔 부스러기가 단련되어 (무엇이) 이루어짐과 같기에

④ 그 소리가 부스러지며 걸리는 것은, ?쇠(金)가 부스러지지만 단련(鍛鍊)되는 것과 같다.

⑤ 소리가 부스러지고 걸리니, 쇠가 부스러져 가루가 되고 단련되어 이루어지는 것과 같다.

⑥ 소리가 부스러지고 걸리어 쇠의 瑣屑한 것이 鍛鍊되야 이루어짐과 가

---

10) 문맥상 "(물건을) 끊으니"가 더 자연스러울 수 있으나 여기서 '단(斷)'이 건성(去聲)이므로 성조의 면에서는 "(이의 모양이) 끊어져 있으니"로 번역하는 것이 타당할 수 있다. '단(斷)'은 『廣韻』上聲 緩韻 都管切에 '斷絶. 俗作斷、斷.' 또 도관절(徒管切)에 '絶也.' 즉 '끊다'. 한편 去聲 換韻 丁貫切에 '決斷. 俗作斷、斷.' '決斷', '斷乎' 등의 용법. 그런데 ≪說文≫云: "斷截也."段氏注曰: "…今人斷物讀上聲. 物已斷, 讀去聲. 引申之義爲決斷. 讀丁貫切." 그렇다면 '끊다'는 상성(上聲), '(이미) 끊어진' 것, 및 '결단(決斷)'의 뜻으로는 거성(去聲).

튼바

⑦ 소리가 부스러지고 걸림이 쇠의 逍屑한 것이 鍛鍊되어 이루어짐과 같도다.

⑧ 소리가 부스러지고 막혀 쇠가 부스러지고 불려지여 이루어지는것 같다.

⑨ 소리가 부스러지고 걸리는 것은 마치 쇠가 가루같이 부스러져서(혹은 부스러지되) 단련하여 형체를 만드는 것과 같다.

⓿ 於時爲秋, 於音爲商.

① 철로는 秋요 晉으로는商이며

② 철로는 가을[秋]이요, 음으로 상(商)이 된다.

③ 철로는 가을이요 음으로는 상(商)이다.

④ 계절로는 가을[秋]에 해당되고, 오음으로는 상[商]에 해당된다.

⑤ 계절로는 가을이 되고, (음악의) 소리로는 商이 된다.

⑥ 철로는 가을이요 晉으로는 商이며

⑦ 철로는 가을이고 晉으로는 商이다.

⑧ 철로? 가을이고 음으로는 상이다.

⑨ 계절로는 가을에 해당하고 오음(五晉)으로는 상(商)에 해당한다.

⓿ 脣方而合, 土也.

① 입살은 모지고 습하여 土라할것이니

② 입술(脣)은 모나고 합해지니, 오행의 토(土)라.

③ 입술은 모나고 합하여 토(土)라고 할 것이니,

④ 입술[脣]은 네모지고 다물어지니, 五行의 土에 해당된다.

⑤ 입술은 모나고 합해지니, (오행으로는) 흙이다.

⑥ 입살은 모지고 습하야 土라고 할 것이라

⑦ 입술은 네모지고 습하다. 土라.

⑧ 입술은 모지고 붙었다. 흙과 같다.

⑨ 입술은 모나고 다물어지니, 오행의 토(土)에 해당한다.

⓪ 聲含而廣. 如土之含蓄萬物而廣大也.

① 소리가 먹음고 넓어서 흙이 萬物을 含蓄하여 廣大한것과 같은지라

② 이 소리가 머금고 넓음은 마치 흙이 만물(萬物)을 함축(含蓄)하여 넓고 큰 것과 같다.

③ 소리가 머금고 넓어 땅이 만물을 함축하여 넓고 큼과 같으니

④ 그 소리가 머금고 넓은 것은, 흙이 만물을 함축하여 광대(廣大)한 것과 같다.

⑤ 소리가 머금고 넓으니, 땅이 만물을 품어 싸안아 넓고 큰 것과 같다.

⑥ 소리가 머금고 널버서 쌍이 萬物을 含蓄하야 廣大함과 가튼 바

⑦ 소리가 먹음고 넓음이 땅이 만물을 含蓄하여 廣大함과 같도다.

⑧ 소리가 머금고 넓은것이 흙이 만물을 머금어 넓고 큰것과 같다.

⑨ 소리가 머금었다가 넓어지는 듯한 것은, 마치 흙이 만물을 머금어 품으면서도 넓고 큰 것과 같다.

⓪ 於時爲季夏, 於音爲〈正音解例 3a〉宮.

① 철로는 季夏요 音으로는宮이니라.

② 철로는 늦은 여름(季夏)이요, 음으로는 궁(宮)이 된다.

③ 철로는 늦여름이요 음으로는 궁(宮)이다.

④ 계절로는 늦여름[季夏]에 해당되고, 五音으로는 궁[宮]에 해당된다.

⑤ 계절로는 늦여름이 되고, (음악의) 소리로는 宮이 된다.

⑥ 철로는 季夏요 音으로는 宮이니라.

⑦ 철로는 季夏요, 音으로는 宮이다.

⑧ 철로는 늦은 여름이고 음으로는 궁이다.

⑨ 계절로는 늦은 여름에 해당하고 오음(五音)으로는 궁(宮)에 해당한다.

⓪ 然水乃生物之源, 火乃成物之用, 故五行之中, 水火爲大.

① 그러나 물은 물건을 生長시키는 根源이요 불은 물건을 이루는 作用인
까닭에 五行中에 水火로 大를 삼고

② 그러나, 물은 물건을 나게 하는 근원이요, 불은 물건을 이루는 작용(作
用)이니, 오행(五行) 중에서도 물과 불(水火)이 크고.

③ 그러나 물은 물건을 낳는 근원이요 불은 물건을 이루는 작용이기 때문
에 오행 가운데서도 물과 불[水火]이 큰 것이 되고,

④ 그러나 물은 만물을 낳는 근원이요, 불은 만물을 이루어 내는 (능동적
인) 작용을 하는 것이다. 그러므로 오행 가운데서 물과 불을 큰 것으로
삼는다.

⑤ 그러나 물은 만물을 낳는 근원이요, 불은 만물을 이루어 내는 (능동적
인) 작용을 하는 것이다. 그러므로 오행 가운데서 물과 불을 큰 것으로
삼는다.

⑥ 그러나 물은 물건을 낫는 根源이요 불은 물건을 이루는 作用인지라 五
行中에서도 水火가 큰게 되고

⑦ 그러나 물은 物을 낳는 근원이요 불은 물을 이루는 作用인지라. 고로
五行 中에서 水火로 큼을 삼다.

⑧ 그러나 물은 사물을 낳는 근원이며 불은 사물을 이루는 작용이다. 때
문에 오행 중에서 물과 불을 크게 여긴다.

⑨ 그러나 물은 바로 만물을 낳는 근원이고 불은 바로 만물을 이루는 작
용이기 때문에, 오행(五行) 중에서는 물과 불이 중요한 것이 된다.

◎ 喉乃出聲之門, 舌乃辨聲之管, 故五音之中, 喉舌爲主也.

① 목구녁은 소리를 내는 門이요 혀는 소리를 辨別하는 쪼각인 까닭에 五音中에 喉舌이 주장이 되나니라.

② 목구멍은 말소리를 내는 문이요, 혀는 말소리를 분간(分揀)하는 관(管)이니, 오음(五音) 중에서도 목구멍소리(喉音)와 혓소리(舌音)가 주장이 된다.

③ 목구멍(=水)은 소리를 내는 문이요, 혀(=火)는 소리를 구별하는 관(管)이기 때문에 오음(五音) 가운데서도 목구멍과 혀가 주장이 된다.

④ 목구멍[喉]은 소리를 내는 문이고, 혀[舌]는 소리를 변별(辨別)해 주는 것을 주관하는 것이니, 그러므로 아음·설음·순음·치음·후음의 오음 중에서 수에 해당되는 후음과 화에 해당되는 설음이 주요하다.

⑤ 목구멍은 소리가 나오는 문이요, 혀는 소리를 구별해내는 기관이다. 그러므로 오음 가운데서, 목구멍소리와 혓소리가 으뜸이 된다.

⑥ 목구녁은 소리를 내는 門이요 혀는 소리를 가래는 管인지라 五音中에서도 喉舌이 주장되나니라.

⑦ 목구멍은 소리를 내는 문이요, 혀는 소리를 가래는 管인지라, 고로 五音中에서 喉舌로 主목를 삼다.

⑧ 목구멍은 소리를 내는 문이다. 혀는 소리를 가리는 관이다. 때문에 5음 가운데서 목구멍과 혀를 주로 삼는다.

⑨ (마찬가지로) 목구멍은 바로 소리를 내는 문이고 혀는 바로 소리를 변별하는 기관이기 때문에, 오음(五音) 중에서는 후음(喉音)과 설음(舌音)이 주가 되는 것이다.

◎ 喉居後而牙次之, 北東之位也.

① 목구녁은 맨뒤에 있고 어금니가 다음에 있으니 北과 東의 位요

② 목구멍은 가장 뒤에 있고, 어금니는 그 다음에 있으니, 북(北)과 동(東)의 자리요.

③ 목구멍은 뒤에 있고 어금니가 다음이므로 북과 동의 방위요,

④ 목구멍[喉]은 구강[口腔]의 뒤에 있고, 어금니[牙]는 그 다음에 있으니 北과 東의 자리이다.

⑤ 목구멍은 뒤에 있고 어금니는 그 다음에 있으니, 북녘과 동녘의 자리이다.

⑥ 목구녁은 뒤에 잇고 어금니가 다음이매 北과 東의 位요

⑦ 목구멍이 뒤에 잇고 어금이가 다음이라. 북과 동의 位요.

⑧ 목구멍이 뒤에 있고 어금이가 그 다음에 있다. 복과 동의 위치이다.

⑨ 목구멍은 맨 뒤에 있고 어금니는 그 다음에 있으니, 각각 북쪽과 동쪽의 자리이다.

⓪ 舌齒又次之, 南西之位也.

① 혀와 이가 또 그 다음이니 南과 西의 位요

② 혀와 이가 그 다음에 있으니, 남(南)과 서(西)의 자리요.

③ 혀와 이가 또 그 다음이므로 남과 서의 방위요,

④ 혀[舌]와 이[齒]는 또 그 다음에 있으니, 南과 西의 자리이다.

⑤ 혀와 이는 그 다음에 있으니, 남녘과 서녘의 자리이다.

⑥ 혀와 니가 쏘 그 다음이매 南과 西의 位요

⑦ 혀와 이가 또 그 다음이라. 남과 서의 位이다.

⑧ 혀와 이가 그 다음이다. 남과 서의 위치이다.

⑨ 혀와 이가 그 다음에 있으니, 각각 남쪽과 서쪽의 자리이다.

0 脣居末, 土無定位而寄旺四季之義也.

① 입살이 맨끝에 있으니 土는 定한 位置가 없이 四時에 寄旺하는 뜻으로

② 입술은 끝(末)에 있으니, 토(土)가 정한 자리가 없이 네 철(四時·四季)에 붙여 왕성(旺盛)한 뜻이다.

③ 입술이 끝에 있으므로 토는 일정한 방위 없이 사철에 붙는다는 뜻이다.

④ 입술은 맨 끝에 있으니, 五行의 土가 정해진 자리가 없이 네 계절에 붙어서 왕성하게 하는 뜻이 있다.

⑤ 입술은 끝에 있으니, 흙이 일정한 자리가 없이 네 계절에 기대어 왕성함을 뜻한다.

⑥ 입살이 쓰테 잇스매 土는 定한 位가 업시 四季에 부치어 旺盛한 뜻이니라.

⑦ 입술이 끝이라, 土는 정한 位가 없이 四季에 붙어 旺하는 뜻이다.

⑧ 입술이 끝이다. 흙은 정한 위치가 없이 네철에 붙어 왕성하는 뜻이다.

⑨ 입술은 맨 끝에 있는데, 이는 흙이 일정한 자리 없이, 네 계절에 기대면서도 활력을 준다는 뜻이다.

0 是則初聲之中, 自有陰陽五行方位之數也.

① 이는 初聲 中에 스스로 陰陽 五行 方位의 數를 가지는 것이니라

② 이는 곧 초성(初聲)들이 그 가운데 음양과 오행과 방위(方位)의 수(數)를 스스로 지니고 있는 것이다.

③ 이런즉 초성 가운데 스스로 음양 오행 방위의 수(數)가 있는 것이다.

④ 이와 같은 것들은 초성 속에 스스로 음양·오행·방위의 수가 있음을 나타내고 있다.

⑤ 이는 곧 첫소리 가운데 저절로 음양과 오행과 방위의 수가 있음이다.

⑥ 이는 初聲中에 스스로 陰陽 五行 方位의 數가 잇는 것이려니와

⑦ 이는 初聲中에 스스로 陰陽, 五行, 方位의 수가 있음이다.

⑧ 이는 초성가운데 스스로 음양, 오행, 방위의 수가 있음이다.

⑨ 이는 곧 초성(初聲) 가운데에 스스로 음양(陰陽)·오행(五行)·방위(方位)의 수(數)를 갖추고 있는 것이다.

⓪ 又以聲音淸〈正音解例 3b〉濁而言之.

① 또 聲音의 淸濁으로 말할진댄

② 또, 말소리의 청탁(淸濁)으로 말하면.

③ 또 성음의 청탁으로 말할 것 같으면

④ 또, 성음(聲音)을 청탁(淸濁)으로 말하자면.

⑤ 또 말소리를 맑고 흐림으로 말할 것 같으면.

⑥ 쏘 聲音의 淸濁으로 말할쩌면

⑦ 또 音聲의 淸濁으로 말할쩐대

⑧ 또 말소리의 맑고흐림으로 말하면

⑨ 또 말소리의 청탁(淸濁)에 대해서 말해 보자.

⓪ ㄱㄷㅂㅈㅅㆆ, 爲全淸.

① ㄱㄷㅂㅈㅅㆆ는 全淸이 되고

② ㄱㄷㅂㅈㅅㆆ은 전청(全淸)이요.

③ ㄱㄷㅂㅈㅅㆆ는 전청이 되고

④ ㄱㄷㅂㅈㅅㆆ은 전청(全淸)이 되고.

⑤ 'ㄱㄷㅂㅈㅅㆆ'은 전청이 되고.

⑥ ㄱㄷㅂㅈㅅㆆ는 全淸이 되고

⑦ ㄱ,ㄷ,ㅂ,ㅈ,ㅅ,ㆆ는 전청이요

⑧ ≪ㄱ,ㄷ,ㅂ,ㅈ,ㅅ,ㆆ≫는 전청이며

⑨ 'ㄱㄷㅂㅈㅅㆆ'는 전청(全淸)이다.

⓿ ㅋㅌㅍㅊㅎ, 爲次淸.
① ㅋㅌㅍㅊㅎ는 次淸이 되고
② ㅋㅌㅍㅊㅎ은 차청(次淸)이요.
③ ㅋㅌㅍㅊㅎ는 차청이 되고
④ ㅋㅌㅍㅊㅎ은 차청(次淸)이 되며.
⑤ 'ㅋㅌㅍㅊㅎ'은 차청이 되고.
⑥ ㅋㅌㅍㅊㅎ는 次淸이 되고
⑦ ㅋ, ㅌ, ㅍ, ㅊ, ㅎ는 차청이요
⑧ ≪ㅋ,ㅌ,ㅍ,ㅊ,ㅎ≫는 차청이고
⑨ 'ㅋㅌㅍㅊㅎ'는 차청(次淸)이다.

⓿ ㄲㄸㅃㅉㅆㆅ, 爲全濁.
① ㄲㄸㅃㅉㅆㆅ는 全濁이되고
② ㄲㄸㅃㅉㅆㆅ은 전탁(全濁)이요.
③ ㄲㄸㅃㅉㅆㆅ는 전탁이 되고
④ ㄲㄸㅃㅉㅆㆅ은 전탁(全濁)이 되고.
⑤ 'ㄲㄸㅃㅉㅆㆅ'은 전탁이 되고.
⑥ ㄲㄸㅃㅉㅆㆅ는 全濁이 되고
⑦ ㄲ, ㄸ, ㅃ, ㅉ, ㆅ는 전탁이요
⑧ ≪ㄲ,ㄸ,ㅃ,ㅉ,ㅆ,ㆅ≫는 전탁이며
⑨ 'ㄲㄸㅃㅉㅆㆅ'는 전탁(全濁)이다.

⓪ ㅇㄴㅁㅇㄹㅿ, 爲不淸不濁.

① ㅇㄴㅁㅇㄹㅿ는 不淸不濁이 되는 것인데

② ㅇㄴㅁㅇㄹㅿ은 불청불탁(不淸不濁)이다.

③ ㅇㄴㅁ ㅇㄹㅿ는 불청불탁이 된다.

④ ㅇㄴㅁㅇㄹㅿ은 불청불탁(不淸不濁)이 된다.

⑤ 'ㅇㄴㅁㅇㄹㅿ'은 불청불탁이 된다.

⑥ ㅇㄴㅁㅇㄹㅿ는 不淸不濁이 되나니라.

⑦ ㆁ, ㄴ, ㅁ, ㅇ, ㄹ, ㅿ는 불청불탁이다.

⑧ ≪ㅇ,ㄴ,ㅁ,ㅇ,ㄹ,ㅿ≫는 불청불탁이다.

⑨ 'ㆁㄴㅁㅇㄹㅿ'는 불청불탁(不淸不濁)이다.

⓪ ㄴㅁㅇ, 其聲最不厲, 故次序雖在於後, 而象形制字則爲之始.

① ㄴㅁㅇ가 그 소리가 가장 세지 않은 까닭에 次序는 비록 뒤에 있으나 象形 制字에는 始初가 된것이요

② ㄴㅁㅇ은 그 소리가 가장 세지 않은 까닭에 비록 차례는 뒤에 있으나, 모양을 본떠서 글자를 만드는 데는 시초(기본)가 되었고.

③ ㄴㅁㅇ는 그 소리가 가장 거세지 않은 까닭으로 차례로는 비록 뒤에 있으나, 모양을 본떠서 글자를 만들음에는 시초가 된 것이고

④ ㄴㅁㅇ은 그 소리가 가장 거세지 않고 약하므로, 글자 배열 순서는 비록 뒤에 놓여 있으나, 형상을 본떠서 글자를 만드는 데는 이것을 시초(始初)로 하였다.

⑤ 'ㄴㅁㅇ'은, 그 소리가 가장 세지 않으므로, 차례는 비록 뒤에 있으나, 모양을 본떠서 글자를 만듦에는 처음이 된다.

⑥ ㄴㅁㅇ는 그 소리가 가장 거세지 안한 까달게 次序로는 비록 뒤에 잇스나마 形狀을 摸象해서 글짜를 지음에는 始初가 된 것이요

⑦ ㄴ, ㅁ, ㅇ는 그 소리가 가장 거세지 않다. 고로 次序로는 비록 뒤에 있으되 形狀을 模象해서 글자를 만듦엔 始初를 삼도다.

⑧ ≪ㄴ, ㅁ, ㅇ≫는 그 소리가 가장 거세지 않다. 때문에 순서로서는 비록 뒤에 있으나 모양을 본떠서 글자를 만드는데 있어서는 시초로 삼았다.

⑨ 'ㄴㅁㅇ'는 그 소리가 가장 거세지 않으므로, 비록 제시한 차례로는 뒤에 있으나, 모양을 본떠서 글자를 만드는 데 있어서는 이를 시초(기본자)로 삼는다.

⓪ ㅅㅈ雖皆爲全淸, 而ㅅ比ㅈ, 聲不厲, 故亦爲制字之始.

① ㅅㅈ는 비록 다같이 全淸이 되나 ㅅ이 ㅈ에 比하여 소리가 세지 않은 까닭에 또한 制字의 始初가 된것이어니와

② ㅅㅈ은 비록 다 전청이지만, ㅅ은 ㅈ보다 소리가 세지 않은 까닭에, 또한 글자를 만드는 데에 시초(기본)가 된 것이다.

③ ㅅ ㅈ는 비록 다 같이 전청이지만 ㅅ이 ㅈ에 비하여 소리가 거세지 않은 까닭에 또한 글자를 만드는 시초가 된 것이다.

④ ㅅ과 ㅈ은 비록 둘 다 전청이지만, ㅅ은 ㅈ에 비하여 소리가 거세지 않고 약하므로 또한 치음 글자를 만드는 데 이것을 시초로 하였다.

⑤ 'ㅅ'과 'ㅈ'은 비록 다 같이 전청이기는 하나, 'ㅅ'은 'ㅈ'에 비하여 소리가 세지 않으므로, 또한 글자를 만듦의 처음으로 삼는다.

⑥ ㅅㅈ는 비록 다가치 全淸이라도 ㅅ가 ㅈ에 比해서 소리가 거세지 안한 싸달게 쏘한 글짜를 짓는 始初가 된 것이나라.

⑦ ㅅ, ㅈ는 비록 다 전청이라도 ㅅ는 ㅈ에 比해서 소리가 거세지 않다. 고로 글자를 만드는 始初로 삼다.

⑧ ≪ㅅ, ㅈ≫는 비록 다 전청이라도 ≪ㅅ≫는 ≪ㅈ≫에 비해 소리가 거세지 않다. 때문에 글자를 만드는 시초로 삼았다.

⑨ 'ㅅ'와 'ㅈ'는 비록 둘 다 전청(全淸)이지만, 'ㅅ'는 'ㅈ'에 비하여 소리가 거세지 않으므로, 이것 또한 시초(기본자)로 삼는다.

⓪ 唯牙之ㆁ, 雖舌根閉喉聲氣出鼻, 而其聲與ㅇ 〈正音解例 4a〉相似, 故韻書疑與喩多相混用, 今亦取象於喉, 而不爲牙音制字之始.

① 오직 牙音의ㆁ는 비록 舌根에[원문 그대로] 목구녁을 막아서 소리ㅅ기운이 코로 나오되 그소린즉 ㅇ와 비슷해서 韻書에도 疑와 喩가 많이 混用되매 이제 또한 목구녁을 象徵하여 牙音制字의 始初로 삼지않은 것이니라.

② 오직, 아음(牙音)의 ㆁ만은 비록 혀뿌리가 목구멍을 닫고, 소리내는 숨 코로 내되, 그 소리가 ㅇ과 비슷해서, 운서(韻書)에도 의(疑)자 첫소리와 유(喩)자 첫소리를 서로 혼용(混用)됨이 많은 까닭에, 이제 또한 목구멍의 형상을 본뜨되, 아음 글자를 만드는 데에 시초(기본)를 삼지는 않았다.

③ 다만 엄소리의 ㆁ만은 비록 혓뿌리가 목구멍을 막아서 소리의 기운이 코로 나오지만 그 소리가 ㅇ와 비슷해서 운서에도 의(疑)와 유(喩)가 많이 서로 혼용되는 것이다. 이제 ㆁ자를 목구멍에서 본떠 만들었으나 엄소리 글자 만드는 시초로 삼지 않은 것은

④ 오직 아음(牙音)의 ㆁ은 비록 혀뿌리가 목구멍을 닫고 소리 기운이 코를 통해 나오지만, 그 소리가 ㅇ소리와 서로 비슷하므로, 중국운서에서도 ㆁ(疑母)과 ㅇ(喩母)이 서로 혼용됨이 많다. ㆁ의 형상은 목구멍에서 취하였으므로, 어금니소리(牙音)의 制字의 시초는 아니다.

⑤ 오직 어금닛소리 'ㆁ'은, 비록 혀뿌리가 목구멍을 닫고 소리의 기운이 코로 나오되, 그 소리는 ㅇ과 비슷하므로, 운서에서도 '疑'모(ㆁ 음)가 '喩'모(ㅇ 음)와 서로 섞여 쓰이는 일이 많다. (ㆁ은) 이제 또한 목구멍

모양 본뜬 것을 취하되, 어금닛소리 글자 만듦의 처음으로 삼지는 않
는다.

⑥ 오즉 牙音의 ㆁ만은 비록 혀뿌리가 목구녁을 막아서 소리ㅅ긔운이 코
로 나오되 그 소리가 ㅇ와 비슷해서 韻書에도 疑와 喩가 만히 서로 混
用되는 것이라 이제 쏘한 목구녁에서 摸象함을 取하야 牙音의 글짜를
짓는 始初를 삼지 안 한바

⑦ 오직 牙音의 ㆁ만은 비록 혀뿌리가 목구멍을 막아서 소리 기운이 코로
나오되 그 소리는 ㅇ와 서로 비슷하다. 고로 韻書에 疑와 喩가 많이 서
로 混用되도다. 이제 또한 목구멍에서 模象함을 취하여 牙音의 글자를
만드는 始初를 삼지 않다.

⑧ 오직 어금이소리 ≪ㆁ≫만은 혀뿌리가 목구멍을 막아서 소리기운이
코로 나오나 그 소리는 ≪ㅇ≫와 서로 비슷하다. 때문에 운서에서는
≪ㆁ≫와 ≪ㅇ≫가 많이 혼동되고 있다. 이것 또한 목구멍에서 모양을
취하였으나 어금이소리글자를 만드는 시초로 삼지 않았다.

⑨ 오직 아음(牙音)의 'ㆁ'는 비록 혀뿌리가 목구멍을 닫고 소리 기운이
코를 통해서 나오는 (아음에 속할) 소리지만, 그 소리가 'ㅇ'와 서로 비
슷하기 때문에, 중국(中國)의 운서(韻書)에서도 의모(疑母)(ㆁ)와 유모(喩
母)(ㅇ)가 서로 혼용되는 경우가 많으므로, 이것 또한 목구멍의 모양을
취하도록 하여, 아음(牙音) 글자를 만들 시초(기본자)로 삼지는 않는다.

⓪ 盖喉屬水而牙屬木, ㆁ雖在牙而與ㅇ相似, 猶木之萌芽生於水而柔軟, 尙多
水氣也.

① 대개 목구녁은 水에屬하고 어금니는 木에 屬하는 것이라 ㆁ이 어금니
에 있으면서 ㅇ으로 더부러 비슷하게된것은 마치 나무의 싹이 물에서
生長하여 柔軟한것이 아직도 물 기운을 많이가진것과 같으니라

② 대개 목구멍(喉)은 오행(五行)의 수(水)에 속하고, 어금니(牙)는 목(木)에 속하는데, ㆁ이 아음에 속하면서 ㅇ와 비슷한 것은 마치 나무의 움이 물에서 나서 부드럽고 여리어 아직 물기가 많은 것과 같다.

③ 대개 목구멍은 물(水)에 속하고, 어금니는 나무(木)에 속하는 터이라, ㆁ은 비록 엄소리에 있으면서도 ㅇ와 비슷하여 나무의 움이 물에서 나와 부드러워 아직 물기운이 많음과 같기 때문이다.

④ 대개 목구멍(喉)은 五行의 水에 속하고, 어금니[牙]는 五行의 木에 속하는데, ㆁ이 비록 어금니에서 발음되지만, 그 소리가 목구멍소리인 ㅇ와 서로 비슷한 것은 마치 나무의 새싹[萌芽]이 물에서 나서 부드럽고 연약하여 아직도 물기가 많은 것과 같다.

⑤ 대개 목구멍은 물에 속하고 어금니는 나무에 속하는데, 'ㆁ'이 비록 어금닛소리에 (속해) 있으면서도 'ㅇ'과 더불어 비슷한 것은, 나무의 싹이 물에서 나와서 부드럽고 여리어, 아직도 물기운이 많은 것과 같다.

⑥ 大槪 목구녁은 水에 屬하고 어금니는 木에 屬하는 터로 ㆁ가 牙音에 잇스면서도 ㅇ와 비슷한 것은 나무의 움이 물에서 나와서 柔軟하야 아즉 물ㅅ긔운이 만흠과 가트니라.

⑦ 대저 목구멍은 水에 속하고 어금이는 木에 속하다. ㆁ가 비록 牙에 있으되 ㅇ와 서르 비슷함은 나무의 움이 물에서 나와서 柔軟하여 아직 물기운이 많음과 같도다.

⑧ 대체로 목구멍은 물에 속하고 어금이는 나무에 속한다. ≪ㆁ≫가 비록 어금이소리에 솔해있으나 ≪ㅇ≫와 서로 비슷한것은 나무의 움이 물에서 나와서 부드럽고 연하여 아직 물기운이 많음과 같다.

⑨ 대개 목구멍은 오행(五行)의 수(水)에 속하고 어금니는 목(木)에 속하는데, 'ㆁ'가 비록 아음 위치에 있으면서도 'ㅇ'와 비슷한 것은, 마치 나무의 새싹이 물에서 나 부드럽고 연약하면서도 여전히 물기가 많은 것

과 같은 것이다.

❶ ㄱ木之成質, ㅋ木之盛長(上), ㄲ木之老壯, 故至此乃皆取象於牙也.

① ㄱ은 나무의 成質이요 ㅋ는 나무의 盛長이요 ㄲ는 나무의 老壯인 까닭
에 이렇게 되어서 모두 어금니를 模象하였거니와

② ㄱ은 나무의 성질(性質)이요, ㅋ은 나무의 성장(盛長)이요, ㄲ은 나무의
노장(老壯)이니, 이는 다 어금니에서 형상을 본뜬 것이다.

③ ㄱ는 나무의 성질(成質)이요, ㅋ는 나무의 성장(盛長)이요, ㄲ는 나무의
노장(老壯)이므로 이에 이르러 모두 어금니에서 본뜬 것이다.

④ ㄱ은 나무의 바탕을 이룬 것이고, ㅋ은 나무가 무성하게 자란 것이며,
ㄲ은 나무가 나이 먹어 씩씩하게 된 것이므로, 이런 원리에 이르러 모
두(五行의 木에 해당되는) 어금니[牙]에서 형상을 취하였다.

⑤ 'ㄱ'은 나무가 바탕을 이룬 것이요, 'ㅋ'은 나무가 무성히 자란 것이며,
'ㄲ'은 나무가 나이가 들고 장년이 된 것이므로, 이에 이르기까지 모두
어금니의 모양 본뜸을 취하였다.

⑥ ㄱ는 木의 成質이요 ㅋ는 木의 盛長이요 ㄲ는 木의 老壯이매 이에 이
르러 모다 어금니에서 摸象한것 이어니와

⑦ ㄱ는 木의 成質이요. ㅋ는 木의 盛長이요, ㄲ는 木의 老壯이라 ; 고로
이에 이르러 모두 어금이에서 模象함을 取하다.

⑧ ≪ㄱ≫는 나무의 바탕이다. ≪ㅋ≫는 나무가 성하게 자란것이다. ≪ㄲ≫
는 나무가 늙고 단단한것이다. 때문에 이를 모두 어금이소리에서 모양
을 취하였다.

⑨ 'ㄱ'는 나무가 바탕을 이룬 것이고, 'ㅋ'는 나무가 무성하게 자란 것이
며, ㄲ는 나무가 고목이 되어 웅장하게 된 것이므로, 이렇게 되어서 모
두 어금니 모양을 본뜬 것이다.

❿ 全淸竝書則爲全濁, 以其全淸之聲凝則爲全濁〈正音解例 4b〉也.

① 全淸을 竝書하여 全濁을 맨드니 그는 全淸의 소리가 凝하면 全濁이 되는 까닭인데

② 전청(全淸)을 병서(竝書)하면 전탁(全濁)이 되는 것은 전청의 소리가 엉기면 전탁이 되기 때문이다.

③ 전청을 나란히 써서 전탁이 되는 것은 전청 소리가 엉긴즉 전탁이 되는 것인데,

④ 전청(全淸) 글자를 나란히 쓰면 전탁(全濁) 글자가 되는데, 그것은 전청(全淸)의 소리가 엉기면 전탁(全濁) 소리가 되기 때문이다.

⑤ 전청을 나란히 쓰면 전탁이 된다. 그것은 전청의 소리가 엉기면 전탁이 되기 때문이다.

⑥ 全淸을 竝書해서 全濁이 되는 것은 全淸의 소리가 엉키어 全濁이되는 것인데

⑦ 全淸을 병서할찌면 全濁이 된나니, 그 全淸의 소리 엉키면 全濁이 됨으로 씨다.

⑧ 전청을 나란히 쓰면 전탁이 된다. 그 전청의 소리가 엉키면 전탁이 되기때문이다.

⑨ 전청(全淸) 글자를 병서(竝書)한 것을 전탁(全濁) 글자로 삼는데, 전청(全淸)의 소리가 엉기면 전탁(全濁)이 되기 때문이다.

⓫ 唯喉音次淸爲全濁者, 盖以ㆆ聲深不爲之凝, ㅎ比ㆆ聲淺, 故凝而爲全濁也.

① 오즉 喉音에서 次淸으로 全濁을 맨드는것은 대개 ㆆ는소리가 깊어서 凝치 않고 ㅎ는 ㆆ에 比하여 소리가 얕아서 凝하여 全濁이 되는 것이나라

② 오직 후음(喉音)에서 차청이 전탁으로 되는 것은 대개 ㆆ은 소리가 깊어서 엉기지 않고, ㅎ은 ㆆ보다 소리가 얕은 까닭에 엉기어 전탁이 되

기 때문이다.

③ 오직 목구멍소리의 차청인 ㅎ이 전탁이 되는 것은 대개 ㆆ은 소리가 깊어서 엉기지 않고 ㅎ는 ㆆ에 비하여 소리가 얕기 때문에 엉기어 전탁이 되는 것이다.

④ 오직 후음(喉音)만은 (全淸인 ㆆ을 병서하지 않고) 차청(次淸)인 ㅎ이 전탁[ㆅ]이 되는 것은, 대개 ㆆ소리가 깊은 데서 조음(調音)되어 엉기지 못하고, ㅎ은 ㆆ에 비하여 소리가 얕은 데서 나는 고로 엉기어 전탁(全濁)이 되기 때문이다.

⑤ 다만 목구멍소리만은 차청이 전탁이 되는 것은, 대개 'ㆆ'은 소리는 깊어서 엉기지 아니하나, 'ㅎ'은 'ㆆ'에 비하여 얕은 까닭에 엉기어 전탁이 되기 때문이다.

⑥ 오즉 喉音에서 次淸으로 全濁이 되는 것은 大槪 ㆆ는 소리가 기퍼서 엉키지 안코 ㅎ는 ㆆ에 比하야 소리가 야튼 까달게 엉키어 全濁이 되는 것이니라.

⑦ 오직 喉音만 次淸으로 全濁이 됨은 대개 ㆆ는 소리가 깊어서 엉키지 않음으로써라. ㅎ는 ㆆ에 비하여 소리가 얕다. 고로 엉키여 全濁이 되도다.

⑧ 오직 목구멍소리만은 차청으로 전탁이 된다. 그것은 대개 ≪ㆆ≫는 소리가 깊어서 엉키지 않기 때문이다. ≪ㅎ≫는 ≪ㆆ≫에 비해 소리가 얕다. 때문에 엉키여 전탁이 된다.

⑨ 오직 후음(喉音)만은 차청(次淸)인 'ㅎ'에서 전탁(全濁)이 되는 것은 대개 'ㆆ' 소리가 깊어서 엉기지 않는 데 비해, 'ㅎ'는 'ㆆ'에 비하여 소리가 얕으므로 엉겨서 전탁(全濁)이 되기 때문이다.

⓪ ㅇ連書脣音之下, 則爲脣輕音者, 以輕音脣乍合而喉聲多也.

① ㅇ를 순음아래 連書하여써 脣輕音을 맨드는 것은 그 輕音은 입살을 暫間 合하면서 목구녁 소리가 많은 까닭이니라

② ㅇ를 순음(脣音) 아래에 연서(連書)하면, 순경음(脣輕音)이 되는 것은 경음(輕音)으로서 입술을 잠간 다물고, 목구멍 소리가 많기 때문이다.

③ ㅇ를 입술소리 아래 이어 쓰면 입술 가벼운 소리가 되는 것은 가벼운 소리로서 입술이 잠깐 닿았다가 목구멍 소리가 많기 때문이다.

④ ㅇ을 입술소리[脣音] 아래에 이어 쓰면 입술가벼운소리[脣輕音]가 되는 것은, 가벼운 소리로서 입술을 잠깐 합하여 목구멍소리[喉聲]가 많기 때문이다.

⑤ 'ㅇ'를 입술소리 아래에 이어 쓰면 입술가벼운소리가 된다. 이것은 가벼운 소리로서 입술이 잠깐 합쳐지고 목구멍소리가 많다.

⑥ ㅇ를 脣音아래 連書해서 脣輕音이 되는 바는 가벼운 소리로서 일살이 暫間 合해서 목구녁소리가 만키째문이니라.

⑦ ㅇ을 脣音 아래 連書하면은 脣輕音이 됨은 가벼운 소리로 입술이 ?間 合하고 목구멍 소리가 많음으로써이다.

⑧ ㅇ를 입술소리아래 이어쓰면 입술가벼운소리가 되는것은 가벼운 소리로 입술이 잠간 합하고 목구멍소리가 많기때문이다.

⑨ 'ㅇ'를 순음(脣音) 아래에 이어 쓴 것을 순경음(脣輕音) 글자로 삼는 것은 가벼운 소리로서 입술을 살짝 다물며, 목구멍소리가 많이 섞여 있기 때문이다.

⓪ 中聲凡十一字.

① 中聲은 무릇 十一字니

② 중성(中聲)은 모두 11자니.

③ 중성은 무릇 열한 자니

④ 가운뎃소리[中聲]는 모두 11자이다.

⑤ 가운뎃소리는 무릇 열한 자이다.

⑥ 中聲은 무릇 十一字이니

⑦ 中聲은 무릇 十一字이다.

⑧ 중성은 11자다.

⑨ 중성(中聲) 글자는 모두 11자다.

⓿ ·舌縮而聲深, 天開於子也.

① ·는 혀가 끌려 들어 가고 소리는 깊으니 하늘이 子에 열리었는바

② ·는 혀가 오그러들고, 소리가 깊어서, 하늘이 자(子)에서 열리는 것이라,

③ ·는 혀가 끌어들고 소리는 깊다. 하늘이 자(子)시에 열린 것으로

④ '·'의 발음은 혀가 옴츠러지고 소리가 깊은 데서 나니, 하늘이 [성리학의 우주론에서 우주 만물의 생성 발전과 소멸을 나타내는 12 벽괘(辟卦) 중 복괘(復卦)인] 자(子)에서 처음 열리는 이치이다.

⑤ ·는 혀가 움츠러드니 소리가 깊다. 하늘은 자시(子時)에 열리는바

⑥ ·는 혀가 쓸어 들고 소리가 기픈지라 하늘이 子에서 열린 바

⑦ ·는 혀가 끌어 들고 소리가 깊다. 하늘이 子에서 열림이라 ;

⑧ ≪·≫는 혀가 끌어들고 소리가 깊다. 하늘이 자에서 열림이다.

⑨ '·'는 혀가 움츠러들고 소리가 깊으니, 하늘이 자(子)의 위치에서 열리는 것이다.

⓿ 形之圓, 象乎天也.

① 둥근 形狀은 하늘을 模象한 것이요

② 그 형상이 동근 것은 하늘을 본뜬 것이요.

③ 모양의 둥글음은 하늘을 본뜬 것이다.

④ 글자 모양이 동근 것은 하늘을 본뜬 것이다.

⑤ 그 모양이 동근 것은 하늘을 본뜬 것이다.

⑥ 그 形狀의 둥글믄 하늘을 摸象함이요

⑦ 그 형상이 둥굶은 하늘을 模象함이다.

⑧ 그 모양이 둥근것은 하늘을 본떴기때문이다.

⑨ 모양이 둥근 것은 하늘을 본뜬 것이다.

⓪ 一舌小縮而聲不深不淺, 地闢於丑也.

① ㅡ는 혀가 조금 끌려 들어 가고 소리는 깊지도 않고 얕지도 않으니 땅은 丑에 펼쳐진바

② ㅡ는 혀가 조금 오그러들고, 소리가 깊지도 않고 얕지도 않아서, 땅이 축(丑)에서 펼쳐지는 것이라

③ ㅡ는 혀가 조금 오믈고 소리가 깊도 얕도 않다. 땅이 축(丑)시에 열린 것으로

④ 'ㅡ'의 발음은 혀가 조금 옴츠러지고 소리가 깊지도 않고 얕지도 않으니, 땅이 [12 벽쾌 중 임쾌(臨卦)인] 축(丑)에서 처음 열리는 이치이다.

⑤ ㅡ는 혀가 조금 움츠러드니 그 소리가 깊지도 얕지도 않다. 땅은 축시(丑時)에 열리는바

⑥ ㅡ는 혀가 조금 쓸어 들고 소리가 깁지도 얏지도 안 한지라 쌍은 丑에서 펼쳐진 바

⑦ ㅡ는 혀가 조금 끌어들고 소리가 깊지도 얕지도 않다. 땅의 丑에서 펼침이라 ;

⑧ ≪ㅡ≫는 혀가 조금 끌어들고 소리가 깊지도 얕지도 않다. 땅이 축에서 펼친것이다.

⑨ '一'는 혀가 조금 움츠러들고 소리가 깊지도 얕지도 않으니, 땅이 (하늘 다음에) 축(丑)의 위치에서 열리는 것이다.

⓪ 形之平, 象乎地也.
① 평평한 形狀은 땅을 模象한 것이요
② ㅡ는 혀가 조금 움츠러들고 소리가 깊지도 않고 얕지도 않은 데서 조음되어서 땅이 축시에서 열리는 것이라, 그 형상이 평평한 것은 땅을 본뜬 것이요.
③ 모양의 평평함은 땅을 본뜬 것이다.
④ 글자 모양이 평평한 것은 땅을 본뜬 것이다.
⑤ 그 모양이 평평한 것은 땅을 본뜬 것이다.
⑥ 그 形狀의 평편함은 땅을 模象함이요
⑦ 그 形狀의 평평함은 땅을 模象함이다.
⑧ 그 모양이 평평한것은 땅을 본떴기때문이다.
⑨ 모양이 평평한 것은 땅을 본뜬 것이다.

⓪ ㅣ舌不〈正音解例 5a〉縮而聲淺, 人生於寅也.
① ㅣ는 혀가 끌려 들어 가지않고 소리가 얕으니 사람은 寅에 생긴바
② ㅣ는 혀가 오그러들지 않고, 소리가 얕아서, 사람이 인(寅)에서 생긴 것이라,
③ ㅣ는 혀가 끌어들지 않고 소리가 얕다. 사람이 인(寅)시에 남이요
④ 'ㅣ'의 발음은 혀가 옴츠러지지 않고 소리가 얕은 데서 나니, 사람이 [12 벽괘 중 태괘(泰卦)인] 인(寅)에서 처음 생기는 이치이다.
⑤ ㅣ는 혀가 움츠러들지 않으니 소리가 얕다. 사람은 인시(寅時)에 생기는바

⑥ ㅣ는 혀가 끌어 들지 안코 소리가 야튼지라 사람은 寅에서 생긴바

⑦ ㅣ는 혀가 끌어들지 않고 소리가 얕다. 사람이 寅에서 생김이라;

⑧ ≪ㅣ≫는 혀가 끌어들지 않고 소리가 얕다. 사람이 인에서 생긴것이다.

⑨ 'ㅣ'는 혀가 움츠러들지 않고 소리가 얕으니, 사람이 (땅 다음에) 인(寅) 의 위치에서 생기는 것이다.

⓪ ㅣ舌不〈正音解例 5a〉縮而聲淺, 人生於寅也. 形之立, 象乎人也.

① 선 形狀은 사람을 模象한 것이니라.

② 그 형상이 선 모양인 것은 하늘을 본뜬 것이다.

③ 그 모양의 섬은 사람을 본뜬 것이다.

④ 글자 모양이 서 있는 것은 사람을 본뜬 것이다.

⑤ 그 모양이 서 있음은 사람을 본뜬 것이다.

⑥ 그形狀의 섬은 사람을 摸象함이니라

⑦ 그 형상의 섬은 사람을 模象함이다.

⑧ 그 모양이 선것은 사람을 본떴기때문이다.

⑨ 모양이 서 있는 것은 사람을 본뜬 것이다.

⓪ 此下八聲, 一闔一闢.

① 이 아래의 八聲은 하나가 闔이요 하나가 闢인데

② 이 아래의 여덟 소리는 닫히기(闔)도 하고 열리기(闢)도 하니.

③ 이 아래 여덟 소리(모음)는 하나가 합(闔)이면 하나가 벽(闢)이니

④ 이 아래의 여덟 글자의 소리는 한 번은 입을 오므리는 원순모음(圓脣母 音)이고, 다음 것은 입을 벌리는 개모음(開母音)이다.

⑤ 이 아래의 여덟 소리는 하나는 닫힘이며 하나는 열림이다.

⑥ 이 아래의 八聲은 하나가 闔이면 하나가 闢이니

⑦ 이 아래의 八聲은 하나가 闔이요, 하나가 闢이다.

⑧ 이 아래의 8음은 한 부류는 입을 여는 음이며 다른 한 부류는 입을 닫는 음이다.

⑨ 이하 여덟 소리는, 하나는 닫히고 하나는 열린다.

❶ ㅗ與 · 同而口蹙, 其形則 · 與一合而成, 取天地初交之義也.

① ㅗ는 · 와 비슷하나 입이 오므라드니 그 形狀인즉 · 와 ㅡ가 合하여 이룬 것으로 天地가 처음으로 사괴는 뜻을 取한 것이요

② ㅗ는 · 와 같되 입이 오무러지고, 그 모양은 · 와ㅡ가 합하여 된 것이니, 천지(天地)가 처음으로 사귀는 뜻을 딴 것이요.

③ ㅗ는 · 와 같으나 입을 오므리니 그 모양인즉 · 가 ㅡ와 합해서 된 것이니 하늘과 땅이 처음 사귀는 뜻을 취함이다.

④ 'ㅗ'의 발음은 ' · '와 같되 (' · '보다) 입이 더 오므라지고, 그 글자 모양은 ' · '와 'ㅡ'가 합하여 이루어진 것이며, 하늘과 땅이 처음으로 사귄다는 뜻을 취한 것이다.

⑤ ㅗ는 · 와 같되, 입이 오므라지는바, 그 모양이 · 가 ㅡ와 합해서 이루어진 것은, 하늘과 땅이 처음으로 사귄다는 뜻을 취하였다.

⑥ ㅗ는 · 와 가트나 입이 오므라지는 바 그 形狀은 · 가 ㅡ와 合하야 뒨 것이라 天地가 처음으로 사괴는 뜻을 取함이요

⑦ ㅗ는 · 와 한가지나 입이 오므라지다. 그 형상은 곧 · 가 ㅡ와 합하여 된 것이라 ; 天地가 처음으로 사괴는 뜻을 取함이라

⑧ 《ㅗ》는 《 · 》와 한가지나 입이 오무라진다. 그 모양은 곧 《 · 》가 《ㅡ》와 합한것이다. 천지가 처음으로 사귄 뜻을 취한것이다.

⑨ 'ㅗ'는 ' · '와 같되 입이 오므라지니, 그 모양은 바로 ' · '와 'ㅡ'가 합한 것인데, 하늘과 땅이 처음으로 만나는 뜻을 취한 것이다.

⓪ ㅏ與 · 同而口張, 其形則 ㅣ與 · 合而成, 取天地之用發於事物待人而成也.

① ㅏ는 · 와 비슷 하나 입이 벌어지니 그 形狀인즉 ㅣ와 · 가 合하여 이룬 것으로 天地의 用이 事物에 나타나되 人을 기다리어 서만 이루어 지는 뜻을 取한것이요

② ㅏ는 · 와 같되 입이 벌어지고, 그 모양은 ㅣ와 · 를 합하여 된 것이니, 천지의 작용이 사물에 나타나 사람을 기다려 이루는 뜻을 딴 것이요.

③ ㅏ는 · 와 같되 입을 벌리니 그 모양인즉 ㅣ가 · 와 합해서 된 것으로 천지의 용(用)이 사물에 나타나되 사람을 기다려서 이루어지는 뜻을 취함이다.

④ 'ㅏ'의 발음은 '·'와 같되 ('·'보다) 입이 더 벌어지고, 그 글자 모양은 'ㅣ'와 '·'가 합하여 이루어진 것이며, 하늘과 땅의 작용이 사물에 발(發)하되 사람을 기다려서 이루어진다는 뜻을 취한 것이다.

⑤ ㅏ는 · 와 같되, 입이 벌어지는바, 그 모양이 ㅣ가 · 와 합해서 이루어진 것은, 하늘과 땅이 사물을 쓰고 펼침이 사람을 기다려서 이루어짐을 취하였다.

⑥ ㅏ는 · 와 가트나 입이 벌어지는 바 그 形狀은 ㅣ가 · 와 合하야 된 것이라 天地의 用이 事物에 들어 나되 사람을 기다리어서 이루는 뜻을 取함이오

⑦ ㅏ는 · 와 한가지나 입이 벌어지다. 그 형상은 곧 ㅣ가 · 와 합하여 된 것이다. 天地의 용이 事物에서 發하여 사람을 기다려서 이루는 뜻을 取함이다.

⑧ ≪ㅏ≫는 ≪·≫와 한가나 입이 벌어진다. 그 모양은 곧 ≪ㅣ≫가 ≪·≫와 합하여 된것이다. 천지의 쓰임이 사물에서 출발하여 사람의 힘을 입어 이루는 뜻을 취한것이다.

⑨ 'ㅏ'는 '·'와 같되 입이 벌어지니, 그 모양은 바로 'ㅣ'와 '·'가 합한

것인데, 하늘과 땅의 작용이 사물에서 나타나되 사람을 기다려서야 비로소 이루어진다는 뜻을 취한 것이다.

⓪ ㅜ與一同而口蹙, 其形則一與·合而成, 亦取天地初交之義也.

① ㅜ는 ㅡ와 비슷하나 입이 오므라드니 그 形狀인즉 ㅡ와·가 합하여 된 것으로 또한 天地가 처음으로 사괴는 뜻을 취한것이요

② ㅜ는 ㅡ와 같되 입이 오무러지고, 그 모양은 ㅡ와 ·를 합하여 된 것이니, 또한 천지가 처음으로 사귀는 뜻을 딴 것이요.

③ ㅜ는 ㅡ와 같되 입을 오므리니 그 모양은 ㅡ가 ·와 합해서 된 것으로 또한 천지가 처음 사귀는 뜻을 취함이다.

④ 'ㅜ'의 발음은 'ㅡ'와 같되 ('ㅡ'보다) 입이 더 오므라지고, 그 글자 모양은 'ㅡ'와 '·'가 합하여 이루어진 것이며, 또한 하늘과 땅이 처음으로 사귄다는 뜻을 취한 것이다.

⑤ ㅜ는 ㅡ와 같되, 입이 오므라지는바, 그 모양이 ㅡ가 ·와 합해서 이루어진 것은, 역시 하늘과 땅이 처음으로 사귄다는 뜻을 취하였다.

⑥ ㅜ는 ㅡ와 가트나 입이 오므라지는 바 그 形狀은 ㅡ가 ·와 合하야 된 것이라 쏘한 天地가 처음으로 사괴는 뜻을 取함이요

⑦ ㅜ는 ㅡ와 한가지나 입이 오므라지다. 그 형상은 곧 ㅡ가 ·와 合하여 된 것이라 ; 또한 天地가 처음이로 사괴는 뜻을 取함이다.

⑧ 《ㅜ》는 《ㅡ》와 한가지나 입이 오무라진다. 그 몽양은 곧 《ㅡ》가 《·》와 합하여 된것이다. 또한 천지가 처음으로 사귀는 뜻을 취한것이다.

⑨ 'ㅜ'는 'ㅡ'와 같되 입이 오므라지니, 그 모양은 바로 'ㅡ'와 '·'가 합한 것인데, 이 역시 하늘과 땅이 처음으로 만나는 뜻을 취한 것이다.

⓪ ㅓ〈正音解例 5b〉與一同而口張, 其形則·與ㅣ合而成, 亦取天地之用發於
事物待人而成也.

① ㅓ는 一와 비슷하나 입이 벌어지니 또한 天地의 用이 事物에 나타나되
人을 기다리어서만 이루어짐을 取한것이니라.

② ㅓ는 一와 같되 입이 벌어지고, 그 모양은 ·와 ㅣ가 합하여 된 것이
니, 또한 천지의 작용이 사물에 나타나 사람을 기다려 이루는 듯을 딴
것이다.

③ ㅓ는 一와 같되 입을 벌리니 그 모양인즉 ·가 ㅣ와 합해서 된 것이며
또한 천지의 용이 사물에 나타나되 사람을 기다려서 이루어지는 것을
본뜸이다.

④ 'ㅓ'의 발음은 '一'와 같되 ('一'보다) 입이 더 벌어지고, 그 글자 모양
은 '·'가 합하여 이루어진 것이며, 또한 하늘과 땅의 작용이 사물에
발(發)하되 사람을 기다려서 이루어진다는 뜻을 취한 것이다.

⑤ ㅓ는 一와 같되, 입이 벌어지는바, 그 모양이 ·가 ㅣ와 합해서 이루어
진 것은, 역시 하늘과 땅의 작용이 사물에서 피어나되 사람을 기다려
서 이루어짐을 취하였다.

⑥ ㅓ는 一와 가트나 입이 벌어지는 바 그 形狀은 ·가 ㅣ와 合하야 된것
이라 또한 天地의 用이 事物에 들어 나되 사람을 기다리어 이루는 뜻
을 取함이요

⑦ ㅓ는 一와 한가지나 입이 벌어지다. 그 형상은 곧 ·가 ㅣ와 합하여
된 것이라. 또한 天地와 用이 事物에서 發하여 사람을 기다려 이루는
뜻을 取함이다.

⑧ ≪ㅓ≫는 ≪一≫와 한가지나 입이 벌어진다. 그 모양은 곧 ≪·≫가
≪ㅣ≫와 합하여 된것이다. 또한 천지의 쓰임이 사물에서 출발하여 사
람의 힘을 입어 이루는 뜻을 취한것이다.

⑨ 'ㅓ'는 'ㅡ'와 같되 입이 벌어지니, 그 모양은 바로 'ㆍ'와 'ㅣ'가 합한 것인데, 이 역시 하늘과 땅의 작용이 사물에서 나타나되 사람을 기다려서야 비로소 이루어진다는 뜻을 취한 것이다.

⓪ ㅛ與ㅗ同而起於ㅣ.
① ㅛ는 ㅗ와 비슷하나 ㅣ에서 일어나고
② ㅛ는 ㅗ와 같되 ㅣ에서 일어나고.
③ ㅛ는 ㅗ와 같되 ㅣ에서 일어나고
④ 'ㅛ'의 발음은 'ㅗ'와 같되 'ㅣ'에서 시작된다.
⑤ ㅛ는 ㅗ와 같되, (소리가) ㅣ에서 일어나고.
⑥ ㅛ는 ㅗ와 가트나 ㅣ에서 일어 나도
⑦ ㅛ는 ㅗ와 한가지나 ㅣ에서 일어나고,
⑧ ≪ㅛ≫는 ≪ㅗ≫와 한가지나 ≪ㅣ≫에서 일어나고
⑨ 'ㅛ'는 'ㅗ'와 같되 'ㅣ'에서 일어난다.

⓪ ㅑ與ㅏ同而起於ㅣ.
① ㅑ는 ㅏ와 비슷하나 ㅣ에서 일어나고
② ㅑ는 ㅏ와 같되 ㅣ에서 일어나고.
③ ㅑ는 ㅏ와 같되 ㅣ에서 일어난다.
④ 'ㅑ'의 발음은 'ㅏ'와 같되 'ㅣ'에서 시작된다.
⑤ ㅑ는 ㅏ와 같되, (소리가) ㅣ에서 일어나고.
⑥ ㅑ는 ㅏ와 가트나 ㅣ에서 일어나고
⑦ ㅑ는 ㅏ와 한가지나 ㅣ에서 일어나고
⑧ ≪ㅑ≫는 ≪ㅏ≫와 한가지나 ≪ㅣ≫에서 일어나고
⑨ 'ㅑ'는 'ㅏ'와 같되 'ㅣ'에서 일어난다.

❶ ㅠ與ㅜ同而起於ㅣ.

① ㅠ는 ㅜ와 비슷하나 ㅣ에서 일어나고

② ㅠ는 ㅜ와 같되 ㅣ에서 일어나고.

③ ㅠ는 ㅜ와 같되 ㅣ에서 일어나고

④ 'ㅠ'의 발음은 'ㅜ'와 같되 'ㅣ'에서 시작된다.

⑤ ㅠ는 ㅜ와 같되, (소리가) ㅣ에서 일어나고.

⑥ ㅠ는 ㅜ와 가트나 ㅣ에서 일어 나고

⑦ ㅠ는 ㅜ와 한가지나 ㅣ에서 일어나고

⑧ ≪ㅠ≫는 ≪ㅜ≫와 한가지나 ≪ㅣ≫에서 일어나고

⑨ 'ㅠ'는 'ㅜ'와 같되 'ㅣ'에서 일어난다.

❶ ㅕ與ㅓ同而起於ㅣ.

① ㅕ는 ㅓ와비슷하나 ㅣ에서 일어나나니라

② ㅕ는 ㅓ와 같되 ㅣ에서 일어난 것이다.

③ ㅕ는 ㅓ와 같되 ㅣ에서 일어난다.

④ 'ㅕ'의 발음은 'ㅓ'와 같되, 'ㅣ'에서 시작된다.

⑤ ㅕ는 ㅓ와 같되, (소리가) ㅣ에서 일어난다.

⑥ ㅕ는 ㅓ와 가트나 ㅣ에서 일어 나나니라.

⑦ ㅕ는 ㅓ와 한가지나 ㅣ에서 일어나도다.

⑧ ≪ㅕ≫는 ≪ㅓ≫와 한가지나 ≪ㅣ≫에서 일어난다.

⑨ 'ㅕ'는 'ㅓ'와 같되 'ㅣ'에서 일어난다.

❶ ㅗㅏㅜㅓ始於天地, 爲初出也.

① ㅗㅏㅜㅓ는 天地에서 시작되어 初出이 되고

② ㅗㅏㅜㅓ는 천지에서 시작하여 처음으로 나타난 것이요.

③ ㅗ ㅏ ㅜ ㅓ는 천지에서 비롯되매 초출(初出)이 되고

④ 'ㅗ'와 'ㅏ'는 하늘 (에 해당되는 '·')에서 비롯되고, 'ㅜ'와 'ㅓ'는 땅 (에 해당되는 'ㅡ')에서 비롯되었으므로 초출이 되고.

⑤ 'ㅗㅏㅜㅓ'는 하늘과 땅에서 비롯되었으니 '처음 나온 것'이 된다.

⑥ ㅗㅏㅜㅓ는 天地에서 비롯되매 初出이 되고

⑦ ㅗ ㅏ ㅜ ㅓ는 天地에서 비롯함이라 初出이 되다.

⑧ ≪ㅗ,ㅏ,ㅜ,ㅓ≫는 하늘과 땅에서 시작한것이다. 초출이 된다.

⑨ 'ㅗ,ㅏ,ㅜ,ㅓ'는 하늘(·)이나 땅(ㅡ)에서 비롯하여, 초출(初出)이 된다.

⓿ ㅛㅑㅠㅕ起於ㅣ而兼乎人, 爲再出也.

① ㅛㅑㅠㅕ는 ㅣ에서 일어나서 人까지 兼하여再出이 되는것이니

② ㅛㅑㅠㅕ는 ㅣ에서 일어나서 사람을 겸하고 다음으로 나타난 것이니.

③ ㅛ ㅑ ㅠ ㅕ는 ㅣ에서 일어나서 인(人)을 겸하므로 재출(再出)이 되니,

④ 'ㅛㅑㅠㅕ'의 발음은 사람을 뜻하는 'ㅣ'에서 시작되어 사람을 겸하였 으니 재출이 된다.

⑤ 'ㅛㅑㅠㅕ'는 'ㅣ'에서 일어나서 사람을 겸하였으니 '두 번째 나온 것' 이 된다.

⑥ ㅛㅑㅠㅕ는 ㅣ에서 일어 나서 人을 兼하매 再出이 되니

⑦ ㅛ ㅑ ㅠ ㅕ는 ㅣ에서 일어나서 人을 兼함이라 再出이 되다.

⑧ ≪ㅛ,ㅑ,ㅠ,ㅕ≫는 ≪ㅣ≫에서 일어나서 사람을 겸한것이다. 재출이 된다.

⑨ 'ㅛ,ㅑ,ㅠ,ㅕ'는 'ㅣ'에서 일어나 사람을 겸하니, 재출(再出)이 된다.

⓿ ㅗㅏㅜㅓ之一其圓者, 取其初生之義〈正音解例 6a〉也.

① ㅗㅏㅜㅓ의 동그램이가 하나인것은 그 初生의 뜻을 取한것이요

② ㅗㅏㅜㅓ의 하나가 둥근 것은 처음 나타난 뜻을 딴 것이요.

③ ㅗㅏㅜㅓ의 그 원(圓)을 하나로 한 것은 초생의 뜻을 취함이고.

④ 'ㅗㅏㅜㅓ' 글자에 둥근 점이 하나 있는 것은, (이 글자들이 초출자이기 때문에) 처음 생겨났다는 뜻을 취한 것이고.

⑤ 'ㅗㅏㅜㅓ'의 둥근 점이 하나인 것은, 처음 생겨난 뜻을 취한 것이며.

⑥ ㅗㅏㅜㅓ의 그 圓을 하나로 한 것은 初生의 뜻을 取함이요

⑦ ㅗㅏㅜㅓ의 그 圓을 하나로 함은 初生의 뜻을 取함이다.

⑧ ≪ㅗㅏㅜㅓ≫에서 둥근 점을 하나로 함은 처음나온 뜻을 취한것이며

⑨ 'ㅗㅏㅜㅓ'가 둥근 점이 하나인 것은, 초생(初生)의 뜻을 취한 것이다.

⓿ ㅛㅑㅠㅕ之二其圓者, 取其再生之義也.

① ㅛㅑㅠㅕ의 동그램이가 둘인것은 再生의 뜻을 取한것이며

② ㅛㅑㅠㅕ의 둘이 둥근 것은 다음 나타난 뜻을 딴 것이다.

③ ㅛㅑㅠㅕ의 그 원을 둘로 한 것은 그 재생의 뜻을 취함이다.

④ 'ㅛㅑㅠㅕ' 글자에 둥근 점이 두 개 있는 것은 (이 글자들이 재출자이기 대문에) 재생의 뜻을 취한 것이다.

⑤ 'ㅛㅑㅠㅕ'의 둥근 점이 둘인 것은, 두 번째 생긴 뜻을 취함이다.

⑥ ㅛㅑㅠㅕ의 그 圓을 둘로 한 것은 再生의 뜻을 取함이며

⑦ ㅛㅑㅠㅕ의 그 원을 둘로 함은 再生의 뜻을 取함이다.

⑧ ≪ㅛㅑㅠㅕ≫에서 둥근 점을 둘로 한것은 다시 나왔다는 뜻을 취한 것이다.

⑨ 'ㅛㅑㅠㅕ'가 둥근 점이 둘인 것은, 재생(再生)의 뜻을 취한 것이다.

⓿ ㅗㅏㅛㅑ之圓居上與外者, 以其出於天而爲陽也.

① ㅗㅏㅛㅑ의 동그램이가 우와 밖앝 쪽에 놓인것은 그것이 天에서 나와서 陽이 되는 까닭이요

② ㅗㅏㅛㅑ의 둥근 것이 위와 밖에 놓인 것은 하늘에서 나와서 양(陽)이
되고.

③ ㅗㅏㅛㅑ의 원이 위와 밖으로 놓인 것은 천(天)에서 나와서 양이 됨
이요,

④ 'ㅗㅏㅛㅑ'의 둥근 점이 위와 밖 ('ㅡ'의 위와 'ㅣ'의 오른쪽)에 있는
것은 이 글자들이 (하늘을 뜻하는 'ᆞ'에서 시작된 것이기 때문에) 하
늘에서 나서 양이 되기 때문이고.

⑤ 'ㅗㅏㅛㅑ'의 둥근 점이 위와 밖에 있는 것은, 하늘에서 나와서 양이
되기 때문이며.

⑥ ㅗㅏㅛㅑ의 圓이 우와 박그로 노힌 것은 天에서 나와서 陽이 됨이요

⑦ ㅛㅑㅠㅕ의 圓이 위와 밖에 앉음은 그 天에서 나와서 陽이 됨으로
씨다.

⑧ ≪ㅗ, ㅏ, ㅛ, ㅑ≫에서 둥근 점이 우이나 밖에 놓인것은 그것이 하늘에서
나와서 양이 되기때문이다.

⑨ 'ㅗ, ㅏ, ㅛ, ㅑ'가 둥근 점이 (ㅡ의) 위와 (ㅣ의) 밖(오른쪽)에 있는 것은,
이들이 하늘(ᆞ)에서 나서 양(陽)이 되기 때문이다.

⓿ ㅜㅓㅠㅕ之圓居下與內者, 以其出於地而爲陰也.

① ㅜㅓㅠㅕ의 동그램이가 아래와 안쪽에 놓인것은 그것이 地에서 생기
어 陰이되는 까닭이며

② ㅜㅓㅠㅕ의 동근 것이 아래와 안에 놓인 것은 땅에서 나와서 음(陰)이
된 것이다.

③ ㅜㅓㅠㅕ의 원이 아래와 안쪽에 놓임은 지(地)에서 나와 음이 됨이다.

④ 'ㅜㅓㅠㅕ'의 둥근 점이 아래와 안 ('ㅡ'의 아래와 'ㅣ'의 왼쪽)에 있는
것은 이 글자들이 (땅을 뜻하는 'ㅡ'에서 시작된 것이기 때문에) 땅에

서 나서 음이 되기 때문이다.

⑤ 'ㅜㅓㅠㅕ'의 둥근 점이 아래와 안에 있는 것은, 땅에서 나와서 음이
되기 때문이다.

⑥ ㅜㅓㅠㅕ의 圓이 아래와 안으로 노힌 것은 地에서 나와서 陰이 됨이며

⑦ ㅜ ㅓ ㅠ ㅕ의 圓이 아래와 안에 앉음은 그 地에서 나와서 陰이 됨으
로 씨다.

⑧ ≪ㅜ,ㅓ,ㅠ,ㅕ≫에서 둥근 점이 아래와 안에 놓인것은 그것이 땅에서
나와서 음이 되기때문이다.

⑨ 'ㅜ,ㅓ,ㅠ,ㅕ'의 둥근 점이 (ㅡ의) 아래와 (ㅣ)의 안(왼쪽)에 있는 것은,
이들이 땅(ㅡ)에서 나서 음(陰)이 되기 때문이다.

⓪ ·之貫於八聲者, 猶陽之統陰而周流萬物也.

① ·가 八聲을 通하여 있는것은 陽이 陰을 統率하여 萬物에 周流함과 같
으며

② ·가 이 여덟 소리에 다 있는 것은 양(陽)이 음(陰)을 거느려 만물(萬物)
에 두루 흐르는 것과 같고.

③ ·가 여덟소리를 꿴 것은 양이 음을 거느려 만물에 두루 흐름과 같다.

④ 양에 해당되는 '·'가 여덟 글자(ㅗㅏㅜㅓㅛㅑㅠㅕ)에 다 들어 있는
것은, 마치 양이 음을 거느려서 만물에 두루 흐르는 것과 같다.

⑤ '·'가 여덟 소리에 일관되게 있는 것은, 양이 음을 거느려서 만물에
두루 흐름과 같다.

⑥ ·가 八聲에 꿰은 陽이 陰을 統御하야 萬物에 周流함과 갓고

⑦ ·의 八聲에 뀈은 陽이 陰을 하야 萬物에 周流함과 같도다.

⑧ ≪·≫가 이 여덟 음에 다 있는것은 양이 음을 이끌어 만물에 두루 흐
름과 같다.

⑨ ‘ㆍ’가 이 여덟 소리에 다 들어 있는 것은, 마치 양(陽)이 음(陰)을 거느
려서 만물에 두루 흐르는 것과 같다.

⓪ ㅛㅑㅠㅕ之皆兼乎人者, 以人爲萬物之靈而能參兩儀也.

① ㅛㅑㅠㅕ가 모두 人을 兼한것은 사람은 萬物의 靈長이 되어 能히 兩儀
에 參與하는 까닭이니

② ㅛㅑㅠㅕ가 다 사람을 겸한 것은 사람이 만물의 영장(靈長)이 되어, 양
의(兩儀)에 참여하기 때문이다.

③ ㅛ ㅑ ㅠ ㅕ가 모두 인(人)을 겸함은 사람이 만물의 영장으로 능히 양
의(兩儀)에 참여하기 때문이다.

④ ‘ㅛㅑㅠㅕ’의 발음에 사람에 해당되는 ‘ㅣ’를 다 겸하고 있는 것은, 사
람이 만물의 영장이 되어 하늘과 땅의 일에 능참하기 때문이다.

⑤ ‘ㅛㅑㅠㅕ’거 모두 사람을 겸한 것은, 사람이 만물의 영장으로 능히 음
양(하늘과 땅)에 참여하기 때문이다.

⑥ ㅛㅑㅠㅕ가 모다 人을 兼함은 사람이 萬物의 靈으로 능히 兩儀에 參與
하기때문이니라.

⑦ ㅛ ㅑ ㅠ ㅕ가 모두 人을 兼함은 사람이 萬物의 靈으로 能히 兩儀에 參
與함으로시다.

⑧ ≪ㅛ,ㅑ,ㅠ,ㅕ≫가 모두 사람을 겸하는것은 사람이 만물의 령장으로 능
히 음과 양에 참여하기 때문이다.

⑨ ‘ㅛ,ㅑ,ㅠ,ㅕ’가 모두 사람을 겸한 것은, 사람이 만물의 영장으로서 능
히 양의(兩儀)에 참여하기 때문이다.

⓪ 取象於天地人〈正音解例 6b〉而三才之道備矣.

① 天地人을 模象함에 三才의 道가 갖추었으나

② 하늘·땅·사람을 본떠서 삼재(三才)의 이치가 구비(具備)되었다.

③ 천·지·인에서 본을 떠 삼재(三才)의 도(道)가 갖추었으나

④ (위에서 설명한 바와 같이, 중성의 원리는) 천·지·인의 이치에서 상을 취했으니, 삼재의 원리가 갖추었다.

⑤ 하늘·땅·사람을 본뜬 것을 취하니 삼재의 본체가 갖추어졌다.

⑥ 天地人에서 摸象함을 取하야 三才의 道가 가추엇스나

⑦ 天地人에서 模象함을 取하여 三才의 道가 갖추었도다.

⑧ 하늘, 땅, 사람에서 그 모양을 취하여 3재의 리치를 갖춘것이다.

⑨ (이상과 같이) 하늘·땅·사람에서 본떠서, 삼재(三才)의 이치가 갖추어졌다.

⓪ 然三才爲萬物之先, 而天又爲三才之始, 猶·一ㅣ三字爲八聲之首, 而·又爲三字之冠(去)也.

① 三才가 萬物의 먼저인 同時에 天이 다시 三才의 始初가 되는것같이 ·一ㅣ의 三字가 八聲의 첫 머리인 同時에·가 다시 三字中의 꼭대기가 되나니라.

② 그러나, 삼재는 만물의 시초며, 하늘이 또 삼재의 시초가 되는 것과 같이, ·一ㅣ 3자가 여덟 소리의 우두머리가 되며, ·가 또 3 자의 우두머리가 된다.

③ 삼재가 만물의 먼저가 되되, 천이 또 삼재의 시초가 되는 것같이 ·一ㅣ 석 자가 여덟소리의 머리가 되되, 또한 ·가 석 자의 꼭대기가 됨과 같다.

④ 그런데 삼재는 만물의 으뜸이 되고 하늘은 또 삼재의 시초가 되는 이치는, '·一ㅣ' 세 글자가 여덟 글자 (ㅗㅏㅜㅓㅛㅑㅠㅕ)의 우두머리가 되고, (하늘에 해당되는) '·'가 또 세 글자 (·一ㅣ)의 으뜸이 되는

것과 같다.

⑤ 그러나 삼재는 만물의 으뜸이 되고, 하늘은 또한 삼재의 근원이니, '·
ㅡㅣ' 석 자가 여덟 글자의 머리가 되고, '·' 또한 석 자의 으뜸이 되
는 것과 같다.

⑥ 三才가 萬物의 몬저가 되되 天이 쏘 三才의 始初가 되는 것가치 ·ㅡㅣ
가 八聲의 머리가 되되 쏘 ·가 三字의 꼭대기가 됨과 가트니라.

⑦ 그러나 三才가 萬物의 먼저가 되고 天이 또 三才의 始初가 됨이 ·ㅡ
ㅣ가 八聲의 머리가 되고, ·가 또 三字의 첫머리가 됨과 같도다.

⑧ 그러나 3재가 만물의 먼저가 되고 하늘이 또한 3재의 처음이 되는것은
≪·,ㅡ,ㅣ≫가 여덟 음의 머리가 되고 ≪·≫가 또한 세 글자의 첫머
리가 되는것과 같다.

⑨ 그러나 삼재(三才)는 만물의 으뜸이고 하늘이 그 삼재(三才)의 시초가
되는데, 이는 마치 '·,ㅡ,ㅣ' 세 글자가 기타 여덟 글자의 우두머리가
되고, '·'자가 또 그 세 글자의 으뜸이 되는 것과 같은 것이다.

⓪ ㅗ初生於天, 天一生水之位也.

① ㅗ가 맨 처음 天에서 생기니 天一生水의 位요

② ㅗ가 처음 하늘에서 나니, 하늘이 첫째로 물(水)을 내는 자리(位)요.

③ ㅗ가 처음 천(天)에서 나니 천일생수(天一生水)의 위(位)요,

④ 'ㅗ'가 처음에 天에서 生하니 (河圖)의 水를 生하는 天一의 자리이고.

⑤ 'ㅗ'는 처음으로 하늘에서 생겨나니, 하늘의 數로는 1이고 물이 생겨나
는 자리다.

⑥ ㅗ가 처음 天에서 나니 天一生水의 位요

⑦ ㅗ가 처음 天에서 나니 天一生水 位이다.

⑧ ≪·≫가 처음에 하늘에서 나니 천일생수의 자리다.

⑨ 'ㅗ'가 처음 하늘에서 나니, 천일생수(天一生水)의 위(位)이다.

⓪ ㅏ次之, 天三生木之位也.

① ㅏ가 다음이니 天三生木의 位요

② ㅏ가 그 다음이니, 하늘이 셋째로 나무(木)를 내는 자리요.

③ ㅏ가 다음이니 천삼생목(天三生木)의 위요,

④ 'ㅏ'가 그 다음에 오니 木을 生하는 天三의 자리이다.

⑤ 'ㅏ'는 그 다음이니, 하늘의 수로는 3이고 나무가 생겨나는 자리다.

⑥ ㅏ가 다음이니 天三生木의 位요

⑦ ㅏ가 다음이니 天三生木의 位이다.

⑧ ≪ㅏ≫가 다음이니 천삼생목의 자리다.

⑨ 'ㅏ'가 그 다음이니, 천삼생목(天三生木)의 위(位)이다.

⓪ ㅜ初生於地, 地二生火之位也.

① ㅜ가 맨 처음 地에서 생기니 地二生火의 位요

② ㅜ가 처음 땅에서 나니, 땅이 둘째 불(火)을 내는 자리요.

③ ㅜ가 지(地)에서 처음 나니 지이생화(地二生火)의 위(位)요,

④ 'ㅜ'가 처음에 地에서 生하니 火를 생하는 地二의 자리이고.

⑤ 'ㅜ'는 처음으로 땅에서 생겨나니, 땅의 수로는 2이고 불이 생겨나는 자리다.

⑥ ㅜ가 처음 地에서 나니 地二生火의 位요

⑦ ㅜ가 처음 地에서 나니 地二生火의 位이다.

⑧ ≪ㅜ≫가 처음, 땅에서 나니 지이생화의 자리다.

⑨ 'ㅜ'가 처음 땅에서 나니, 지이생화(地二生火)의 위(位)이다.

⓪ ㅓ次之, 地四生金之位也.

① ㅓ가 다음이니 地四生金의 位요

② ㅓ가 그 다음이니, 땅이 넷째 쇠(金)를 내는 자리요.

③ ㅓ가 다음이니 지사생금(地四生金)의 위요,

④ 'ㅓ'가 그 다음에 오니 금을 생하는 지사의 자리이다.

⑤ 'ㅓ'는 그 다음이니, 땅의 수로는 4이고 쇠가 생겨나는 자리다.

⑥ ㅓ가 다음이니 地四生金의 位요

⑦ ㅓ가 다음이니 地四生金의 位이다.

⑧ ≪ㅓ≫가 다음이니 지사생금의 자리다.

⑨ 'ㅓ'가 그 다음이니, 지사생금(地四生金)의 위(位)이다.

⓪ ㅛ再生於天, 天七成火之數也.

① ㅛ가 거듭 天에서 생기니天七成火의 數요

② ㅛ가 다시 하늘에서 나니, 하늘이 일곱째 불(火)을 이루는 수(數)요.

③ ㅛ가 두번째 천에서 나니 천칠성화(天七成火)의 수(數)요,

④ 'ㅛ'가 天에서 再生하니 火를 성하는 天七의 數이고.

⑤ 'ㅛ'는 두 번째로 하늘에서 생겨나니, 하늘의 수로는 7이고 불을 이루어내는 수이다.

⑥ ㅛ가 두번째 天에서 나니 天七成火의 數요

⑦ ㅛ가 두 번째 天에서 나니 天七成火의 數이다.

⑧ ≪ㅛ≫가 두번째 하늘에서 나니 천칠성화의 수이다.

⑨ 'ㅛ'는 거듭 하늘에서 나니, 천칠성화(天七成火)의 수(數)이다.

⓪ ㅑ次之, 天九〈正音解例 7a〉成金之數也.

① ㅑ가 다음이니 天九成金의 數요

② ㅑ가 그 다음이니, 하늘이 아홉째 쇠(金)를 이루는 수(數)요.

③ ㅑ가 다음이니 천구성금(天九成金)의 수요,

④ 'ㅑ'가 그 다음에 오니 金을 成하는 天九의 數이다.

⑤ 'ㅑ'는 그 다음이니, 하늘의 수로는 9이고 쇠를 이루어내는 수이다.

⑥ ㅑ가 다음이니 天九成金의 數요

⑦ ㅑ가 다음이니 天九成金의 數이다.

⑧ ≪ㅑ≫가 다음이니 천구성금의 수이다.

⑨ 'ㅑ'는 그 다음이니, 천구성금(天九成金)의 수(數)이다.

⓪ ㅠ再生於地, 地六成水之數也.

① ㅠ가 거듭 地에서 생기니 地六成水의 數요

② ㅠ가 다시 땅에서 나니, 땅이 여섯째 물(水)을 이루는 수(數)요.

③ ㅠ가 두번째에서 나니 지육성수(地六成水)의 수요,

④ 'ㅠ'가 地에서 再生하니 水를 成하는 地六의 數이고.

⑤ 'ㅠ'는 두 번째로 땅에서 생겨나니, 땅의 수로는 6이고 물을 이루어내
   는 수이다.

⑥ ㅠ가 두번째 地에서 나니 地六成水의 數요

⑦ ㅠ가 두번째 地에서 나니 地六成水의 數이다.

⑧ ≪ㅠ≫가 두번째 땅에서 나니 지륙성수의 수이다.

⑨ 'ㅠ'는 거듭 땅에서 나니, 지육성수(地六成水)의 수(數)이다.

⓪ ㅕ次之, 地八成木之數也.

① ㅕ가 다음이니 地八成木의 數인데

② ㅕ가 그 다음이니, 땅이 여덟째 나무(木)를 이루는 수(數)다.

③ ㅕ가 그 다음이니 지팔성목(地八成木)의 수다.

④ 'ㅕ'가 그 다음에 오니 木을 成하는 地八의 數이다.

⑤ 'ㅕ'는 그 다음이니, 땅의 수로는 8로서 나무를 이루어내는 수이다.

⑥ ㅕ가 다음이니 地八成木의 數인데

⑦ ㅕ가 다음이니 地八成木의 數이다.

⑧ ≪ㅕ≫가 다음이니 지팔성목의 수이다.

⑨ 'ㅕ'는 그 다음이니, 지팔성목(地八成木)의 수(數)이다.

⓪ 水火未離(去)乎氣, 陰陽交合之初, 故闔.

① 水火는 기운됨을 벗어나지 못하여 陰陽이 交合하는 始初임에 闔이요

② 물·불(水火)이 현상(現象)임을 벗어나지 못하는 것은 음양 교합(陰陽交合)의 시초기 때문이므로 합(闔)이요.

③ 수·화(水火)는 기운에서 벗어나지 못하여 음양 교합(陰陽交合)의 시초이기 때문에 합(闔)이요

④ 五行의 水와 火는 아직 氣에서 떠나지 못하여 陰과 陽이 交合하는 시초이므로 (水에 해당되는 'ㅗㅠ'와 화에 해당되는 'ㅜㅛ'의 발음은 입을 조금 벌리고) 오므리는(闔) 원순모음(圓脣母音)이고.

⑤ 물과 불은 아직 氣[사물이 생기는 바탕]에서 벗어나지 못하고, 음과 양이 사귀어 합하는 시초인 까닭에 닫힌다.

⑥ 水火는 긔운임에 벗어 나지 못하야 陰陽交合의 始初인지라 闔이요

⑦ 水와 火가 기운에서에 벗어가지 못하여 陰陽交合의 始初가 되는지라. 故로 闔이요,

⑧ 물과 불이 기운에서 벗어나지 못하여 서로 합하는 시초가 된다. 때문에 입을 닫는 음이다.

⑨ 물(ㅗ,ㅠ)과 불(ㅜ,ㅛ)은 기(氣)에서 벗어나지 않아, 음양(陰陽)이 교합(交合)하는 시초이므로, 합(闔)이 된다.

⓪ 木金陰陽之定質, 故闢.

① 木金은 陰陽의 定質임에 闢이 되나니라

② 나무·쇠(木金)는 음양의 정질(定質)이므로 벽(闢)이다.

③ 목·금(木金)은 음양의 정질(定質)이기 때문에 벽(闢)이다.

④ 五行의 木과 金은 陰과 陽이 고정된 질(質)이므로 (木에 해당되는 'ㅏ ㅕ'와 金에 해당되는 'ㅓ ㅑ'의 발음은 입을) 벌리는(闢) 개모음(開母音)이다.

⑤ 나무와 쇠는 음과 양이 정해진 바탕이므로 열린다.

⑥ 木金은 陰陽의 定質인지라 闢이며

⑦ 木과 金이 陰陽의 定質인지라. 故로 闢이다.

⑧ 나무와 쇠가 음양의 짝으로 되는 바탕이다. 때문에 입을 여는 음이 된다.

⑨ 나무(ㅏ, ㅕ)와 쇠(ㅓ, ㅑ)는 음양(陰陽)의 정해진 바탕이므로, 벽(闢)이 된다.

⓪ ·天五生土之位也.

① ·는 天五生土의 位요

② ·는 하늘이 다섯째 흙(土)을 내는 자리며.

③ ·는 천오생토(天五生土)의 위요,

④ '·'는 土를 生하는 天五의 자리이고.

⑤ '·'는 하늘의 수로는 5이고 흙이 생겨나는 자리이다.

⑥ ·는 天五生土의 位요

⑦ ·는 天五生土의 位요,

⑧ ≪·≫는 천오생토의 자리다.

⑨ '·'는 천오생토(天五生土)의 위(位)이다.

❶ 一地十成土之數也.

① 一은 地十成土의 數이어니와

② 一는 땅이 일째 흙(土)을 이루는 수(數)지마는.

③ 一는 지십성토(地十成土)의 수인데,

④ '一'는 土를 成하는 地十의 數이다.

⑤ '一'는 땅의 수로는 10이고 흙을 이루어내는 수이다.

⑥ 一는 地十成土의 數인데

⑦ 一는 地十成土의 數이다.

⑧ ≪一≫는 지십성토의 수다.

⑨ '一'는 지십성토(地十成土)의 수(數)이다.

❶ ㅣ獨無位數者, 蓋以人則無極之眞, 二五之精, 妙合而凝, 固未可以定位成 數論(去)也.

① ㅣ는 홀로 位나 數가 없는것은 대개 人이란 無極의 참과 二五의 精함이 妙하게 合하여 엉킨 것으로서 실로 定位와 成數로써 論議할바가 아니 니라

② ㅣ만이 홀로 위(位)나 수(數)가 없는 것은 대개 사람이란 무극(無極)의 진리 음양 오행의 정기(精氣)가 묘하게 합하여 엉긴 것이므로, 진실로 한정된 위(位)와 이루어진 수(數)를 가지고 논할 수 없다.

③ ㅣ만이 위나 수가 없음은 대개 사람이란 무극(無極)의 참[眞]과 이오(二五)의 정(精)이 미묘하게 얼려 엉기어서 진실로 정위(定位)와 성수(成數)로는 논할 수가 없다.

④ 'ㅣ'에만 홀로 생위(生位)와 성수(成數)가 없는 까닭은, 대개 사람은 무극의 眞(理)과 음양 오행의 精(氣)이 신묘하게 합해져서 형성되었으므로 참으로 定位와 成數를 가지고 논할 수 없기 때문이다.

⑤ 'ㅣ'만 홀로 자리와 수가 없는 것은, 대개 사람은 무극(無極)의 진리와,
음양오행의 정수(精髓)가 묘하게 합하고 엉기어서, 본디 일정한 자리와
이루어진 수를 가지고서 논할 수가 없다.

⑥ ㅣ 홀로 位나 數가 없는 바는 大槪 사람이란 無極의 참과 二五의 精이
微妙히 合하야 엉키어써 진실로 定位와 成數를 가지고는 議論할 수 업
나니라.

⑦ ㅣ 홀로 位다. 數가 없음은 大槪 사람인즉슨 無極의 참과 二五의 精이
微妙히 合하여 엉키여서 진실로 定位와 成數를 가지고는 할 수 없음으
로써다.

⑧ ≪ㅣ≫가 홀로 자리나 수가 없는것은 대개 사람은 무극의 참과 음양오
행의 정수가 묘하게 합하여 엉키여서 진실로 정한 자리와 일정한 수를
가지고 론할수 없기때문이다.

⑨ 'ㅣ'만이 홀로 위(位)와 수(數)가 없는 것은, 대개 사람이란 무극(無極)의
진리와 음양오행(陰陽五行)의 정수가 오묘하게 합하여 엉긴 것이며, 본
디 일정한 위(位)와 이루어진 수(數)를 가지고 논할 수 없기 때문이다.

⓿ 是則中聲之中, 〈正音解例 7b〉亦自有陰陽五行方位之數也.

① 이는 中聲 中에도 또한 제대로 陰陽 五行 方位의 數가 있는 것이니라.

② 이는 곧 중성(中聲) 중에 스스로 음양·오행·방위의 수가 있는 것이다.

③ 이는 중성 중에 또한 스스로 음양 오행 방위의 수가 있는 것이다.

④ 이와 같은 이치는 곧 中聲의 원리 속에도 또한 스스로 음양 오행 방위
의 數가 있음을 나타낸 것이다.

⑤ 이런즉 가운뎃소리 가운데에도 또한 저절로 음양과 오행, 방위의 수가
있는 것이다.

⑥ 이는 中聲中에 쏘한 스스로 陰陽五行方位의 數가 잇는 것이려니와

⑦ 이는 곧 中聲 中에 또한 스스로 陰陽五行 方位의 數가 없음이다.

⑧ 이것은 곧 중성중에 또한 음양오행의 수가 있기때문이다.

⑨ 이는 곧 중성(中聲) 가운데에 스스로 음양(陰陽)·오행(五行)·방위(方位)의 수(數)를 갖추고 있는 것이다.

⓪ 以初聲對中聲而言之.

① 初聲對 中聲으로 말한다면

② 초성(初聲)을 중성(中聲)에 대하여 말하면,

③ 초성을 중성에 대비시켜 말한다면

④ 초성대 중성의 관계를 가지고 말하면,

⑤ 첫소리를 가운뎃소리에 대비하여 말하면,

⑥ 初聲을 中聲에 對하야 말할쩐댄

⑦ 初聲을 中聲에 대하여 말할진대

⑧ 중성을 초성에 대비하여 말하면

⑨ 초성(初聲)을 중성(中聲)에 대비하여 말해 보자.

⓪ 陰陽, 天道也.

① 陰陽은 天의 道요

② 음양(陰陽)은 하늘의 이치요,

③ 음양은 천의 도요,

④ 음양은 천도(天道)이고

⑤ 음과 양은 하늘의 본체이며,

⑥ 陰陽은 天의 道요

⑦ 陰陽은 천의 天의 道다.

⑧ 음과 양은 하늘의 리치고

⑨ 음(陰)과 양(陽)은 하늘의 도(道)이다.

⓪ **剛柔, 地道也.**

① 剛柔는 地의道라

② 강유(剛柔)는 땅의 이치다.

③ 강유는 지의 도이다.

④ 강유(剛柔)는 지도(地道)이다.

⑤ 단단하고 부드러운 것은 땅의 분체이다.

⑥ 剛柔는 地의 道라

⑦ 剛柔는 地의 道다.

⑧ 강유 즉 굳세고 부드러운것은 땅의 리치다.

⑨ 단단하고 부드러운 것은 땅의 도(道)이다.

⓪ **中聲者, 一深一淺一闔一闢, 是則陰陽分而五行之氣具焉, 天之用也.**

① 中聲 이란것은 하나이깊고 하나이 얕으며 하나가 闔이요 하나가 闢으로 이는 陰陽이 나누이고 五行의 氣가 갖추인것이니 天의 用이요

② 중성이란 것은 하나가 깊으면 하나가 얕고, 하나가 합(闔)이면 하나가 벽(闢)이니, 이는 음양이 나뉘고, 오행의 기가 구비된 하늘의 작용이요.

③ 중성은 하나가 심(深)이면 하나는 천(淺)이요 하나가 합(闔)이면 하나가 벽(闢)이니 이는 음양이 나뉘며 오행의 기운이 갖춤이니 천의 용이다.

④ 중성(中聲)이라는 것은 어떤 것은 깊고[一深] 어떤 것은 얕으며[一淺], 어떤 것은 오므리고[一闔] 어떤 것은 벌리니[一開], 이것은 음양이 나뉘어져서 오행의 기(氣)가 갖추어진 것이므로 하늘의 작용이다.

⑤ 가운뎃소리는 하나가 깊으면 하나는 얕고, 하나가 닫히면 하나가 열리니, 이런즉 음양이 나뉘어지고, 오행의 기운이 갖추어지니 하늘의 작용

이다.

⑥ 中聲이란 하나가 深이면 하나가 淺이요 하나가 闔이면 하나가 闢인 바
이는 陰陽이 난호이어 五行의 긔운이 가수임이니 天의 用이요

⑦ 中聲은 하나가 深이면 하나가 淺이요, 하나가 闔이면 하나가 闢이다 ;
이는 곧 陰陽이 나뉘여 五行의 기운이 갖추임이니 天의 用이다.

⑧ 중성은 하나가 깊으면 하나가 얕으며 하나가 닫히면 하나가 열린다.
이는 곧 음양에 나뉘여 오행의 기운이 갖추어져있기때문이다. 하늘의
쓰임이다.

⑨ 중성(中聲)은 깊은 소리, 얕은 소리가 있고 닫힌 소리와 열린 소리가 있
는데, 이는 바로 음양(陰陽)이 갈라지고, 오행(五行)의 기(氣)가 갖추어
져 있는 것이니, 하늘의 작용이다.

⓿ 初聲者, 或虛或實或颺或滯或重若輕, 是則剛柔著而五行之質成焉, 地之功也.

① 初聲이란것은 或 비고 或 차고 或 날리고 或 막히고 或 무겁고 或 가벼
운 것으로 이는 剛柔가 들어 나고 五行의 質이 이룬 것이니 地의功이
니라.

② 초성이란 것은 비기도 하고 차기도 하며, 혹은 날리기도 하고 걸리기
도 하며, 혹은 무겁기도 하니, 이는 강유(剛柔)가 나타나서 오행의 질
(質)을 이룬 것으로 땅의 공(功)이다.

③ 초성은 혹 허(虛)하고 혹 실(實)하며 혹 날리고 혹 걸리며 혹 무겁거나
가벼우니 이는 곧 강유가 드러나서 오행의 질을 이룸이니 지(地)의 공
이다.

④ 초성(初聲)이라는 것은 어떤 것은 허(虛)하고 어떤 것은 실(實)하고, 어
떤 것은 날리고(颺) 어떤 것은 걸리며(滯), 어떤 것은 무겁고 더러는 가
벼우니, 이것은 강유(剛柔)가 나타나서 오행의 질(質)이 이루어진 것이

므로 땅의 공(功)이다.

⑤ 첫소리는 어떤 것은 비어 있고, 어떤 것은 차 있으며, 어떤 것은 날리고, 어떤 것은 걸리며, 어떤 것은 무겁거나 가벼우니, 이런즉 강하고 부드러움이 나타나서 오행의 바탕을 이루니 땅의 공로이다.

⑥ 初聲이란 或 虛하고 或 實하며 或날리고 或 걸리며 或 무겁거나 가벽운 바 이는 剛柔가 들어 나서 五行의 質을 이룸이니 地의 功이니라.

⑦ 初聲은 或 虛하고 或 實하며 或 날리고 或 걸리며 或 무겁거나 가볍다. 이는 곧 剛柔가 들어나서 五行의 質을 이룸이니 地의 功이다.

⑧ 초성은 혹은 속이 비거나 속이 있고 혹은 날리거나 걸리며 혹은 무겁거나 가볍다. 이는 곧 강유가 드러나서 오행의 바탕을 이룬것이니 땅의 공로이다.

⑨ 초성(初聲)은 빈 소리, 여문 소리가 있고 날리는 소리, 걸리는 소리가 있으며 무거운 소리와 가벼운 소리가 있는데, 이는 바로 강유(剛柔)가 드러나서 오행의 바탕이 이루어져 있는 것이니, 땅의 공(功)이다.

⓿ 中聲以深淺闔闢唱之於前, 初聲以五〈正音解例 8a〉音清濁和之於後, 而爲初亦爲終.

① 中聲이 深淺闔闢으로 앞서 부르면 初聲이 五音 清濁으로 뒤에서 和答하야 첫 머리가 初聲이 되고 또 終聲이 되니

② 중성이 심천(深淺)과 합벽(闔闢)으로 앞에서 부르면, 초성이 오음(五音)의 청탁(清濁)으로 뒤에서 화답(和答)하여, 첫소리도 되고 받침도 되니,

③ 중성이 심·천과 개·합으로 앞에서 부르면 초성이 오음과 청·탁으로 뒤에서 화답하여 초성도 되고 종성도 되니

④ 중성이 심천(深淺) 합벽(闔闢)으로 앞에서 부르면, 초성이 오음(五音) 청탁(清濁)으로 뒤에서 화합하여, 초성이 되었던 것이 또 종성이 되니

⑤ 가운뎃소리가 깊고 얕음과 닫힘과 열림으로써 앞에서 부르면 첫소리가 오음과 청탁으로써 뒤에서 화답하니, 첫소리는 다시 끝소리가 되는 바,

⑥ 中聲이 深淺과 闔闢으로 앞서 부르면 初聲이 五音淸濁으로 뒤서 和答하야 初聲도 되고 또한 終聲도 되나니

⑦ 中聲이 深淺과 으로 앞에서 부르면 初聲이 五音 淸濁으로 뒤에서 和答하여 初聲도 되고 또 終聲도 되나니

⑧ 중성이 깊은음, 옅은음, 입을 여는 음, 입을 닫는 음으로 앞에서 부르면 초성이 5음청탁으로 뒤에서 화답하여 초성도 되고 종성도 된다.

⑨ 중성(中聲)이 깊고 얕음과 닫히고 열림으로써 앞에서 부르면, 초성(初聲)이 오음(五音)과 청탁(淸濁)으로써 뒤에서 화답하는데, 초성(初聲)도 되고 종성(終聲)도 된다.

Ⓞ 亦可見萬物初生於地, 復歸於地也.

① 萬物이 맨처음 땅에서 생기어 다시 땅으로 돌아 가는 것을 또한 可히 볼수 있나니라

② 만물이 땅에서 나서 도루 땅으로 돌아감과 같은 것을 볼 수 있다.

③ 또한 만물이 지(地)에서 처음 나서 지로 돌아감을 볼 것이다.

④ (이런 원리에서), 또한 만물이 처음 땅에서 나서 다시 땅으로 돌아가는 이치를 볼 수가 있다.

⑤ 역시 만물이 처음 땅에서 나서 다시 땅으로 돌아감을 볼 수 있다.

⑥ 또한 可히 萬物이 地에서 나서 다시 地로 돌아 감을 몰것이니라.

⑦ 또한 可히 萬物이 처음 地에서 나서 다시 地로 돌아감을 봄이다.

⑧ 이 또한 만물이 처음 땅에서 나서 다시 땅으로 돌아감을 보는것이다.

⑨ 여기서 또한 만물이 처음 땅에서 나서 다시 땅으로 돌아감을 볼 수 있다.

⓪ 以初中終合成之字言之, 亦有動靜互根陰陽交變之義焉.

① 初中終의 合成되는 字로 말한다면 또한 動靜이 서로 根本되고 陰陽이 사괴어 變하는뜻이 있는 것이니

② 초・중・종이 합친 글자를 보면, 동정(動靜)이 서로 근본이 되고, 음양이 사귀어 변하는 뜻이 있으니,

③ 초성, 중성, 종성이 합성된 글자로 말할 것 같으면 또한 동정(動靜)이 서로 근본이 되고 음양이 사귀어 변하는 뜻이 있으니,

④ 초성・중성・종성이 합하여 이루어진 글자를 가지고 말하면, 또한 동(動)과 정(靜)이 서로 근거가 되고, 음(陰)과 양(陽)이 엇바뀌어 변하는 뜻이 있으니,

⑤ 첫소리와 가운뎃소리와 끝소리가 합하여 이루어지는 글자에 대해 말하면, 또한 움직이고 멈추어 있음이 서로 근본이 되고, 음과 양이 교대로 바뀌는 뜻이 있다.

⑥ 初中終의 合成된 字로 말할찐댄 쪼한 動靜이 서로 根本되고 陰陽이 사괴어 變하는 뜻이 잇나니

⑦ 初中終의 合成된 字로 말할쩐대 또 動과 靜이 서로 根本되고 음과 양이 사귀여 變하는 뜻이 있으니

⑧ 초성과 중성, 종성의 합성된 글자로 말한다면 또 동과 정이 서로 근본이 되고 음과 양이 변하는 뜻이 있으니

⑨ 초성(初聲)・중성(中聲)・종성(終聲)이 합하여 이루어진 글자에 대해서 말하자면, 또한 움직임과 멈춤이 서로 근본이 되고, 음(陰)과 양(陽)이 만나 변하는 뜻이 있다.

⓪ 動者, 天也.

① 動이란 天이요

② 동(動)이란 것은 하늘이요,

③ 동이란 천이요,

④ 동(動)하는 것은 하늘에 해당되는 초성이고,

⑤ 움직이는 것은 하늘이며,

⑥ 動이란 天이요

⑦ 動은 天이요,

⑧ 동은 하늘이고

⑨ 동(動)이란 것은 하늘이다.

⓪ 靜者, 地也.

① 靜이란 地요

② 정(靜)이란 것은 땅이며,

③ 정이란 지(地)이니,

④ 정(靜)하는 것은 땅에 해당되는 종성이며,

⑤ 멈추어 있는 것은 땅이요,

⑥ 靜이란 地요

⑦ 靜은 地인데,

⑧ 정은 땅이다.

⑨ 정(靜)이란 것은 땅이다.

⓪ 兼互動靜者, 人也.

① 動靜을 兼한것은 人이라.

② 동정을 겸한 것은 사람이다.

③ 동정을 겸한 이란 사람이다.

④ 동(動)과 정(靜)을 겸한 것은 사람에 해당되는 중성이다.

⑤ 움직임과 멈추어 있음을 겸한 것은 사람이다.

⑥ 動靜을 兼함이란 人이라

⑦ 動靜에 兼함이 人이라

⑧ 동과 정을 겸한것이 사람이다.

⑨ 동(動)과 정(靜)을 겸한 것은 사람이다.

❿ 蓋五行在天則神之運也, 在地則質之成也, 在人則仁禮信義智神之運也, 肝心脾肺腎質之成也.

① 대개 五行이 天에 있어서는 神의 運行이요 地에 있어서는 質의 이룸이며 人에 있어서는 仁禮信義智가 神의 運行이요 肝心脾肺腎이 質의 이룸인데

② 대개 오행이 하늘에 있어서는 신(神)의 운행(運行)이요, 땅에 있어서는 질(質)의 이룸이며, 사람에 있어서는 인예신의지(仁禮信義智)가 신(神)의 운행이요, 간심비폐신(肝心脾肺腎)이 질(質)의 이룸이다.

③ 대개 오행이 천에 있어서는 신의 운행이요, 지에 있어서는 질(質)의 이룸이요, 사람에게 있어서는 인(仁)·예(禮)·신(信)·의(義)·智(지)가 신의 운행이요, 간(肝)·심(心)·비(脾)·폐(肺)·신(腎)이 질(質)의 이룸이니,

④ 대개 오행이 하늘에 있어서는 신(神)의 운행이고, 땅에 있어서는 질(質)이 이루어지는 것인데, 사람에 있어서는 (두 가지가 다 나타나서) 木에 해당되는 인(仁)과 화에 해당되는 예(禮)와 土에 해당되는 신(信)과 金에 해당되는 의(義)와 水에 해당되는 지(智)의 오상(五常)은 신(神)의 운행이고 목애 해당되는 간(肝)과 화에 해당되는 심장과 土에 해당되는 지라[脾臟]와 金에 해당되는 폐(肺)와 水에 해당되는 콩팥[腎臟]의 오장(五臟)은 (五行의) 질(質)이 이루어진 것이다.

⑤ 대개 오행이 하늘에 있어서는 정신의 움직임이요, 땅에 있어서는 바탕을 이루는 것이며, 사람에 있어서는 어짊·예의·믿음·정의·슬기와 같은 정신의 움직임이요, 간장·심장·비장·폐장·신장과 같은 바탕을 이루는 것이다.

⑥ 大概 五行이 天에 잇서서는 神의 運行이요 地에 잇서서는 質의 이룸이며 人에 잇서서는 仁禮信義智가 神의 運行이요 肝心脾肺腎이 質의 이룸인 바

⑦ 대저 五行이 天에 있은즉 神의 運行이요, 地에 있은즉 質의 이룸이며, 人에 있은즉 仁 信義智가 神의 運行이요, 肝心脾肺腎이 質의 이름이다.

⑧ 대개 오행이 하늘에 있으면 신의 운행이요 땅에 있으면 바탕의 이룸이다. 사람에게 있으면 어짐, 례절, 믿음, 의로움, 슬기가 신의 운행이요 간장, 심장, 비장, 폐장, 신장이 바탕의 이룸이다.

⑨ 대개 오행(五行)은 하늘에 있어서는 신의 운행이고 땅에 있어서는 바탕이 이루어지는 것이다. 사람에 있어서는 인(仁)·예(禮)·신(信)·의(義)·지(智)가 신의 운행이고, 간(肝)·심(心)·비(脾)·폐(肺)·신(腎)이 바탕이 이루어지는 것이다.

⓿ 初〈正音解例 8b〉聲有發動之義, 天之事也.

① 初聲은 發動의 뜻을 가지니 天의 일이요

② 초성에는 발동의 뜻이 있으니, 하늘의 일이요 ;

③ 초성에는 발동의 뜻이 있으니 천의 일이요,

④ 초성은 처음 일어나 움직임[發動]의 뜻이 있으니, 하늘의 일이고,

⑤ 첫소리에는 피어나고 움직이는 뜻이 있으니 하늘의 일이며,

⑥ 初聲에는 發動의 뜻이 잇스니 天의 일이요

⑦ 初聲에는 發動의 뜻이 있으니 天의 일이요,

⑧ 초성에는 발동의 뜻이 있으니 하늘의 일이요

⑨ 초성(初聲)은 발하여 움직이는 뜻이 있으니, 하늘의 일이다.

⓪ **終聲有止定之義, 地之事也.**

① 終聲은 止定의 뜻을 가지니 地의 일이요

② 종성(받침)에는 지정의 뜻이 있으니, 땅의 일이요.

③ 중성에는 지정(止定)의 뜻이 있으니 지(地)의 일이요,

④ 종성은 그쳐 머무름[止定]의 뜻이 있으니 땅의 일이며.

⑤ 끝소리에는 그치고 정해지는 뜻이 있으니 땅의 일이다.

⑥ 終聲에는 止定 의 뜻이 잇스니 地의 일이요

⑦ 終聲에는 止定의 뜻이 있으니 地의 일이다.

⑧ 종성에는 끝맺는 뜻이 있으니 땅의 일이다.

⑨ 종성(終聲)은 그쳐 정해지는 뜻이 있으니, 땅의 일이다.

⓪ **中聲承初之生, 接終之成, 人之事也.**

① 中聲은 初聲의 生함을 받고 終聲의 이룸을 이으니 人의 일이니라.

② 중성에는 초성의 나는 것을 받고, 종성의 이룸을 받으니, 사람의 일이다.

③ 중성은 초성의 남[生]을 잇고 중성의 이룸을 받으니 인의 일이다.

④ 중성은 초성이 생긴 것을 이어받아서 종성이 완성하는 데에 이어 주니 사람의 일이다.

⑤ 가운뎃소리는 첫소리가 생겨나는 것을 받아 끝소리가 이루어지는 것을 이어주니 사람의 일이다.

⑥ 中聲은 初聲의 남을 잇고 終聲의 이룸을 바드니 人의 일이니라.

⑦ 中聲은 初聲의 남을 잇고 終聲의 이룸을 받으니 人의 일이다.

⑧ 중성은 초성의 남을 잇고 종성의 이룸을 받으니 사람의 일이다.

⑨ 중성(中聲)은 초성(初聲)의 생겨남을 이어받아 종성(終聲)의 완성함으로 이어주니, 사람의 일이다.

⓪ 盖字韻之要, 在於中聲, 初終合而成音.
① 대개 字韻의 要點은 中聲에 있으니 初中과 合하여 音을 이루는 것이
② 대개 자운의 주요는 중성에 있으니, 초성・중성이 합하여 음을 이루는 것이
③ 대개 자운(한자음)의 중심은 중성에 있어서 초성과 종성이 합해서 음(음절)을 이루니,
④ 대개 자운(字韻)의 주요(主要)함이 중성에 있으니, 초성・종성과 합해져서 음절(音節)을 이루는 것은,
⑤ 대개 음절[字韻]의 핵심은 가운뎃소리에 있는바, 첫소리와 끝소리를 합하여 음절을 이루니,
⑥ 大槪 字韻의 主要함이 中聲에 잇서서 初終이 合하야 音을 이루나니
⑦ 大槪 字韻의 主要함이 中聲에 있고 初聲이 合하여 音을 이루나니,
⑧ 대개 한자음의 기본중심은 중성에 있고 초성과 종성이 합하여 음을 이루니
⑨ 대개 자운(字韻)의 핵심은 중성(中聲)에 있으니, 초성(初聲)과 종성(終聲)이 그와 합하여 음(音)을 이룬다.

⓪ 亦猶天地生成萬物, 而其財成輔相(去)則必賴乎人也.
① 마치天地가 萬物을 生成하나 그 財成輔相은 人을 힘입는바와 같으니라.
② 마치 하늘과 땅이 만물을 생성하나, 그 쓸씀이와 됨됨의 깁고 돕는 일은 반드시 사람에게 힘입는 것과 같다.
③ 이것이 또한 천지가 만물을 생성해도 그 재성(財成)과 보상(輔相)은 반

드시 인(人)에게 힘입음과 같은 것이다.

④ 또한 하늘과 땅이 만물을 생성하되 그 만물을 재단하여 이루어 지나침을 바로잡고 보필해여 도와서 모자람을 보충하는 것은 반드시 사람에게 힘입는 것과 같다.

⑤ 역시 천지가 만물을 낳고 이루더라도, 잘 조절하여 깁고 돕는 것은 반드시 사람에게서 힘입음과 같다.

⑥ 巫한 天地가 萬物을 生成해도 그 財成과 輔相은 반듯이 人에 힘입음과 가트며

⑦ 또 天地가 萬物을 生成하여 그 과 輔相은 반드시 人에 힘입음과 같도다.

⑧ 이 또한 천지가 만물을 내였지만 그것을 가꾸어 처이하는것은 반드시 사람의 힘을 입는것과 같다.

⑨ 이 또한 마치 하늘과 땅이 만물을 생성하되 그것을 재단하여 돕는 일은 반드시 사람에게 힘입는 것과 같다.

⓿ 終聲之復(去)用初聲者, 以其動而陽者乾也, 靜而陰者亦乾也, 乾實分陰陽而無不君宰也.

① 終聲에 初聲을 다시 쓰는것은 動이요 陽인것도 乾이며 靜이요 陰은것도 또한 乾으로 실상 乾이 陰陽으로 나누이어서도 主宰치안는것이 없는 까닭이니라

② 종성에 다시 초성을 쓰는 것은 ; 동해서 양인 것도 건이요, 정해서 음인 것도 건인데, 건은 실상 음양으로 나뉘어도 주재하지 않음이 없는 까닭이니,

③ 종성에서 초성을 다시 쓰는 것은 동(動)해서 양(陽)인 것도 건(乾)이요 정(靜)해서 음(陰)인 것도 건(乾)이니 건이 비록 실지로는 음양으로 나누인다고 하더라도 주재하지 않음이 없기 때문이다.

④ 종성에 초성 글자를 다시 쓰는 것은, 동하여 양인 것도 건(건: 초성 글자)이고, 정하여 음인 것도 또한 건(건: 초성글자)이니, 건(乾)이 ("乾至陽也 居上而臨下"이기 때문에) 실하여 음과 양으로 나뉘어져서 주재하지 않음이 없다.

⑤ 끝소리에 첫소리를 다시 쓰는 것은, 움직여서 양인 것도 하늘이요, 멈추어서 음인 것도 하늘이니, 하늘은 본디 음과 양으로 나뉘어서 주관하고 다스리지 않음이 없기 때문이다.

⑥ 終聲을 다시 初聲으로 쓰는 것은 動해서 陽인 것도 乾이요 靜해서 陰인 것도 乾으로 乾이 비록 陰陽으로 난호이어도 主宰치 안 함이 업기째문이니

⑦ 終聲이 다시 初聲됨도 또한 이 뜻이다.

⑧ 종성을 다시 초성으로 씀은 그 동하여 양함도 건이요 정하여 음함도 건이므로 건이 비록 음과 양으로 나뉘여도 맡아하지 않는것이 없기때문이다.

⑨ 종성(終聲)에 초성(初聲) 글자를 다시 쓰는 것은, 동(動)하여 양(陽)인 것도 건(乾)이고 정(靜)하여 음(陰)인도 건(乾)이니, 건(乾)은 실제로는 음(陰)과 양(陽)으로 갈라지더라도 주관하고 다스리지 않는 것이 없기 때문이다.

⓿ 〈正音解例 9a〉一元之氣, 周流不窮, 四時之運, 循環無端, 故貞而復(去)元, 冬而復(去)春.

① 一元의 기운이 周流하여 다하지 않고 四時의 運行이 循環하여 끝이 없는 까닭에 貞애서 다시 元으로 冬에서 다시 春으로 되는것이니

② 일원의 기가 두루 흘러서 궁하지 않고, 사시의 운행이 돌고돌아 끝이 없으므로, 정에서 다시 원이 되고, 겨울에서 다시 봄이 되는 것이니,

③ 일원의 기운이 두루 흐르러 다하지 않고, 사시(四時)의 운행이 돌고 돌아 끝이 없는 까닭에, 정(貞)이 다시 원(元)이 되고, 겨울에서 다시 봄이 되는 것이니,

④ (主氣論 또는 氣一元論의 관점에서) 하나의 으뜸되는 기가 끊임없이 두루 흐르고, 네 계절의 운행이 끝없이 순환하므로, (元亨利貞의 이론으로 보면) 끝[貞]에서 다시 시작[元]이 되고, 겨울[冬]에서 다시 봄[春]이 되는 것이니,

⑤ 한 원(元)의 기운이, 두루 흘러서 그침이 없고, 네 계절의 운행이 돌고 돌아 끝이 없으므로, 정(貞)이 다시 원(元)이 되고, 겨울이 다시 봄이 되는 것이니, 첫소리가 다시 끝소리가 되고 끝소리가 다시 첫소리가 됨도 역시 이와 같은 뜻이다.

⑥ 一元의 긔운이 두루 흘러서 窮함이 업고 四時의 運行이 循環해서 ᄆᆞᆺ이 얼른 ᄶᅡ닿게 貴?이 다시 元되고 겨을이 다시 봄되는 것이라

⑦ (해당 부분 없음)

⑧ 일원의 기운이 두루 흘러서 궁함이 없고 네철의 운행이 순환하여 끝이 없다. 때문에 정(貞)이 다시 원(元) 되고 겨울이 다시 봄이 되는것이다.

⑨ 일원(一元)의 기(氣)가 끊임없이 두루 흐르고, 사시(四時)의 운행이 끊임없이 돌고 돌기 때문에, 원형이정(元亨利貞)의 정(貞)에서 다시 원(元)으로 돌아가고, 겨울에서 다시 봄으로 돌아가는 것이다.

⓪ 初聲之復(去)爲終, 終聲之復(去)爲初, 亦此義也.

① 初聲이 다시 終聲되ㅣ고 終聲이 다시初聲됨도 또한 이뜻이니라.

② 종성이 다시 초성됨도 또한 이와 같은 뜻이다.

③ 초성이 다시 종성이 되고, 종성이 다시 초성이 되는 것은, 역시 이와 같은 뜻이다.

④ 초성이 다시 종성이 되고 종성이 다시 초성이 되는 것도 또한 이러한 뜻을 가지고 있다.

⑤ 첫소리는 다시 끝소리가 되는 바, 역시 만물이 처음 땅에서 나서 다시 땅으로 돌아감을 볼 수 있다.

⑥ 終聲이 다시 初聲됨도 쏘한 이 뜻이니라.

⑦ (해당 부분 없음)

⑧ 초성이 다시 종성이 되고 종성이 다시 초성이 되는것도 이러한 뜻이다.

⑨ 초성(初聲)이 다시 종성(終聲)이 되고 종성(終聲)이 다시 초성(初聲)이 되는 것은 또한 이와 같은 뜻이다.

⓪ 吁. 正音作而天地萬物之理咸備, 其神矣哉.

① 아아! 正音이 맨들어지는데 天地萬物의 理致가 다함께 갖추었으니 그 神靈스러움 인저.

② 아아, 「훈민정음」이 만들어짐에 천지 만물의 이치가 다 구비되었으니, 그 참 신령스럽구나!

③ 아아, 정음을 만듦에 천지 만물의 이치가 다 갖추어지게 되니, 그 참 신기스러운 일이구나!

④ 아, 훈민정음이 만들어지매 우주 만물의 이치가 다 구비되었으니, 참으로 신비하도다.

⑤ 아! 정음이 만들어짐에는 천지만물의 이치가 모두 갖추어졌으니, 그 신기함이여!

⑥ 아아, 正音이 맨들어짐에 天地萬物의 理致가 모조리 가추엇나니 그 神靈스러움인저!

⑦ 아아, 正音이 만들어짐에 天地萬物의 理致가 모조리 갖추웠나니 그 神妙함이여!

⑧ 아 정음이 만들어짐에 천지만물의 리치를 모조리 갖추었(*'었ㄴ'?) 니 그 신묘함이여!

⑨ 아아, 정음(正音)이 만들어짐에 천지만물(天地萬物)의 이치가 모두 갖추어졌으니, 그 신비함이여.

⓪ 是殆11)天啓聖心而假手焉者乎.

① 이거의 하늘이 聖上의 마음을 열어 써 손을 빈것이로다.

② 이것은 거의 하늘이 임금님의 마음을 열어, 솜씨를 빌린 것이로구나!

③ 이것은 자못 하늘이 성인(聖人)의 마음을 열어 손을 빌었을 뿐이로구나!

④ 이것은 아마도 하늘이 성상의 마음을 열어서 그 손을 빌어 만든 것인가 보다.

⑤ 이는 틀림없이 하늘이 임금의 마음을 열어 솜씨를 빌려주신 것이로다.

⑥ 이 거의 하늘이 聖上의 마음을 열어써 손을 빈 것이고녀.

⑦ 이 거의 하늘이 聖上의 마음을 열어 써 손을 빈것이고녀.

⑧ (*한줄 빠졌음)

⑨ 이것은 아마도 하늘이 임금의 마음을 열어, 솜씨를 빌려주신 것이지 않을까?

⓪ 訣曰

① 訣에 이르되

② 노래하여 말하며:

③ 결(訣)에 가로되,

④ 결(訣)에 이르되:

_____

11) 擡頭

⑤ 요점을 간추려 노래한다.

⑥ 訣에 가로되

⑦ 訣에 가로되

⑧ 요약하여 말하면;

⑨ 결(訣)에 이르기를

⓪ 天地之化本一氣 陰陽五行相始終

① 天地의 化成은 본래가 한기운 陰陽과 五行이 서로 써 終始라

② 천지(天地)의 화성(化成)은 본래부터 한 기(氣)인데, 음양(陰陽)과 오행(五行)이 서로 시종하니,

③ 천지의 화성은(化成)은 본래 한 기운 음양과 오행이 서로 처음이며 또 끝

④ 우주 만물의 조화는 본래 하나의 기(氣)이니, 음양오행의 작용이 서로 시작되고 끝마치네.

⑤ 하늘과 땅의 조화는 본디 하나의 기운이니, 음양과 오행이 서로 처음과 끝이로다.

⑥ 天地의 化成은 本是가 한긔운 陰陽과 五行이 서로곳 또처음

⑦ 天地의 化成은 본디 한 기운이니 陰陽과 五行이 서로 始終하도다.

⑧ 천지의 이루어짐은 본래 한 기운이니 음양과 오행이 서로 처음과 마지막이 되도다.

⑨ 하늘과 땅의 조화(造化)는 본디 하나의 기운이며 음양(陰陽)과 오행(五行)이 서로 시종(始終) 관여하네.

⓪ 〈正音解例 9b〉物於兩間有形聲 元本無二理數通

① 그中間의 물건은 形과聲 있어도 元本야 한가지 理數기 通토다.

② 물건의 두 사이에 형성(形聲)이 있으나, 근본은 둘 아닌 이치가 통한다.

③ 물건은 두 사이에 형(形)과 성(聲)이 있으니 근본에 두 이치 없으니 이
수(利數)가 통한다.

④ 만물이 음양오행의 조화에 의해서 형상과 소리가 있으니, 으뜸되는 근
본은 둘이 아니므로 이(理)와 수(數)로 통하네.

⑤ 만물이 하늘과 땅 사이에서 형체와 소리가 있으되, 근본은 둘이 아니
니 이치와 수로 통하도다.

⑥ 물건은 두사이 形과聲 잇스나 元本둘 업거니 理數가 通토다.

⑦ 物은 두 새에 形과 聲이 있으나 元本 둘 없거니 理數 서로 通토다.

⑧ 사물은 두 사이에 모양과 소리가 있으나 근본이 둘이 아니니 도리가
서로 통하도다.

⑨ 만물은 (하늘과 땅) 둘 사이에서 형체와 소리를 가지는데 으뜸되는 근
본은 둘이 아니니 이(理)와 수(數)가 통하네.

○ 正音制字尙其象 因聲之厲每加畫

① 正音의 制字는 제形狀 模象퇴 소리가 센字는 劃만을 더할뿐.

② 「정음」의 제자(制字)는 그 형상을 본떠, 소리가 센 것은 한 획을 더하고,

③ 정음(正音) 글자 만들음에 제 모양을 본뜨되 소리가 거세면 획 하나를
더하네.

④ 훈민정음의 제자 원리는 그 상(象)을 본뜬 것이니, 소리의 거셈을 따라
획을 더하였네.

⑤ 정음의 글자 만듦에는 그 모양의 본뜸을 존중하되, 소리의 세기에 따
라 획을 더하였다.

⑥ 正音字 지음에 제形狀 摸象퇴 소리가 거세면 畫다시 더한것.

⑦ 五音字 지음에 제 模狀 같이 해 소리 따와 거세던 畫다시 더하다.

⑧ 정음자를 지음에 제 모양을 같이하여 소리에 따라 거세면 획을 더했다.

⑨ 정음(正音)의 제자 원리는 그 모양을 숭상하되(중심으로 만들되) 소리의 거셈에 따라 획을 더하였네.

⓪ 音出牙舌脣齒喉 是爲初聲字十七

① 牙舌脣 齒喉서 소리가 나오니 그것이 初聲의 열일곱 글짜라

② 소리가 아설순치후(牙舌脣齒喉)서 나오니, 이것이 초성(初聲)의 열 일곱 글자다.

③ 아설순치후(牙舌脣齒喉)에서 소리가 나오니 이것이 초성되어 글자는 열일곱.

④ 소리(聲音)는 어금니·혀·입술·이·목구멍에서 나니, 이것이 초성 글자 17자가 되었네.

⑤ 소리는 어금니·혀·입술·이·목구멍에서 나니, 이것이 첫소리가 되어 글자는 열일곱이로다.

⑥ 牙舌脣 齒喉서 소리가 나오니 그것이 初聲돼 글짜는 열일곱.

⑦ 소리는 牙舌脣齒喉에서 나오니 이것이 初聲이라 글자는 열 일곱.

⑧ 소리는 어금이, 혀, 입술, 목구멍에서 나오니 이것이 초성이다. 글자는 열일곱.

⑨ 소리는 아(牙)·설(舌)·순(脣)·치(齒)·후(喉)에서 나니 이것이 초성 열일곱 자라네.

⓪ 牙取舌根閉喉形 唯業似欲取義別(ㅅ)

① 牙는 舌根이 閉喉한 그形狀. 業 오직 欲에비슷, 取義가 다르고

② 아음(牙音)은 혀뿌리가 목구멍 막는 꼴이요, ㆁ은 ㅇ 비슷하나, 따온 뜻은 다르며,

③ 엄소리는 혓뿌리가 먹구멍을 막는 모양을 취하되 다만 ㆁ(業)은 ㅇ(欲)

비슷하되 뜻을 취함은 다르다.

④ 아음(牙音) ㄱ은 혀뿌리가 목구멍을 닫는 형상을 취하였으나, 오직 ㆁ(業)은 ㅇ(欲)과 글자 모양이 유사하나 뜻을 취한 것은 다르네.

⑤ 어금닛소리는 혀뿌리가 목구멍을 닫는 모양을 취하였으되, 오직 'ㆁ'은 'ㅇ'과비슷하나 뜻을 취함이 다르다.

⑥ 牙音은 혀쑤리 목구녁 막는쓸 業오즉 欲비슷 뜻取함 다르고

⑦ 牙音은 혀뿌리 목구멍을 마는 꼴 오직 ㆁ(業)만 ㅇ(欲) 비슷 뜻 取함이 다르고

⑧ 어금이소리는 혀뿌리가 목구멍을 막는 모양 오직 ㆁ만은 ㅇ비슷하나 뜻을 취함이 다르고

⑨ 아음(牙音)은 혀뿌리가 목구멍을 막는 모양을 취하였으나 오직 'ㆁ'(業)는 'ㅇ'(欲)와 소리가 비슷하니 뜻을 달리 하였네.

⓪ 〈正音解例 10a〉舌迺象舌附上腭 脣則實是取口形

① 舌은 上齶에 혀빠닥 붙인것. 脣은 그실상 입形狀 그대로.

② 설음(舌音)은 혀끝이 웃잇몸에 붙는 꼴이요, 순음(脣音)은 입 모양을 그 대로 본뜨고,

③ 혓소리는 곧 웃잇몸에 혀가 붙은 모양 입술소린 이 곧 입모습 본뜨고

④ 설음(舌音) ㄴ은 혀가 윗잇몸에 닿는 모양을 본떴고, 순음(脣音) ㅁ은 실로 입 모양을 취한 것이네.

⑤ 혓소리는 혀가 윗잇몸에 붙은 모양을 본뜨고, 입술소리는 바로 입 모양을 취하였고,

⑥ 舌音은 닛몸에 혓바닥 부튼꼴 脣音은 그바로 口形을 取하고

⑦ 舌音은 이 몸에 혀 바닥이 붙은 꼴 脣音은 그 바로 口形을 取함이요.

⑧ 혀소리는 이몸에 혀가 붙는 모양 입술소리는 바로 입모양을 취한것이고

⑨ 설음(舌音)은 혀끝이 윗잇몸에 닿는 모양을 본떴고, 순음(脣音)은 실로
입 모양을 취한 것이네.

⓿ **齒喉直取齒喉象 知斯五義聲自明**
① 齒와 喉도 齒喉의 제 形狀. 그 다섯뜻 안다면 소리는 환하리.
② 치음(齒音)과 후음(喉音)도 각기 그 꼴이니, 이 다섯 뜻 알면 소리가 환
하리.
③ 잇소리 목구멍소린 바로 이[齒]와 목구멍 모습을 본뜬 것이니 이 다섯
뜻 알게 되면 소리는 다 환하리라.
④ 치음(齒音) ㅅ과 후음(喉音) ㅇ은 바로 이[齒]와 목구멍의 형성을 취한
것이니, 이 다섯 가지[牙舌脣齒喉] 뜻을 알면 그 소리는 저절로 분명해
지네.
⑤ 잇소리와 목구멍소리는 바로 이와 목구멍을 본뜸을 취하였으니, 이 다
섯 자의 뜻만 알면 소리는 저절로 밝혀지리.
⑥ 齒와喉ㄴ 곳니와 목구녁 摸象타 이다석 뜻알면 소리가 환하리.
⑦ 齒와 喉 곧 이와 목구멍을 模象해 이 다섯 뜻을 알면 소리가 환하리.
⑧ 이소리와 목구멍소리는 이와 목구멍을 본떴다. 이 다섯뜻을 알면 소리
가 환하리
⑨ 치음(齒音)과 후음(喉音)은 바로 이와 목구멍의 모양을 취한 것이니, 이
다섯의 뜻을 알면 그 소리가 저절로 밝혀지네.

⓿ **又有半舌半齒音 取象同而體則異**
① 그러고 半舌과 半齒의 音이란 摸象이 같아도 形狀이 틀린것.
② 반설(半舌)과 반치(半齒)가 이 밖에 또 있으나, 본뜨기는 같되, 형체(形
體)가 다르다.

③ 그리고 또 반혀·반잇소리 있으니 모습 본뜨긴 같아도 형체가 다르네.

④ 그리고 또 반설음(半舌音) ㄹ과 반치음(半齒音) △이 있으니, 상(象)을 취함은 같으나 글자의 체(體)는 다르네.

⑤ 또 반혓소리와 반잇소리가 있으니, 본뜸을 취함은 같아도 글자 모양은 다르다.

⑥ 쏘다시 半舌과 半齒音 잇스니 摸象함 가타도 形體가 달도다.

⑦ 또다시 半舌과 半齒音이 있으니 模象함은 같아도 形만은 다르도다.

⑧ 또 반혀소리와 반이소리가 있으니 본뜬것은 같아도 모양만은 다르다.

⑨ 또 반설음(半舌音)과 반치음(半齒音)이 있는데 본뜨는 것은 같으나 모양은 달리 하네.

⓪ 那彌戌欲聲不厲　次序雖後象形始

① 那와彌 戌과欲 소리가 안세어 次序론 뒤로되 象形은 始初로다.

② ㄴ ㅁ ㅅ ㅇ 소리가 세지 않아, 차례로는 뒤로되, 상형(象形)은 시초다.

③ ㄴ(那) ㅁ(彌) ㅅ(戌) ㅇ(欲)은 소리가 거세잖아 차례론 뒤건만 상형엔 먼저다.

④ ㄴ(那)·ㅁ(彌)·ㅅ(戌)·ㅇ(欲)은 소리가 거세지 않으므로, 글자 배열 순서로는 뒤에 있지만, 발음 기관 형상을 본뜬 것으로는 시초[制字之始]가 되네.

⑤ 'ㄴㅁㅅㅇ'은 소리가 세지 않아, 차례는 뒤이나 모양을 본뜸에는 처음 이로다.

⑥ 那와彌 戌와欲 소리가 안세어 次序론 뒤언만 象形엔 始初라

⑦ ㄴ(那)와 ㅁ(彌) ㅅ(戌), ㅇ(欲) 소리는 안 세어서 次序론 뒤언만 象形엔 始初이로다.

⑧ ≪ㄴ, ㅁ, ㅅ, ㅇ≫은 소리가 세지 않아 차례로는 뒤지만 모양에서는 시초

로다.

⑨ 'ㄴ'(那), 'ㅁ'(彌), 'ㅅ'(戌), 'ㅇ'(欲) 소리가 (가장) 거세지 않아서 제시
한 차례로는 뒤에 있으나 모양을 본뜨는 데는 시초로 삼네.

⓪ 〈正音解例 10b〉配諸四時與冲氣 五行五音無不恊

① 四時와 冲氣에 配合이 되어서 五行과 五音도 안맞는바 없으니

② 네 철과 충기(冲氣)에 배합이 되어서, 오행과 오음에 안 맞음이 없다.

③ 사철과 충기(冲氣)에 배합이 되어 오행과 오음에 안 어울림 없으니

④ 이 초성 오음(五音)을 사시(四時)와 충기(冲氣)에 맞추어 보면, 오행의
원리와 오음(五音)이 안 맞음이 없네.

⑤ 네 계절과 충기에 맞추어 보면, 오행과 오음에 들어맞지 않음이 없도다.

⑥ 四철과 冲氣에 配合이 되야서 五行과 五音에 안마즘 업스니

⑦ 四철과 ?氣에 配合되여 있어서 五行과 五音에 안 맞음이 없으니

⑧ 네철과 조화된 원기에 배합되여있어서 오행과 5음에 맞지 않는것이 없
으니

⑨ 사시(四時)와 충기(冲氣)에 맞추어 보면 오행(五行)과 오음(五音)에 맞지 않
음이 없네.

⓪ 維喉爲水冬與羽 牙迺春木其音角

① 喉란건 水되고 冬되고 羽되며 牙라면 春과水 그소린 角이며

② 후음(喉音)은 수(水)니 겨울이요 우(羽)며, 아음(牙音)은 목(木)이니 봄이
요 각(角)이며,

③ 먹&구멍 소리는 (오행으론) 물[水] 되고 (계절로는) 겨울이요 (음악으로
는) 우음(羽音)이며 엄소리는 봄과 나무(木) 그 음은 각음(角音)이며

④ 후음(喉音)은 오행의 水, 계절로는 겨울, (宮商角徵羽의 五聲으로는) 羽

에 해당되고, 아음(牙音)은 계절로는 봄, 오행으로는 목, 그 소리는 角에 해당되네.

⑤ 목구멍소리는 물과 겨울, 우음이 되며, 어금닛소리는 봄과 나무, 각음이며,

⑥ 喉音은 水되고 冬이요 羽이며 牙音은 春과木 그음이 角이며

⑦ 喉音은 水이고 冬이요 또 羽이며 牙音은 곧 春과 木 그 음은 角이고

⑧ 목구멍소리는 물이며 겨울이고 우이며 어금이소리는 곧 봄과 나무, 그 음은 각이고

⑨ 후음(喉音)은 오행(五行)으로는 수(水), 계절로는 겨울, 오성으로는 우(羽)에 해당하고 아음은 계절로는 봄, 오행으로는 목(木), 그 소리는 각(角)에 해당하네.

⓪ 徵(上)音夏火是舌聲 齒則商秋又是金

① 徵音은 夏와火 그게곧 혀쏘리 齒는곧 商과秋 그러고 金인것

② 설음(舌音)은 화(火)니 여름이요 치(徵)며, 치음(齒音)은 금(金)이니 가을이요 상(商)이며,

③ 치음(徵音)에 여름[夏]·불[火]인 것이 혓소리이며 잇소리는 상음(商音)에 가을이요 또한 금(金)

④ 치음(齒音)은 계절로는 여름, 오행으로는 火이니 설음(舌音)이 여기에 해당되고. 치음은 상성이며, 계절로는 가을이니 또한 오행의 금에 해당되네.치음은 여름과 불로 혓소리이며, 잇소리는 상음과 가을, 쇠로다.

⑤ 치음은 여름과 불로 혓소리이며, 잇소리는 상음과 가을, 쇠로다.

⑥ 徵音은 夏와火 舌音이 그게요 齒音은 商이요 金이요 다시秋

⑦ 徵音에 夏와 火이 곧 舌聲이로라 齒인즉 高이요 秋이며 또 金이여

⑧ 음으로는 치, 여름과 불이 곧 혀소리로다. 이소리는 음으로는 상이고

가을이며 쇠이고

⑨ 오성(五聲)으로 치(徵), 계절로 여름, 오행(五行)으로는 화(火)인 것이 설음(舌音)이며 치음(齒音)은 오성(五聲)으로는 상(商), 계절로는 가을, 오행(五行)으로는 금(金)이네.

❶ 脣於位數本無定 土而季夏爲宮音

① 脣만이 位와數 定한바 없으나 季夏요 土이요 또宮音 이로다.

② 순음(脣音)은 위수(位數)의 정함이 없으나, 토(土)니 계하(季夏)요 궁음(宮音)이다.

③ 입술소린 위(位)나 수(數)에 정함이 없어도 토(土)로서 늦여름[季夏]이라 궁음(宮音)이 된다.

④ 순음(脣音)은 자리[位]와 수(數)가 본래 정해짐이 없으니, 오행으로는 土, 계절로는 끝여름[季夏], 소리는 궁음(宮音)이 되네.

⑤ 입술소리는 방위와 수가 본시 정해짐이 없어도, 흙과 늦여름에 궁음이 되도다.

⑥ 位나數 脣音은 定함이 업서도 土로서 季夏라 宮音이 되도다.

⑦ 脣은 位나 數에 본대 定함 없이도 土와 季夏와 宮音으로 삼도다.

⑧ 입술소리는 자리나 수에 본래 정함이 없어도 흙과 늦은 여름과 궁을 음으로 삼도다.

⑨ 순음(脣音)은 위(位)와 수(數)가 본래 정해진 바가 없으니 오행(五行)으로 토(土), 계절로 늦여름, 소리는 궁(宮)에 해당하네.

❶ 〈正音解例 11a〉聲音又自有淸濁 要(去)於初發細推尋

① 聲音엔 제대로 淸濁이 있으니 첫소리 거기서 仔細히 찾으라

② 음성에는 제 각기 청탁(淸濁)이 있으니, 첫소리 날 때에 자세히 살피라.

③ 성음(聲音)엔 또한 제각기 청탁(淸濁)이 있으니 초발성(初發聲)에서 꼼꼼히 살피라.

④ 성음(聲音)에는 또 본디부터 맑음[淸]과 흐림[濁]이 있으니, 초성 발생을 자세히 탐색해야 하네.

⑤ 말소리에는 또 저절로 맑고 흐린 것이 있으니, 요컨대 첫소리 날 때 자세히 찾아 살필지어다.

⑥ 聲音엔 제各其 淸濁이 잇는바 初發聲 거기서 細密히 살피라.

⑦ 聲音엔 또 제여곰 淸濁이 있으니 初發에서 細密히 살피여 알지라

⑧ 말소리에는 또 제각기 맑고 흐림이 있으니 초성에서 자세히 살펴 알것이다.

⑨ 말소리에는 또 제각기 맑고 흐림이 있으니 요컨대 초성(初聲)이 날 때 자세히 살펴야 하네.

ㅇ **全淸聲是君斗彆 卽戌挹亦全淸聲**

① 全淸의 소리는 君과斗 또는彆, 卽戌挹 그또한 全淸의 소리요

② 전청(全淸) 소리는 ㄱ ㄷ ㅂ이며, ㅈ ㅅ ㆆ ㄴ 또한 전청 소리,

③ 전청(全淸)소리는 ㄱ(君)·ㄷ(斗)과 ㅂ(彆)이요 ㅈ(卽)·ㅅ(戌)·ㆆ(挹) 또한 전청의 소리

④ 전청(全淸) 소리는 ㄱ(君)·ㄷ(斗)·ㅂ(彆)이며, ㅈ(卽)·ㅅ(戌)·ㆆ(挹)도 또한 전청(全淸) 소리네.

⑤ 전청 소리는 'ㄱㄷㅂ'이요, 'ㅈㅅㆆ' 또한 전청 소리로다.

⑥ 全淸의 소리는 君과斗 또는彆 卽戌挹 그또한 全淸의 소리요

⑦ 전청(全淸)의 소리는 'ㄱ'(君)와 'ㄷ'(斗) 또 'ㅂ'(彆)이며 'ㅈ'(卽) 'ㅅ'(戌) 'ㆆ'(挹) 그 또한 전청 소리일다.

⑧ 전청의 소리는 ≪ㄱ,ㄷ,ㅂ≫이며 ≪ㅈ,ㅅ,ㆆ≫도 전청의 소리다.

⑨ 전청(全淸) 소리는 'ㄱ'(君)·'ㄷ'(斗)·'ㅂ'(彆)이며, 'ㅈ'(卽)·'ㅅ'(戌)·'ㆆ'(挹)도 또한 전청(全淸) 소리이네.

⓪ 若酒快吞漂侵虛 五音各一爲次淸

① 그러고 快吞漂 侵虛로 이르면 五音中 하나씩 次淸이 되는것

② ㅋ ㅌ ㅍ ㅊ ㅎ으로 말하면, 다섯이 다 각기 차청 소리다.

③ 만약 ㅋ(快)·ㅌ(吞)·ㅍ(漂)·ㅊ(侵)·ㅎ(虛)로 이르면 오음의 각 하나가 차청이 된 것이요

④ ㅋ(快)·ㅌ(吞)·ㅍ(漂)·ㅊ(侵)·ㅎ(虛) 같은 것들은, 다섯 음(音)이 모두 차청(次淸)이 되네.

⑤ 'ㅋㅌㅍㅊㅎ'과 같은 것은, 다섯 소리 각각이 차청이 되도다.

⑥ 萬若에 快吞漂 侵虛로 이르면 五音의 各하나 次淸이 된게요

⑦ 萬若 이에 ㅋ(快) ㅌ(吞) ㅍ(漂) ㅊ(侵) ㅎ(虛)로 이르면 五音의 각 하나 次淸이 된게요.

⑧ 만약 이것이 ≪ㅋ,ㅌ,ㅍ,ㅊ,ㅎ≫로 되면 5음의 각기 하나가 자청이 된 것이다.

⑨ 'ㅋ'(快)·'ㅌ'(吞)·'ㅍ'(漂)·'ㅊ'(侵)·'ㅎ'(虛)로 넘어가면 이 다섯 음은 각각이 차청(次淸)이 되네.

⓪ 全濁之聲虯覃步 又有慈邪亦有洪

① 全濁의 소리는 虯와및 覃와步 또다시 慈와邪 또다시 洪이니

② 전탁(全濁) 소리에는 ㄲ ㄸ ㅃ과 ㅉ ㅆ이 있고, 또 ㆅ이 있는데

③ 전탁(全濁)의 소리는 ㄲ(虯)와 ㄸ(覃)·ㅃ(步) 그리고 또 ㅉ(慈)·ㅆ(邪), 거기에 또한 ㆅ(洪)이다.

④ 전탁(全濁)의 소리는 ㄲ(虯)·ㄸ(覃)·ㅃ(步)과 ㅉ(慈)·ㅆ(戌)이 있고 또

한 ㆅ(洪)도 있네.

⑤ 전탁 소리는 'ㄲㄸㅃ'이요, 또 'ㅉㅆ'에 또한 'ㆅ'이 있도다.

⑥ 全濁의 소리론 虯와밋 覃과步 ㅼ다시 慈와邪 ㅼ다시 洪인데

⑦ 全濁의 소리는 ㄲ(虯)와 및 ㄸ(潭) ㅃ(步)이고 또한 ㅉ(慈)와 ㅆ(邪) 또 ㆅ(洪)도 있나니

⑧ 전탁의 소리는 ≪ㄲ,ㄸ,ㅃ≫이고 또한 이에는 ≪ㅉ,ㅆ,ㆅ≫도 있다.

⑨ 전탁(全濁) 소리는 'ㄲ'(虯)·'ㄸ'(覃)·'ㅃ'(步)이며 'ㅉ'(慈)·'ㅆ'(戌)가 있고 또한 'ㆅ'(洪)도 있네.

⓾ 〈正音解例 11b〉全淸並書爲全濁 唯洪自虛是不同

① 全淸의 並書가 全濁이 되는바 洪만은 虛를써 이것이 다르고

② 또 전청(全淸)을 병서(並書)하면 전탁(全濁)이 되건만, ㆅ만은 ㅎ에서 온 것이 다르다.

③ 전청(全淸)을 나란히 쓰면 전탁(全濁)이 되건만 다만 ㆅ(洪)은 ㅎ(虛)에 서 나와 그것이 다르고

④ 전청(全淸) 글자를 병서(並書)하면 전탁(全濁)이 되는데, 오직 ㆅ(洪)은 (全淸이 아니라 次淸인) ㅎ(虛)으로부터 오는 것이 (다른 全濁과) 같지 않네.

⑤ 전청을 나란히 쓰면 전탁이 되나, 다만 'ㆅ'은 'ㅎ'에서 ㄴ왔으니 이것 만 다르네.

⑥ 全淸의 並書가 全濁이 되건만 洪오즉 虛로써 그것이 다르고

⑦ 全淸에 並書하면 全濁이 되지마는 오직 ㆅ(洪) ㅎ(虛)에서 이만이 다르 도다

⑧ 전청을 나란히 쓰면 전탁이 되지만 오직 ≪ㆅ,ㅎ≫에서 이것만이 다르다.

⑨ 전청(全淸) 글자를 병서하면 전탁(全濁) 글자가 되는데, 오직 'ㆅ'(洪)가

'ㅎ'(虛)로부터 오는 것만이 다르네.

業那彌欲及閭穰 其聲不淸又不濁

① 業과那 彌와欲 그리고 閭와穰 그 소린 不淸에 또 不濁 이로다

② ㆁㄴㅁ과 ㅇㄹ△은 그 소리 불청(不淸)하고 불탁(不濁)하다.

③ ㆁ(業)·ㄴ(那)·ㅁ(彌)·ㅇ(欲)과 ㄹ(閭)·△(穰)은 그 소리가 불청(不淸)이고 또한 불탁(不濁)이다.

④ ㆁ(業)·ㄴ(那)·ㅁ(彌)·ㅇ(欲) 및 ㄹ(閭)·△(穰)은 그 소리가 맑지도 않고[不淸] 또 흐리지도 않네[不濁].

⑤ 'ㆁㄴㅁㅇ'과 'ㄹ△'은 그 소리가 맑지도 않고, 또 흐리지도 않다.

⑥ 業과那 彌와欲 그러고 閭와穰 그소린 不淸에 쏘不濁 이로다.

⑦ ㆁ(業)와 ㄴ(那) ㅁ(彌)와 ㅇ(浴) 그리고 ㄹ(閭)와 △(穰) 그 소리 不淸에 또한 不濁되도다.

⑧ ≪ㆁ,ㄴ,ㅁ,ㅇ,ㄹ,△≫의 소리는 그 소리 불청에 또한 불탁이 되도다.

⑨ 'ㆁ'(業)·'ㄴ'(那)·'ㅁ'(彌)·'ㅇ'(欲) 및 'ㄹ'(閭)·'△'(穰)는 그 소리가 불청불탁(不淸不濁)이라네.

欲之連書爲脣輕 喉聲多而脣乍合

① 欲字의 連書가 脣輕音 되는건 喉聲이 많고도 입살잠깐 合해서.

② ㅇ의 연서(連書)가 순경음(脣輕音)이 되는데, 후성(喉聲)이 많고, 입술을 잠깐 다문다.

③ ㅇ(欲) 자를 이어쓰면[連書] 입술 가벼운 소리[脣輕音] 되니 압술은 잠깐 합하고 목구멍소리가 많다.

④ ㅇ(欲)를 이어 쓰면 순경음(脣輕音)이 되니, (이 脣輕音은) 목구멍소리[喉聲]가 많고 입술을 잠깐 합하는 것이네.

⑤ 'ㅇ'을 이어 쓰면 입술가벼운소리가 되는데, 목구멍소리가 많고 입술은 잠깐 합친다.

⑥ 欲字의 連書로 脣輕音 된까닭 그얼핏 合脣해 喉聲이 만흔것.

⑦ ㅇ(浴)를 連書하여 脣輕이 되나니 목구멍 소리 많고 입술 잠깐 슴하다.

⑧ ≪ㅇ≫를 이어쓰면 입술가벼운소리가 된다. 목구멍소리가 많고 입술을 잠깐 합한다.

⑨ (순음 밑에) 'ㅇ'(欲)를 이어 쓰면 순경음(脣輕音) 글자가 되는데 목구멍 소리가 많이 섞이고 입술을 살짝만 다무는 것이네.

ⓞ 中聲十一亦取象 精義未可容易(去)觀

① 열한자 中聲도 象形은 매일반 깊은뜻 쉽사리 봐내지 못하리

② 열 한자 중성(中聲)도 형상을 본뜨니, 깊은 뜻을 쉽사리 보지를 못하리.

③ 중성(中聲) 열한 자도 또한 모양을 본뜨니 깊은 뜻은 쉽사리 볼 수 없으리.

④ 중성(中聲) 11자도 또한 상(象)을 취하였으니, 그 정묘(精妙)한 뜻은 쉽게 알아볼 수가 없네.

⑤ 가운뎃소리 열하나도 본뜸을 취하였으나, 깊은 뜻 쉬사리 알아볼 수 없으리.

⑥ 열한字 中聲도 象形을 取하니 기픈듯 쉽사리 보지를 못하리.

⑦ 中聲의 열 한 字도 模狀을 취하니 깊은 뜻 쉽사리 보지를 못하리라.

⑧ 중성 열한자로 모양을 취하였으니 깊은 뜻은 쉽게 보지 못할것이다.

⑨ 중성(中聲) 열한 자도 또한 모양을 본떴으니, 그 깊은 뜻은 쉽사리 살펴 볼 수 없으리.

⓿ 〈正音解例 12a〉呑擬於天聲最深 所以圓形如彈丸

① 呑은天, 소리도 그가장 깊으매 그래서 둥굴기 彈丸과 같으며

② ·는 하늘 모양, 소리는 가장 깊으니, 그래서 둥글기 탄환(彈丸)과 같으며,

③ ·(呑)는 하늘에 비긴 것이니 그 소리 가장 깊어 동근 모양이 탄환(彈丸) 같고

④ '·'(呑)는 하늘을 본떠서 소리가 가장 깊이니, 둥근 형상이므로 탄환(彈丸)과 같네.

⑤ ·는 하늘을 본떠서 소리가 가장 깊으니, 둥근 모양은 탄환과 같으며,

⑥ 呑은天 소리도 그가장 기퍼서 둥그란 形狀이 彈丸과 가트며

⑦ ·(呑)는 天에 擬해 그 소리 가장 깊고 圓으로 形狀하니 彈丸과 같도다

⑧ ≪·≫는 하늘에 비기였으며 그 소리 가장 깊고 둥근 점으로 본뜨니 탄환과 같도다.

⑨ '·'(呑)는 하늘을 본떠 소리가 가장 깊은데 그래서 둥근 모양은 탄환과 같네.

⓿ 卽聲不深又不淺 其形之平象乎地

① 卽소린 깊지도 얕지도 않은즉 그形狀 평평해 땅을 模象코.

② 一는 깊지도 얕지도 않으니, 모양이 평평함은 땅 형상 본뜨며,

③ 一(卽)소리는 깊지도 않고 얕지도 않아 그 모양 평평함은 땅을 본뜬 것이며

④ '一'(卽) 소리는 깊지도 않고 또 얕지도 않으니, 그 형상이 평평함은 땅을 본뜬 것이네.

⑤ '一' 소리는 깊지도 얕지도 않아, 그 모양이 평평함은 땅을 본뜬 것이요.

⑥ 卽聲은 깁지도 얏지도 안해서 평편한 그形狀 摸象은 쌍이며

⑦ 一(卽)는 소리 깊지도 얕지도 안해서 그 形이 평평함 땅을 模象하여라.

⑧ ≪一≫는 소리가 깊지도 얕지도 않으며 그 모양이 평평함은 땅을 본뜬 것이다.

⑨ '一'(卽) 소리는 깊지도 얕지도 않고 그 모양이 평평함은 땅의 모양을 본뜬 것이네.

⓿ **侵象人立厥聲淺 三才之道斯爲備**

① 사람선 侵의模象, 그소린 얕으니 三才의 道가 이로써 갖추도다.

② ㅣ는 사람 선 꼴이요 소리는 얕으니, 삼재(三才)의 이치가 이로써 갖췄다.

③ ㅣ(侵)는 사람의 선 모양을 본뜬 것으로 그 소리 얕으니 삼재(三才)의 도(道)는 이렇듯 갖츠게 되었네.

④ 'ㅣ'(侵)는 사람이 서 있는 모양을 본떠서 그 소리가 얕으니, 삼자(三才)의 이치가 여기(ㆍ ㅡ ㅣ)에 갖추어졌네.

⑤ 'ㅣ'는 사람이 서 있음을 본뜬 것으로 그 소리가 얕으니, 삼재의 본체가 이에 갖추어졌도다.

⑥ 사람선 摸象의 侵소린 야트니 三才의 道로서 가추게 되도다.

⑦ ㅣ(侵)는 사람 선 模象이며 그 소리 얕으니 三才의 道로서 이렇듯이 감추다.

⑧ ≪ㅣ≫는 사람이 선 모양이며 그 소리 얕다. 3재의 도로서 이렇듯이 갖추다.

⑨ 'ㅣ'(侵)는 사람이 서 있는 모양을 본떠서 그 소리가 얕으니, 삼재(三才)의 도(道)가 여기에 갖추어졌네.

⓿ **洪出於天尙爲闔 象取天圓合地平**

① 洪은 天에서 나오나 다시闔, 天圓과 地平이 합한걸 模象코

② ㅗ는 천에서 나와서 아직 합(闔)이요, 천원(天圓)과 지평(地平)을 합해서

본뜨고,

③ ㅗ(洪)자는 하늘(·)에서 나와 다시 합(闔)이니 하늘의 둥긂[天圓]과 땅의 평평[地平]함이 이울러 취하고

④ 'ㅗ'(洪)는 하늘(을 뜻하는 '··')에서 나왔지만 오히려('··'보다 입을 더) 오므리는[闔] 소리이니. 그 상(象)은 천원(天圓)과 지평(地平)이 합한 모양을 취하였네.

⑤ 'ㅗ'는 하늘에서 나와서 오히려 닫혀 있으니, 하늘의 둥긂과 땅의 평평함을 아울러 취함을 본떴네.

⑥ 洪字는 天에서 나와서 다시闔 天圓과 地平을 合해서 取하고

⑦ ㅗ(洪)는 天에서 나와 마치 闔이요 模象은 天圓과 地平 合해 取하다.

⑧ ≪ㅗ≫는 하늘에서 나와 닫힌음이요 모양은 하늘의 둥긂과 땅의 평평함을 합쳐 취하도다.

⑨ 'ㅗ'(洪)는 하늘에서 나왔으나 아직 닫혀 있으니, 하늘의 둥긂과 땅의 평평함이 합한 것을 취하여 본떴네('모양은 하늘의 둥긂이 땅의 평: 함과 합한 것을 본떴네').

⓿ 〈正音解例 12b〉覃亦出天爲已闢 發於事物就人成

① 覃또한 天에서 너오되 이미闢, 事物에 나타나선 사람이 이루는것

② ㅏ도 천(天)에서 났으나 이미 벽(闢)이니, 사물에 나타나 사람에게 이룸이다.

③ ㅏ(覃) 또한 하늘(·)에서 나오나 그것은 벽(闢) 사물에서 드러나 사람[人]으로 이룬다.

④ 'ㅏ'(覃)도 또한 하늘(을 뜻하는 '··')에서 나왔지만, 이미('··'보다 입을 더) 벌리는[闢] 소리이니, ('ㅏ'자 속에 사람을 뜻하는 'ㅣ'가 들어 있는 것은 천지의 작용이) 사물에 발(發)하되 사람에 의해서 이루어짐

을 뜻하네.

⑤ 'ㅏ' 또한 하늘에서 나와 이미 열려 있으니, 사물에서 피어나 사람이 이룬 것을 뜻하네.

⑥ 覃丶한 天에서 나오나 그건闢 事物에 들어나 人으로 이루며

⑦ ㅏ 또한 天에서 나오나 그건 ?이 事物에 發하여 人을 就해 이루다.

⑧ ≪ㅏ≫ 또한 하늘에서 나오나 그것은 열린음이요 사물에서 출발하여 사람을 취해 이루었다.

⑨ 'ㅏ'(覃)는 또한 하늘에서 나와 이미 열려 있으니 사물에서 나와서 사람을 통해서 이루어짐을 뜻하네.

⓪ 用初生義一其圓 出天爲陽在上外

① 初生의 뜻으로 圓오즉 하나요 天에서 나온陽, 우와밖에 있으며

② 초생(初生)의 뜻으로 원(圓)이 오직 하나요, 천(天)에서 나와 양(陽)이 되어 위와 밖에 놓였다.

③ 초생(初生)의 뜻에서 원(圓) 오직 하나로. 천(天)에서 나와서 양(陽)이라 위와 밖에 있다.

④ ('ㅗ'자와 'ㅏ'자는) 처음에 난[初生] 뜻을 써 둥근 점을 하나로 하고, 하늘(을 뜻하는 '丶')에서 나왔으니 양(陽)이 되므로 (둥근 점이 陽의 방향인) 위(上)와 밖(오른쪽)에 있네.

⑤ ('ㅗ'와 'ㅏ'자는) 처음 생겨난다는 뜻을 나타내어 둥근 점은 하나요, 하늘에서 나와 양이 되니 (둥근 점이) 위와 밖에 있네.

⑥ 初生의 뜻에서 圓오즉 하나로 天에서 나와서 陽이라 우와밖

⑦ 初生의 뜻에 써 圓 오죽 하나이요. 天에서 나와 陽이 위와 밖에 앉도다.

⑧ 처음 나온 뜻으로 둥근 점이 하나다. 하늘에서 나와 양이 우와 밖에 놓인다.

⑨ 처음 생겨난다는 뜻으로서 둥근 점이 하나이고 하늘에서 나와서 양이
되니, 점이 (양(陽)의 방향인) 위와 밖에 있네.

⓪ 欲穰兼人爲再出 二圓爲形見(去)其義

① 欲穰은 人兼해 再出이 되나니 圓둘의 그形狀 제뜻을 보이리

② ㅛ와 ㅑ는 사람을 겸해 재출(再出)이 되니, 두 원(圓)의 모양이 그 뜻을
보인다.

③ ㅛ(欲)·ㅑ(穰)는 인(人=ㅣ)을 겸해 재출(再出)이 되므로 원(圓) 둘의 형
상도 그 뜻을 보인 것.

④ 'ㅛ'(欲)와 'ㅑ'(穰)는 (그 발음에) 사람을 뜻하는 'ㅣ'를 겸하여 ('ㅗ,
ㅏ'에서) 다시 나왔으니, 두 개의 둥근 점으로 형상화하여 그 뜻을 나
타내었네.

⑤ 'ㅛ ㅑ'는 사람[ㅣ]을 겸해 두 번째 생겨난 것이 되니, 둥근 점 두 개가
형상이 되어 그 뜻을 보이네.

⑥ 欲穰은 人兼해 再出이 됨으로 圓둘의 形狀도 그뜻을 보인것

⑦ ㅛ(欲) ㅑ(穰)는 人을 兼해 再出이 되나니 ? 둘의 形狀은 그 뜻을 뵈인
것이

⑧ ≪ㅛ, ㅑ≫는 사람을 겸해 다시 나옴이 된다. 둥근점 둘의 모양은 그
뜻을 보인것이다.

⑨ 'ㅛ(欲) ㅑ(穰)'는 사람[ㅣ]을 겸해 거듭 생겨났으니 두 둥근 점으로 모
양을 만들어 그 뜻을 보였네.

⓪ 君業戌彆出於地 據例自知何須評

① 君과業 戌과彆 地에서 나온건 前例로 알괘라 무엇을 評하랴.

② ㅜ ㅓ와 ㅠ ㅕ가 땅에서 나옴도, 전례(前例)로 알 테니 무엇을 또 말하랴.

③ ㅜ(君)・ㅓ(業)・ㅠ(戌)・ㅕ(彆)가 땅(地=ㅡ모음)에서 나옴도 예로 미루어 알 것이니 또 무얼 말하랴.

④ 'ㅜ'(君)・'ㅓ'(業)・'ㅠ'(戌)・'ㅕ'(彆)・는 땅(을 뜻하는 'ㅡ')에서 나왔으니, ('ㅗ, ㅏ, ㅛ, ㅑ'의) 예에 의거해서 저절로 알 수 있는데, 어찌 더 말할 필요가 있으리오,

⑤ 'ㅜㅓㅠㅕ'가 땅에서 나옴은, (앞의) 예로 미루어 저절로 알거니와 어찌 꼭 풀이를 해야 하리.

⑥ 君業과 戌彆이 地에서 나옴도 例미뤄& 알거라 쏘무얼 말하리.

⑦ ㅜ(君) ㅓ(業)와 ㅠ(戌) ㅕ(彆)가 地에서 나오니 例 미뤄 제 알찌라 또 무얼 풀으리

⑧ ≪ㅜ,ㅓ,ㅠ,ㅕ≫가 땅에서 나오니 례로 미루어 스스로 알것이다. 또 무엇을 물으리

⑨ 'ㅜ'(君), 'ㅓ'(業), 'ㅠ'(戌), 'ㅕ'(彆)가 땅에서 나옴은, (앞의) 예로 미루어 저절로 알 수 있는데 어찌 꼭 풀이해야 하리오?

⓪ 〈正音解例 13a〉吞之爲字貫八聲 維天之用徧流行

① 吞字가 八聲을 깡그리 通함은 天의用 그두루 流通케 됨이요

② ・자가 팔성(八聲)에 다 통해 있음은 하늘의 작용이 만물에 두루 유통(流通)함이요,

③ ・(吞)란 글자로 여덟모음[八聲]을 꿴 것은 천(天)의 용(用)이 그 두루 유통케 됨이요

④ (하늘을 뜻하는) '・' 자가 (ㅗ, ㅑ, ㅜ, ㅓ, ㅛ, ㅑ, ㅠ, ㅕ의) 여덟 글자에 다 들어 있으니, 하늘의 작용이 두루 흘러간다는 뜻이네.

⑤ '・'자가 여덟 소리에 고루 들어간 것은 하늘의 작용이 두루 흘러가기 때문이로다.

⑥ 呑이란 그字로 八聲을 꿰것은 天의用 그두루 流通케 됨이요

⑦ ·(呑)의 글字 됨이 八聲을 꿴 것은 이 天의 用이라 두루 流通 됨이요

⑧ ≪·≫의 글자됨이 여덟 음을 관통한것은 이것이 하늘의 쓰임이니 두루 흘러 통한것이다.

⑨ '·'(呑)자가 여덟 소리에 고루 들어간 것은 하늘의 작용이 두루 흘러 가기 때문이네.

⓿ 四聲兼人亦有由 人參天地爲最靈

① 四聲이 人兼한데 또까닭 있으니 天地에 參與해 人가장 神靈코나.

② 사성(四聲)이 사람을 겸한 까닭도 있으니, 천지에 참여하여 사람 가장 신령하기

③ 사성(四聲)이 인(人=ㅣ모음)을 겸함도 또한 까닭이 있으니 천지에 참찬(參贊)하여 인(人)이 가장 신령스럽기 때문.

④ 네 글자(ㅛ, ㅑ, ㅠ, ㅕ)의 발음에 사람을 뜻하는 'ㅣ'음이 들어 있는 것도 또한 까닭이 있으니, 사람이 천지의 작용에 참여하여 가장 신령스럽기 때문이네.

⑤ 네 소리[ㅛㅑㅠㅕ]가 사람[ㅣ]을 겸함도 까닭이 있으니, 사람이 하늘과 땅에 참여하여 가장 신령하기 때문이네.

⑥ 四聲이 人兼한 까닭도 잇스니 天地에 參贊해 人가장 靈토다.

⑦ 四聲이 人을 兼함 또 까닭 있으니 天地에 參與해 人 가장 靈하매라.

⑧ 네 음이 사람을 겸한것은 또한 까닭이 있으니 하늘땅에 참여하여 사람이 가장 령리하기때문이다.

⑨ 네 소리가 사람[ㅣ]을 겸함도 까닭이 있으니 사람이 하늘과 땅에 참여하여 가장 신령하기 때문이네.

⓪ 且就三聲究至理 自有剛柔與陰陽

① 三聲에 나아가 至理를 살피면. 제대로 剛과柔 陰과陽 있는바

② 삼성(三聲)에 대하여 지리(至理)를 살피면, 저마다 강유(剛柔)와 음양이
절로 있다.

③ 삼성(三聲)에 나아가 지리(至理)를 살피면 스스로 강유(剛柔)와 암양(陰
陽)이 있으니

④ 그리고, 초성·중성·종성에 대하여 지극한 이치를 궁구(窮究)해 보면,
(그 초성·중성·종성의 원리에) 강유(剛柔)와 음양(陰陽)이 저절로 있네.

⑤ 또 세 소리[三聲]에 대하여 깊은 이치를 캐어 보면, 단단함과 부드러움
이 음과 양과 함께 저절로 있네.

⑥ 三聲에 나아가 至理를 살피면 스스로 剛과柔 陰과陽 잇는바

⑦ 三聲에 就하여 至理를 다하여라 제절로 剛과 柔 陰과 陽이 있으니

⑧ 세 음에 이르러서는 모든 리치를 다하였다. 스스로 강유와 음양이 있
으니

⑨ 또 초성(初聲)·중성(中聲)·종성(終聲)의 세 소리에 대하여 깊은 이치
를 캐어 보면, 그 안에 스스로 단단함과 부드러움, 그리고 음(陰)과 양
(陽)이 있네.

⓪ 中是天用陰陽分 初迺地功剛柔彰

① 가온댄 天의用 陰과陽 난휘고. 첫머린 地의功, 剛과柔 있도다

② 중성(中聲)은 천(天)의 용(用), 음과 양 갈리고, 초성(初聲)은 지(地)의 공
(功), 강(剛)과 유(柔) 들어나,

③ 중성(中聲)은 곧 천(天)의 용(用) 음양으로 나뉘고 초성(初聲)인즉 지(地)
의 공(功) 강유(剛柔)가 드러나

④ 중성은 하늘의 작용이니 음과 양으로 나뉘어지고, 초성은 땅의 공(功

132 『訓民正音』의 한 이해

効)이니 강(剛)과 유(柔)로 나타나네.

⑤ 가운뎃소리는 하늘의 작용으로 음양으로 나뉘고, 첫소리는 땅의 공로로, 단단함과 부드러움이 드러난다.

⑥ 中聲곳 天의用 陰陽이 난회고 初聲은 地와功 剛柔가 들어나

⑦ 中聲이야 天의 用 陰陽이 나뉘고 初聲은 地의 功 剛柔가 들어나니

⑧ 중성은 하늘의 쓰임과 음양이 나누이고 초성은 땅의 공과 강유가 드러나니

⑨ 중성(中聲)은 하늘의 작용이니 음양(陰陽)으로 나뉘고 초성(初聲)은 땅의 공(功)이니 강유(剛柔)가 드러나네.

⓪ 〈正音解例 13b〉中聲唱之初聲和(去) 天先乎地理自然

① 中聲이 불러서 初聲의 和答은 地보담 天앞서 自然한 理致요

② 중성 부르면, 초성이 어울림은 땅보다 하늘이 앞선 자연한 이치다.

③ 중성이 부르면 초성이 화답함은 지(地)보다 천(天)이 잎선 자연의 이치라.

④ (하늘에 해당되는) 중성이 부르면(唱) (땅에 해당되는) 초성이 화답하는 것은, 하늘이 땅보다 먼저이니 이치가 스스로 그러하네.

⑤ 가운뎃소리가 부르면, 첫소리가 화답하니, 하늘이 땅에 앞섬은 자연의 이치요.

⑥ 中聲이 부르면 初聲이 和答함 地보담 天압선 自然의 理致라

⑦ 中聲이 부르면 初聲이 和答하고 天이 地에 앞섬 自然의 理致러라

⑧ 중성이 부르면 초성이 화답하고 하늘이 땅에 앞섬은 자연의 리치다.

⑨ 중성(中聲)이 부르면, 초성(初聲)이 화답하는데 하늘이 땅보다 앞섬은 이치가 그러하네.

⓪ 和(去)者爲初亦爲終 物生復歸皆於坤

① 和答하는 그것이 初되고 終됨은 坤에서 물건이 나오고 되가는것.

② 어울린 그것이 처음 되고 내중 되니, 물건이 낳았다 돌아감이 다 땅에 있다.

③ 화답한 그것이 처음[初] 되고 또 나중[終] 되니 물건이 생겨나 다시 되 돌아가느니 모두 땅.

④ 화답하는 것은 초성도 되고 또 종성도 되니, 만물이 모두 땅에서 나서 땅으로 돌아가는 것일세.

⑤ 화답하는 것이 첫소리도 되고 끝소리도 되니, 만물이 (땅에서) 생겨나 서 다시 모두 땅으로 돌아가기 때문이다.

⑥ 和答한 그것이 初되고 終되니 물건이 생기니 되가나 모다짱

⑦ 和한 者 初聲이요 또 終聲되나니 物이 생겨 다시금 땅에로 가나니

⑧ 합쳐지는것은 초성이고 또 종성이 되니 사물이 생겨 다시금 땅에 가니

⑨ 화답하는 것이 초성(初聲)도 되고 종성(終聲)도 되니 만물이 생겨나서 되돌아가는 곳이 모두 땅이기 때문이네.

⓪ 陰變爲陽陽變陰 一動一靜互爲根

① 陰變해 陽되고 陽變해 陰되니 一動과 一靜에 서로써 根本이라

② 음이 변해 양이 되고, 양이 변해 음이 되어, 一動과 一靜이 서로서로 근 본 되어,

③ 음(陰)은 변해 양(陽) 되고 양은 변해 음이 되어 동(動)과 정(靜)은 서로 서로 근본이 되어

④ 음이 변하여 양이 되고 양이 변하여 음이 되는 것이니, 한 번 동(動)하 고 한 번 靜(정)함이 서로 그 근본이 되네.

⑤ 음이 변해 양이 되고 양이 변해 음이 되니, 움직임과 멈춤이 서로 뿌리

[근본]가 되도다.

⑥ 陰變해 陽되고 陽變해 陰되야 動과靜 서로써 根本이 되도라.

⑦ 陰 變해 陽되고 陽 變해 陰되어 動과 靜 소로 써 근본이 되도다.

⑧ 음이 변해 양이 되고 양이 변해 음이 되여 동과 정이 서로 근본이 된다.

⑨ 음(陰)이 변하여 양(陽)이 되고 양(陽)이 변하여 음(陰)이 되니, 한 번 움직이는 것과 한 번 멈추는 것이 서로 근본이 되네.

⓿ 初聲復(去)有發生義 爲陽之動主於天

① 初聲엔 또다시 發生의 뜻있어 陽의動 되므로 天에다 바뜰고.

② 초성은 또 다시 발생(發生)의 뜻이 있어서 양의 동(動) 되는 건 하늘의 일이요.

③ 초성은 또다시 발생(發生)의 뜻이 있어 양(陽)의 동(動) 되므로 천(天)에 받들고

④ (초성과 종성의 관계에서)초성은 또 발생한다는 뜻이 있으니, 양(陽)의 동(動)이 되어 하늘에서 주관하는 것이며.

⑤ 첫소리는 다시 발생의 뜻이 있는바, 양의 움직임이 되니 하늘에서 주관하고.

⑥ 初聲은 쏘다시 發生의 쏫잇서 陽과動 됨으로 天에다 밧들고

⑦ 初聲은 또다시 發生의 뜻이 있어 陽의 動 되어 天에다 받들고

⑧ 초성은 다시 발생의 뜻이 있어 양이 동 되여 하늘에다 받들고

⑨ 초성(初聲)은 다시 발생(發生)의 뜻이 있어 양(陽)의 움직임이 되는 것은 하늘에서 주관하는 일이네.

⓿ 〈正音解例 14a〉終聲比地陰之靜 字音於此止定焉

① 終聲은 陰의靜 地로다 비기어 字音이 여기서 끝이어 定하되.

② 종성은 땅 같아 음의 정(靜) 되나, 자음이 여기서 그치어 정하나,

③ 종성은 지(地)에 비겨 음(陰)의 정(靜)이니 자음(字音)이 여기서 그치어 정(定)하나

④ 종성은 땅에 비유되어 음(陰)의 정(靜)이니 글자 음(音)이 이 종성에서 그쳐 머무는 것이네.

⑤ 끝소리는 땅에 비유되어 음(陰)의 멈춤이 되니, 글자의 소리가 여기서 그쳐 정해지네.

⑥ 終聲은 地로써 비기어 陰과靜 字音이 여긔서 쓰치어 定하나

⑦ 終聲은 地로 써 비기여 陰의 靜 字音이 예서 비록 止定은 하지만

⑧ 종성은 땅으로 비기여 음의 정 글자의 음이 예서 비록 끝나지만

⑨ 종성(終聲)은 땅에 견주어 음의 멈춤이 되니, 글자의 소리가 여기서 그쳐 정해지는 것이네.

◑ 韻成要在中聲用　人能輔相(去)天地宜

① 韻이루는 要點은 中聲에 있으니 人能히 天地를 輔相함이로다.

② 자운(字韻)의 요점(要點)은 중성에 있으니, 사람이 천지를 능히 보상도 함이라,

③ 운(韻)을 이루는 요점은 중성에 있으니 사람[人]이 능히 천지(天地)를 보상(輔相) 함이라.

④ 운(韻)을 이루는 요체는(초·중·종성을 삼재에 관련시킬 경우 사람에 해당되는) 중성의 작용에 있으니, 이것은 사람이 능히 천지의 마땅함(宜)을 보필하여 돕는 것일세.

⑤ 운이 이루어지는 요체가 가운뎃소리의 작용에 있나니, 사람이 하늘과 땅의 마땅함을 도울 수 있기 때문이라.

⑥ 韻이룰 要點은 中聲에 잇스니 人能히 天地를 輔相도 함이라.

⑦ 韻 이룰 要素일랑 中聲에 있으니 人이 잘 輔相해 天地 平安하니라!

⑧ 운을 이루는 요소는 중성에 있으니 사람이 잘 도와 천지 편 안하니라

⑨ 자운(字韻)의 요점은 중성의 작용에 있으니 사람이 능히 보필하고 도와
천지(天地)가 편안한 것과 같네.

⓪ 陽之爲用通於陰 至而伸則反而歸

① 陽의 用됨이 陰에도 通하야. 이르러 편즉슨 도리켜 돌아가니

② 陽의 작용이 陰에도 통하여, 이르러 펴지면, 돌이켜 되돌아오니,

③ 양(陽)이란 용(用) 됨이 음(陰)에도 통하여 이르러 편즉 돌이켜 되돌아
가리.

④ 양(陽)이 작용함이 음(陰)에 통하니, (陽이 극한에 이르면 陰이 나타나
듯) 지극한 데 이르러 펴면 돌이켜 되돌아오네.

⑤ 양의 작용은 음에도 통하여, 이르러서 펴면 도로 되돌아가니,

⑥ 陽이란 用됨이 陰에도 通하야 이르러 편즉슨 도리켜 되가리

⑦ 陽의 用 됨이 陰에도 通하거니 이르리 편즉슨 도리켜 되가리라

⑧ 양의 쓰임이 됨이 음에도 통하거니 이르러 펴면 돌이켜 되가리라.

⑨ 양(陽)의 작용은 음(陰)에도 통하여, (양이 극한에 이르면 음이 나타나
듯) 지극한 데에 이르러 펴면 도로 되돌아오네.

⓪ 初終雖云分兩儀 終用初聲義可知

① 初終이 그비록 兩儀로 난휘나. 終聲에初聲쓰는 그뜻을알지로다

② 초성과 종성이 양의(兩儀)로 나누지만, 종성에 초성 쓴 뜻을 알리라.

③ 초성, 종성이 둘로 나뉜다 해도 종성에 초성 쓰는 뜻을 알리라.

④ 초성과 종성이 비록 음(종성)과 양(초성)으로 나뉘어지나, 종성(陰)에 초
성(陽)을 쓰는(음양 순환의) 뜻을 알 수 있네.

⑤ 첫소리와 끝소리가 비록 음과 양으로 나뉜다고 하지마는, 끝소리에 첫
소리를 쓴 뜻을 알리로다.

⑥ 初終이 兩儀로 난흰다 일러도 終聲에 初聲쓴 그뜻을 알리라.

⑦ 初聲이 兩儀에 나뉜다 할찌라도 終聲에 또 初聲 쓴 뜻 可히 알리라

⑧ 초성이 음과 양에 나뉜다 할지라도 종성에 또 초성 쓴 뜻을 가히 알것
이다.

⑨ 초성(初聲)과 종성(終聲)이 비록 음(陰)과 양(陽)으로 나뉘어진다 하나
종성(終聲)에 초성(初聲)을 씀은 그 뜻을 알 만하네.

❿ 〈正音解例 14b〉正音之字只卄八 探(平)賾錯綜窮深幾(平)

① 正音字 그단지 스물과 여덜이나 얼킨걸 찾으며 깊은걸 뚫어서

② 「정음」의 글자가 스물 여덟뿐이나, 엉킨 것을 찾으며, 깊은 것을 뚫었
으니,

③ 정음 글자 다만 스물여덟이나 얽힌 걸 찾으며 깊은 것을 뚫은 것

④ 훈민정음 글자가 다만 스물 여덟 자이지만, (우주 만물의) 깊은 이치를
탐색하고 착종(錯綜)하여 심중(深重)한 뜻을 다 담았네.

⑤ 정음의 글자는 다만 스물 여덟이지만, 얽힌 것을 찾아 밝혀내고 깊고
미묘한 것을 궁구(窮究)한 것이로다.

⑥ 正音이 그단지 二十八 字로되 얼킨걸 차즈며 기픈걸 뚤은것

⑦ 正音의 字 다만 二十八 뿐이로되 얼킨 걸 헤처찾고 깊은 걸 뚫어서

⑧ 정음의 글자 28자뿐이지만 엉킨것은 헤쳐 찾고 깊은것은 뚫어서

⑨ 정음(正音)의 글자는 다만 스물여덟이지만, 복잡한 이치를 탐색하고 깊
은 이치를 궁구하였네.

⓪ 指遠言近牖民易(去) 天授何曾智巧爲

① 뜻은멀고 알긴쉬워 啓蒙에 容易하니 하늘이 주신바라 智巧로 될거랴.

② 뜻은 머나, 말이 가까워 계몽(啓蒙)에 쉬우니. 하늘이 줌이라, 슬기로만 어찌 되리.

③ 뜻은 멀되 손쉬워 알기 쉬우니 하늘이 주심이니 어찌 지교(智巧)로 된 것이랴.

④ 뜻은 심원해도 말은 가까워 백성을 인도하기 쉬우니 (이 훈민정음은) 하늘이 주신 것이라. 어찌 사람의 지혜와 기교로 만든 것이라오.

⑤ 뜻은 깊되 말은 가까워 백성을 계도(啓導)하기 쉬우니, 하늘이 주신 것이지 어찌 슬기와 기교로 만들었으리오.

⑥ 뜻머되 簡易해 알리기 쉬우니 하늘이 주도다 智巧로 될거랴.

⑦ 뜻멀고 말 가차와 백성 뜻 열기 쉽다 하늘이 주시도다 어이 智巧일랴

⑧ 뜻이 멀고 말이 가까와 백성의 뜻을 열기 쉽다. 하늘이 주도다 어이 사람의 지혜와 재주이랴.

⑨ 뜻은 심원하지만 말은 비근하여 백성을 깨우치기는 쉬우니, 하늘이 주신 것이라, 어찌 지혜와 기교로 만든 것이리요?

初聲解

⓪ 初聲解

正音初聲, 卽韻書之字母也.

① 初聲解

正音의 初聲은 곧 韻書의 字母니

② 초성해(初聲解)

「훈민정음」의 초성은 곧 운서(韻書)의 자모(字母)다.

③ 초성해(初聲解)

정음(正音)의 초성은 곧 운서(韻書)의 자모(字母)니,

④ 初聲解

훈민정음의 초성(初聲)은 곧 중국운서(韻書)의 자모(字母)에 해당된다.

⑤ 첫소리 풀이[초성해]

정음의 첫소리는 곧 운서의 자모이다.

⑥ 初聲解

正音의 初聲은 곳 韻書의 字母라

⑦ 初聲解

正音의 初聲은 곧 韻書의 字母일다.

聲音이 이로부터 생기니 故로 가론 母라.

⑧ 초성해

정음의 초성은 곧 운서의 자모이다.

⑨ 초성해

훈민정음(訓民正音)의 초성(初聲)은 곧 운서(韻書)의 자모(字母)다.

⓪ 聲音由此而生, 故曰母.

① 聲音이 이로부터 생기므로 母라고 이르니라.

② 음성(音聲)이 이로부터 생기므로, 말하기를 모(母)라고 한 것이다.

③ 성음(聲音)이 이로부터 생겨나므로 이르기를 모(母)라 한 것이다.

④ 성음(聲音)이 초성으로부터 생겨났으므로 모(母)라고도 하는 것이다.

⑤ 말소리가 이로부터 생겨나므로 모(母)라고 일컫는다.

⑥ 聲音이 이로부터 생김으로 가로되 母라고 한 것이니

⑦ 聲音이 이로부터 생기니 故로 가론 母라.

⑧ 말소리가 이로부터 생기는 까닭에 ≪모≫라고 한다.

⑨ 말소리가 이로부터 생겨나므로 이르기를 모(母)라고 한다.

❶ 如牙音君字初聲是ㄱ, ㄱ與ㅜ而爲군.

① 牙音의 君字 初聲이 곧 ㄱ이니 ㄱ이 ㅜ과 더부러 군이 되며

② 아음(牙音) 군(君)자의 초성은 ㄱ인, ㄱ과 ㅜ이 합하여 군이 되고,

③ 엄소리 군(君)자의 초성은 곧 ㄱ인데 ㄱ이 ㅜ과 어울려 군이 되고,

④ 아음(牙音) 군(君)자의 초성은 'ㄱ'인데, 'ㄱ'이 'ㅜ'과 합하여 '군'이 되고,

⑤ 어금닛소리 '군'자의 첫소리는 'ㄱ'이니, 'ㄱ'이 'ㅜ'과 더불어 '군'이
되고

⑥ 牙音 君字의 初聲은 곳 ㄱ인데 ㄱ가 ㅜ과 더러부[원문대로] 슴하야 군
이 되고

⑦ 牙音 君(군)字의 初聲이 곧 ㄱ이니 ㄱ가 ㅜ과 더불어 슴하여 군이 되고,

⑧ 어금이소리 ≪군≫자의 초성이 ≪ㄱ≫이므로 ≪ㄱ≫가 ≪ㅜ≫과 합
하여 ≪군≫이 된다.

⑨ 예컨대, 아음(牙音)인 '君'자의 초성은 곧 'ㄱ'이니 'ㄱ'가 'ㅜ'과 어울
려 '군'이 된다.

⓪ 快字初聲〈正音解例 15a〉是ㅋ, ㅋ與ㅙ而爲쾌.

① 快字의 初聲은 ㅋ이니 ㅋ이 ㅙ로 더부러 쾌가 되며

② 쾌(快)자의 초성은 ㅋ이니, ㅋ과 ㅙ가 합하여 쾌가 되고,

③ 쾌(快)자의 초성은 ㅋ이니 ㅋ이 ㅙ와 어울려 쾌가 된 것이고

④ 쾌(快)자의 초성은 'ㅋ'인데, 'ㅋ'이 'ㅙ'와 합하여 '쾌'가 되며,

⑤ '쾌'자의 첫소리는 'ㅋ'이니, 'ㅋ'이 'ㅙ'와 더불어 '·쾌'가 되고,

⑥ 快字의 初聲은 ㅋ인데 ㅋ가 ㅙ와 더부러 合하야 쾌가 되고

⑦ 快(쾌)字의 初聲이 ㅋ이니 ㅋ가 ㅙ와 더불어 合하여 쾌가 되고,

⑧ 《쾌》자의 초성이 《ㅋ》이므로 《ㅋ》가 《ㅙ》와 합하여 《쾌》가 되고

⑨ '快'자의 초성(初聲)은 'ㅋ'이니 'ㅋ'가 'ㅙ'와 어울려 '쾌'가 된다.

⓪ 虯字初聲是ㄲ, ㄲ與ㅠ而爲뀨.

① 虯[원문대로]字의 初聲은 ㄲ니 ㄲ가 ㅠ로 더부러 뀨가 되며

② 뀨(虯)자 초성은 ㄲ이니, ㄲ과 ㅠ가 합하여 뀨가 되고,

③ 뀨(虯)자의 초성은 ㄲ인데 ㄲ이 ㅠ와 합하여 뀨가 되고

④ 뀨(虯)자의 초성은 'ㄲ'인데, 'ㄲ'이 'ㅠ'와 합하여 '뀨'가 되고,

⑤ '뀨'자의 첫소리는 'ㄲ'이니, 'ㄲ'이 'ㅠ'와 더불어 '뀨'가 되고

⑥ 虯字의 初聲은 ㄲ인데 ㅠ와 더부러 合하야 뀨가 되고

⑦ 虯(뀨)字의 初聲이 ㄲ이니 ㅠ와 더불어 合하여 뀨가 되고

⑧ 《뀨》자의 초성이 《ㄲ》이므로 《ㄲ》가 《ㅠ》와 합하여 《뀨》가 되고

⑨ '虯'자의 초성(初聲)은 'ㄲ'이니 'ㄲ'가 'ㅠ'와 어울려 '뀨'가 된다.

ⓞ 業字初聲是 ㆁ, ㆁ與 ㅓ而爲업之類.

① 業字의 初聲은 ㆁ이니 ㆁ이 ㅓ[원문대로]으로 더부러 업이 되는 類와 같은데

② 업(業)자의 초성은 ㆁ이니, ㆁ과 ㅓ이 합하여 업이 되는 유(類)와 같은 것이다.

③ 업(業)자의 초성은 ㆁ인데 ㆁ이 ㅓ과 어울려 업이 되는 따위와 같으며,

④ 업(業)자의 초성은 'ㆁ'인데, 'ㆁ'이 'ㅓ'과 합하여 '업'이 되는 따위와 같다.

⑤ '업'자의 첫소리는 'ㆁ'이니, 'ㆁ'이 'ㅓ'가 더불어 '업'이 되는 등과 같다.

⑥ 業字의 初聲은 ㆁ인데 ㅓ과 더부러 合하야 업이 되는 類와 가트며

⑦ 業(업)의 初聲이 ㆁ이니 ㅓ과 더불어 合하여 업이 되는 類와 같도다.

⑧ 《업》자의 초성이 《ㆁ》이므로 《ㆁ》가 《ㅓ》과 합하여 《업》이 되는것과 같다.

⑨ '業'자의 초성(初聲)은 'ㆁ'이니 'ㆁ'가 'ㅓ'과 어울려 '업'이 되는 따위이다.

ⓞ 舌之斗呑覃那, 脣之彆漂步彌, 齒之卽侵慈戌邪, 喉之挹虛洪欲, 半舌半齒之閭穰, 皆倣此.

① 舌의 斗呑覃那, 脣의 彆漂步彌, 齒의 卽侵慈戌邪, 喉의 挹虛洪欲, 半舌과 半齒의 閭와 穰은 모두 이와 倣似하니라.

② 설음(舌音)의 ㄷ ㅌ ㄸ ㄴ과 순음(脣音)의 ㅂ ㅍ ㅃ ㅁ과 치음(齒音)의 ㅈ ㅊ ㅉ ㅅ ㅆ과 후음(喉音)의 ㆆ ㅎ ㆅ ㅇ과 반설음(半舌音) 반치음(半齒音)의 ㄹ ㅿ이 다 이와 같다.

③ 혓소리[舌音]의 둫(斗)·튼(呑)·땀(覃)·낭(那), 입술소리[脣音]의 볋(彆)·푭(漂)·뽕(步)·밍(彌), 잇소리[齒音]의 즉(卽)·침(侵)·쭝(慈)·슗(戌)·썅(邪), 목구멍소리[喉音]의 흡(挹)·헝(虛)·뽕(洪)·욕(欲), 반

혓소리, 반잇소리의 령(閭)·샹(穰)도 모두 이와 같다.

④ 설음의 'ㄷ(斗)·ㅌ(呑)·ㄸ(覃)·ㄴ(那)'과 순음의 'ㅂ(彆)·ㅍ(漂)·ㅃ
(步)·ㅁ(彌)'과 치음의 'ㅈ(卽)·ㅊ(侵)·ㅉ(慈)·ㅅ(戌)·ㅆ(邪)'과 후
음의 'ㆆ(挹)·ㅎ(虛)·ㆅ(洪)·ㅇ(欲)'과 반설음 'ㄹ(閭)'·반치음 'ㅿ
(穰)'도 모두 이와 같은 원리이다.

⑤ 혓소리의 'ㄷㅌㄸㄴ', 입술소리의 'ㅂㅍㅃㅁ', '잇소리의 'ㅈㅊㅉㅅ
ㅆ', 목구멍소리의 'ㆆㅎㆅㅇ', 반혓소리의 'ㄹ', 반잇소리의 'ㅿ'도 모
두 이와 같다.

⑥ 舌音의 斗呑覃那나 脣音의 彆漂步彌나 齒音의 卽慈侵戌邪[원문대로], 喉
音의 挹虛洪欲이나 半舌半齒의 閭와 穰도 모다 이와 가트니라.

⑦ 舌音의 斗(두) 튼(呑)[원문대로] 覃(땀) 那(나)와 脣音의 彆(별) 標[원문대
로](표) 步(뽀) 彌(미)와 齒音의 卽(즉) 慈(쯔) 侵(침)[원문대로] 戌(슗) 邪
(쌰)와 喉音의 挹(흡) 虛(허) 洪(홍) 欲(욕)과 半舌 半齒 의 閭(려)와 穰(샹)
도 모두 이와 같다.

⑧ 혀소리의 ≪두≫, ≪튼≫, ≪땀≫, ≪나≫와 입술소리의 ≪별≫, ≪표≫,
≪뽀≫, ≪미≫와 이소리의 ≪즉≫, ≪침≫, ≪쯔≫, ≪슗≫, ≪쌰≫
와 목구멍소리의 ≪흡≫, ≪허≫, ≪홍≫, ≪욕≫과 반이소리의 ≪려≫,
≪샹≫도 모두 이와 같다.

⑨ 설음(舌音)의 'ㄷ(斗)·ㅌ(呑)·ㄸ(覃)·ㄴ(那)', 순음(脣音)의 'ㅂ(彆)·
ㅍ(漂)·ㅃ(步)·ㅁ(彌)', 齒音의 'ㅈ(卽)·ㅊ(侵)·ㅉ(慈)·ㅅ(戌)·ㅆ
(邪)', 후음(喉音)의 'ㆆ(挹)·ㅎ(虛)·ㆅ(洪)·ㅇ(欲)', 반설음(半舌音)의
'ㄹ(閭)'와 반치음(半齒音)의 'ㅿ(穰)'도 모두 이와 같다.

⓪ 訣曰
① 訣에 가로되

② 노래하여 말하면:

③ 결(訣)에 이르기를,

④ 결(訣)에 이르되:

⑤ 요점을 간추려 노래한다.

⑥ 訣에 가로되

⑦ 訣에 가로되:

⑧ 요약하여 말하면 ;

⑨ 결(訣)에 이르기를,

⓿ 君快虯業其聲牙 舌聲斗呑及覃那

① 君과 快 虯[원문대로]와 業 그 소린 牙이요 舌聲은 斗와 呑 그리고 覃
과 邪[원문대로]

② ㄱ ㅋ ㄲ ㅇ은 아음(牙音)이요, ㄷ ㅌ ㄸ ㄴ은 설음(舌音)이요,

③ ㄱ(君)·ㅋ(快)·ㄲ(虯)·ㅇ(業) 그 소리는 어금니소리 혓소리는 ㄷ(斗)·
ㅌ(呑)에 ㄸ(覃)·ㄴ(那)이고

④ 'ㄱ(君)·ㅋ(快)·ㄲ(虯)·ㅇ(業)'은 그 소리가 아음(牙音)이고, 설음(舌
音)은 'ㄷ(斗)·ㅌ(呑)에 ㄸ(覃)·ㄴ(那)'이네.

⑤ 'ㄱㅋㄲㅇ' 소리는 어금닛소리요, 혓소리는 'ㄷㅌ'과 'ㄸㄴ'이로다

⑥ 君과 快 虯[원문대로]와 業 그 소린 어금니 혀쏘리 斗와 呑 그리고 覃
과 那

⑦ ㄱ(君)와 ㅋ(快) ㄲ(虯)와 ㅇ(業) 그 소린 어금 이요 혀 소리는 ㄷ(斗)와
ㅌ(呑) 그리고 ㄸ(覃)와 ㄴ(那)

⑧ ≪ㄱ, ㅋ, ㄲ, ㅇ≫는 그 소리가 어금이에서 나며 혀소리는 ≪ㄷ, ㅌ,
ㄸ, ㄴ≫이다.

⑨ 'ㄱ(君)·ㅋ(快)·ㄲ(虯)·ㅇ(業)' 그 소리가 아음(牙音)이고, 설음(舌音)

은 'ㄷ(斗)・ㅌ(呑)'와 'ㄸ(覃)・ㄴ(那)'이네.

⓪ 〈正音解例 15b〉 彆漂步彌則是脣 齒有卽侵慈戌邪

① 彆과 漂 步와 彌 그 모두 脣이요 齒에는 卽侵慈 戌邪가 있는것

② ㅂ ㅍ ㅃ ㅁ은 순음(脣音)이요, ㅈ ㅊ ㅉ ㅅ ㅆ은 치음(齒音)이요,

③ ㅂ(彆)・ㅍ(漂)・ㅃ(步)・ㅁ(彌)는 곧 입술소리며 잇소리엔 ㅈ(卽)・ㅉ
(慈)・ㅊ(侵)[원문대로]・ㅅ(戌)・ㅆ(邪)가

④ 'ㅂ(彆)・ㅍ(漂)・ㅃ(步)・ㅁ(彌)'은 곧 순음(脣音)이고, 치음(齒音)에는
'ㅈ(卽)・ㅊ(侵)・ㅉ(慈)・ㅅ(戌)・ㅆ(邪)'이 있네.

⑤ 'ㅂㅍㅃㅁ'은 곧 입술소리요, 잇소리에는 'ㅈㅊㅉㅅㅆ'이 있도다.

⑥ 彆漂와 步彌는 곳 입살 소리며 齒音에 卽慈侵 戌邪가 잇스며

⑦ ㅂ(彆)과 ㅍ(漂)와 ㅃ(步)와 ㅁ(彌)는 곧 입술 소릴다. 齒音에는 ㅈ(卽)
ㅉ(慈) ㅊ(侵) ㅅ(戌) ㅆ(邪)가 있으며

⑧ ≪ㅂ, ㅃ, ㅍ, ㅁ≫는 곧 입술소리이며 이소리에는 ≪ㅈ, ㅉ, ㅊ, ㅅ,
ㅆ≫가 있다.

⑨ 'ㅂ(彆)・ㅍ(漂)・ㅃ(步)・ㅁ(彌)'는 곧 순음(脣音)이며, 치음(齒音)에는
'ㅈ(卽)・ㅊ(侵)・ㅉ(慈)・ㅅ(戌)・ㅆ(邪)'가 있네.

⓪ 挹虛洪欲迺喉聲 閭爲半舌穰半齒

① 挹과 虛 洪과 欲 그는 곧 喉聲이요 閭는 半舌이요 穰은 半齒라.

② ㆆ ㅎ ㆅ ㅇ은 후음(喉音)이며, ㄹ은 반설음(半舌音), ㅿ은 반치음(半齒
音)이다.

③ ㆆ(挹)・ㅎ(虛)・ㆅ(洪)・ㅇ(欲)은 곧 목구멍소리들 ㄹ(閭)는 반혓소리
ㅿ(穰)는 반잇소리

④ 'ㆆ(挹)・ㅎ(虛)・ㆅ(洪)・ㅇ(欲)'은 후음(喉音)이고, 'ㄹ(閭)'은 반설음

(半舌音)이고 '△(穰)'은 반치음(半齒音)이니,

⑤ 'ㆆㅎㆅㅇ'은 목구멍소리요, 'ㄹ'은 반혓소리, '△'은 반잇소리로다.

⑥ 挹과 虛 쏘 洪欲 목구녁 소린데 閭란건 半舌에 穰이란 半齒라

⑦ ㆆ(挹)와 ㅎ(虛) 또 ㆅ(洪)와 ㅇ(欲)는 목구멍 소리 ㄹ(閭)는 半舌되고 △ (穰)는 半齒이니

⑧ ≪ㆆ, ㅎ, ㆅ, ㅇ≫는 목구멍소리이며 ≪ㄹ≫는 반혀소리가 되고 ≪△≫ 는 반이소리이다.

⑨ 'ㆆ(挹)·ㅎ(虛)·ㆅ(洪)·ㅇ(欲)'는 곧 후음(喉音)이며, 'ㄹ(閭)'는 반설 음(半舌音)이고 '△(穰)'는 반치음(半齒音)이로다.

⓪ 二十三字是爲母 萬聲生生皆自此

① 스물세 글짜가 字母를 이루나 萬聲의 生生이 모두다 여기서

② 스물 석자 이것이 자모가 되어서, 온갖 소리가 다 여기서 난다.

③ 스물석자가 자모(字母)가 되어 온갖 소리가 다 여기서 나네.

④ 스물 세 글자, 이것이(韻書의) 자모(字母)가 되어 모든 소리가 다 이(23 자의) 초성으로부터 나오네.

⑤ 스물 세 글자가 첫소리가 되니, 만 가지의 소리가 다 이로부터 나도다.

⑥ 스물세 글짜로 字母가 되어서 萬가지 소리가 다 예서 나도다

⑦ 스물 세 글자로 字母가 되어서 萬가지 소리가 모두 예서 나도다.

⑧ 스물세글자로써 자모를 이루니 만가지소리가 모두 여기서 난다.

⑨ 스물세 자가 자모(字母)가 되어 온갖 소리가 나고 남이 다 여기에서 시 작되네.

中聲解

⓪ 中聲解

中聲者, 居字韻之中, 合初終而成 〈正音解例 16a〉 音.

① 中聲解

中聲이란 것은 字韻의 맨 가운데 있어서 初聲과 合하여 音을 이루는 것
이니라.

② 중성해(中聲解)

중성이란 것은 자운(字韻)의 한 가운데 있어서, 초성 종성과 합하여 음
(音)을 이루는 것이다.

③ 중성해(中聲解)

중성이란 것은 자운(字韻)의 한가운데에 있어서 초성과 종성과 합하여
음을 이룬다.

④ 中聲解

중성(中聲)이란 것은 자운(字韻)의 가운데에 있어서, 초성·종성과 합하
여 하나의 음절(音節)을 이루는 것이다.

⑤ 가운뎃소리 풀이[중성해]

가운뎃소리는 자운의 한가운데 있어서 첫소리와 끝소리를 합하여 음절
을 이룬다.

⑥ 中聲解

中聲이란 것은 字韻의 한가은대 잇서서 初聲 終聲과 合하야 音을 이루
는 것이니

⑦ 中聲解

中聲은 字韻의 가운데 있어서 初聲 終聲과 合하여 音을 이룸일다.

⑧ 중성해

중성은 자운의 가운데 있으므로 거기에 초성과 종성이 합쳐져서 음을

이룬다.

⑨ 중성해

중성(中聲)은 자운(字韻)의 한가운데에 있어서 초성(初聲)과 중성(中聲)을 아울러서 음(音)을 이룬다.

⓪ 如吞字中聲是·, ·居ㅌㄴ之間而爲튼.

① 吞字의 中聲은 곧 ·인데 ·가 ㅌㄴ의 사이에 있어서 튼이 되고

② 가령, 튼(吞)자의 중성은 ·인데, ·가 ㅌ과 ㄴ 사이에 있어 튼이 되고,

③ 예를 들면 튼(吞)자의 중성은 ·인데 ·가 ㅌ과 ㄴ사이에 있어서 튼이 되고

④ '튼(吞)'자의 중성은 '·'인데, '·'가 'ㅌ'과 'ㄴ'의 사이에 있어서 '튼'이 되고,

⑤ '튼'자의 가운뎃소리는 '·'이니 '·'가 'ㅌ'과 'ㄴ'의 사이에 놓여서 '튼'이 되고,

⑥ 吞字의 중성은 ·인데 ·가 ㅌㄴ의 사이에 잇서 튼이 되고

⑦ 吞(튼)字의 중성이 ·이니 ·가 ㅌㄴ의 사이에 있어 튼이 되고,

⑧ ≪튼≫자의 중성이 ≪·≫이므로 ≪·≫가 ≪ㅌ≫와 ≪ㄴ≫의 사이에 들어가서 ≪튼≫이 되고

⑨ 예를 들면, '吞'자의 중성은 '·'인데 '·'가 'ㅌ'와 'ㄴ' 사이에 있어서 '튼'이 된다.

⓪ 卽字中聲是ㅡ, ㅡ居ㅈㄱ之間而爲즉.

① 卽 字의 中聲은 곧 ㅡ인데 ㅡ가 ㅈㄱ의 사이에 있어서 즉이 되고

② 즉(卽)자의 중성은 ㅡ인데, ㅡ가 ㅈ과 ㄱ의 사이에 있어 즉이 되고,

③ 즉(卽)자의 중성은 곧 ㅡ인데 ㅡ는 ㅈ과 ㄱ 사이에 있어서 즉이 되고,

④ '즉(卽)'의 중성은 'ㅡ'인데 'ㅡ'가 'ㅈ'과 'ㄱ'의 사이에 있어서 '즉'이 되며,

⑤ '즉'자의 가운뎃소리는 'ㅡ'이니, 'ㅡ'가 'ㅈ'과 'ㄱ'의 사이에 놓여서 '즉'이 되고,

⑥ 卽字의 中聲은 ㅡ인데 ㅡ가 ㅈㄱ의 사이에 잇서 즉이 되고

⑦ 卽(즉)字의 中聲이 ㅡ이니 ㅡ가 ㅈㄱ의 사이에 있어 즉의[원문대로] 되고,

⑧ 《즉》자의 중성이 《ㅡ》이므로 《ㅡ》가 《ㅈ》와 《ㄱ》의 사이에 들어가서 《즉》이 되며

⑨ '卽'자의 중성(中聲)은 곧 'ㅡ'인데 'ㅡ'가 'ㅈ'와 'ㄱ' 사이에 있어서 '즉'이 된다.

⓿ **侵字中聲是ㅣ, ㅣ居ㅊㅁ之間而爲침之類.**

① 侵字의 中聲은 곧 ㅣ인데 ㅊㅁ의 사이에 있어서 침이 되는 類와 같으니

② 침(侵)자의 중성은 ㅣ인데, ㅣ가 ㅊ과 ㅁ의 사이에 있어 침이 되는 유(類)와 같다.

③ 침(侵)자의 중성은 곧 ㅣ인데 ㅣ가 ㅊ과 ㅁ 사이에 있어서 침이 되는 따위와 같다.

④ '침(侵)'자의 중성은 'ㅣ'인데, 'ㅣ'가 'ㅊ'과 'ㅁ'의 사이에 있어서 '침'이 되는 따위와 같다.

⑤ '침'자의 가운뎃소리는 'ㅣ'이니, 'ㅣ'가 'ㅊ'과 'ㅁ'의 사이에 놓여서 '침'이 되는 따위와 같다.

⑥ 侵字의 中聲은 ㅣ인데 ㅊㅁ의 사이에 잇서 침이 되는 類와 가트며

⑦ 侵字의 中聲이 ㅣ이니 ㅊㅁ의 사이에 있어 침이 되는 類와 같도다.

⑧ 《침》자의 중성이 《ㅣ》이므로 《ㅣ》가 《ㅊ》와 《ㅁ》의 사이에 들어가서 《침》이 되는것과 같다.

⑨ '侵'자의 중성(中聲)은 곧 'ㅣ'인데 'ㅣ'가 'ㅊ'와 'ㅁ' 사이에 있어서 '침'의 되는 것이다.

⓪ 洪覃君業欲穰戌彆, 皆倣此.

① 洪覃君業欲穰戌彆도 모두 이와 倣似하니라.

② ㅗㅏㅜㅓㅛㅑㅠㅕ도 다 이와 같다.

③ 薈(洪)· 땀(覃)· 군(君)· 업(業)· 욕(欲)· 샹(穰)· 슗(戌)· 볋(彆)도 모두 이와 같다.

④ '洪·覃·君·業·欲·穰·戌·彆'의 중성인 'ㅗ, ㅏ, ㅜ, ㅓ, ㅛ, ㅑ, ㅠ, ㅕ'도 모두 이와 같은 원리이다.

⑤ 'ㅗㅏㅜㅓㅛㅑㅠㅕ'도 모두 이와 같다.

⑥ 洪覃君業欲穰戌彆도 모도 이와 가트니라.

⑦ 洪(薈) 覃(땀) 君(군) 業(업) 欲(욕) 穰(샹) 戌(슗) 彆(볋)도 모두 이와 같다.

⑧ ≪薈≫, ≪땀≫, ≪군≫, ≪업≫, ≪욕≫, ≪샹≫, ≪슗≫, ≪볋≫도 모두 이와 같다.

⑨ 'ㅗ(洪)· ㅏ(覃)· ㅜ(君)· ㅓ(業)· ㅛ(欲)· ㅑ(穰)· ㅠ(戌)· ㅕ(彆)'도 모두 이런 식으로 한다.

⓪ 二字合用者, ㅗ與ㅏ同出於 ·, 故合而爲ㅘ.

① 두 字를 合用하는 것은 ㅗ가 ㅏ로더부러 같이[12]에서 나온 까닭에 슴해서 ㅘ가 되고

② 두 글자를 합용(合用)하는 데는 ; ㅗ와 ㅏ가 함께 ·에서 나왔으므로 합하여 ㅘ가 되고,

---

12) 方鍾鉉(1947: 31)에서는 비어 있으나 'ㆍ'가 쓰였을 것으로 기대된다.

③ 두 자를 합용(合用)함에는 ㅗ와 ㅏ가 다 같이 ・에서 나왔으므로 합하여 ㅘ가 되고

④ 두 글자를 합하여 쓰는 데는, 'ㅗ'와 'ㅏ'는 똑같이 (하늘을 뜻하는) '・'에서 나왔으므로 두 글자를 합하여 'ㅘ'가 되고,

⑤ 두 글자를 합하여 씀에 있어서는 'ㅗ'와 'ㅏ'는 같이 '・'에서 나왔으므로 합하여 'ㅘ'가 되고,

⑥ 두 字를 合用하는 데는 ㅗ와 ㅏ가 함께 ・에서 나왓스매 合하야 ㅘ가 되고

⑦ 두 字를 合用함은 ㅗ와 ㅏ가 함께 ・에서 나왔으매 合하여 ㅘ가 되고,

⑧ 두 자를 합쳐 쓰는것은 ≪ㅗ≫와 ≪ㅏ≫가 ≪・≫에서 나왔으므로 합하여 ≪ㅘ≫가 되고

⑨ 두 글자를 합용(合用)함은 'ㅗ'와 'ㅏ'가 똑같이 '・'에서 나왔으므로 합하여 'ㅘ'가 된다.

⓪ ㅛ與ㅑ又同出於ㅣ, 故合而爲ㆇ.

① ㅛ가 ㅑ로 더부러 같이 ㅣ에서 나온 까닭에 合해서 ㆇ가 되며

② ㅛ와 ㅑ가 또 함께 ㅣ에서 나왔으므로 합하여 ㆇ가 되고,

③ ㅛ와 ㅑ가 또한 같이 ㅣ에서 나왔으므로 합하여 ㆇ가 되고

④ 'ㅛ'와 'ㅑ'는 똑같이 'ㅣ'에서 시작되어 나오므로 두 글자를 합하여 'ㆇ'가 되며,

⑤ 'ㅛ'와 'ㅑ'도 같이 'ㅣ'에서 나왔으므로 합하여 'ㆇ'가 되고,

⑥ ㅛ와 ㅑ가 쏘 한께 ㅣ에서 나왓스매 合하야 ㆇ가 되고

⑦ ㅛ와 ㅑ가 또 함께 ㅣ에서 나왔으며 合하여 ㆇ가 되고,

⑧ ≪ㅛ≫와 ≪ㅑ≫가 또한 ≪ㅣ≫에서 나왔으므로 합하여 ≪ㆇ≫가 되고

⑨ 'ㅛ'와 'ㅑ'가 똑같이 'ㅣ'에서 나왔으므로 합하여 'ㆇ'가 된다.

⓪ ㅜ與ㅓ同出於ㅡ, 故合而爲ㅝ.

① ㅜ가 ㅓ로 더부러 같이 ㅡ에서 나온 까닭에 合해서 ㅝ가 되고

② ㅜ와 ㅓ가 함께 ㅡ에서 나왔으므로 합하여 ㅚ[원문대로]가 되고,

③ ㅜ와 ㅓ가 다 같이 ㅡ에서 나왔으므로 합하여 ㅝ가 되고

④ 'ㅜ'와 'ㅓ'는 똑같이 (땅을 뜻하는) 'ㅡ'에서 나왔으므로 두 글자를 합
하여 'ㅝ'가 되고,

⑤ 'ㅜ'와 'ㅓ'는 같이 'ㅡ'에서 나왔으므로 합하여 'ㅝ'가 되고,

⑥ ㅜ와 ㅓ가 한께 ㅡ에서 나왓스매 合하야 ㅝ가 되고

⑦ ㅜ와 ㅓ가 함께 ㅗ에서 나왔으매 ㅝ가 되고,

⑧ ≪ㅜ≫와 ≪ㅓ≫가 ≪ㅡ≫에서 나왔으므로 합하여 ≪ㅝ≫가 되고

⑨ 'ㅜ'와 'ㅓ'가 똑같이 'ㅡ'에서 나왔으므로 합하여 'ㅝ'가 된다.

⓪ ㅠ與〈正音解例 16b〉ㅕ又同出於ㅣ, 故合而爲ㆌ.

① ㅠ가 ㅕ로 더부러 같이 ㅣ에서 나온 까닭에 合해서 ㆌ가

② ㅠ와 ㅕ가 또 함께 ㅣ에서 나왔으므로 합하여 ㆌ가 된다.

③ ㅠ와 ㅕ가 또한 같이 ㅣ에서 나왔으므로 합하여 ㆌ가 되는 것이니

④ 'ㅠ'와 'ㅕ'는 똑같이 'ㅣ'에서 시작되어 나오므로 두 글자를 합하여
'ㆌ'가 되는 것은,

⑤ 'ㅠ'와 'ㅕ'도 'ㅣ'에서 나왔으므로 합하여 'ㆌ'가 되는 것이니,

⑥ ㅠ와 ㅕ가 쏘 한께 ㅣ에서 나왓스매 合하야 ㆌ가 되는 것이니

⑦ ㅠ와 ㅕ가 또 함께 ㅣ에서 나왔으매 合하여 ㆌ가 되나,

⑧ ≪ㅠ≫와 ≪ㅕ≫가 또한 ≪ㅣ≫에서 나왔으므로 합하여 ≪ㆌ≫가 되
는것과 같다.

⑨ 'ㅠ'와 'ㅕ'가 똑같이 'ㅣ'에서 나왔으므로 합하여 'ㆌ'가 되는 것이다.

Ⓞ 以其同出而爲類, 故相合而不悖也.

① 같이 나온것끼리 類가 됨으로서 서로 슴해서 어그러지지 안나니라

② 이들은 한 가지에서 나와서 무리가 되기 때문에 서로 합하여 어그러지지 않는다.

③ 함께 나와서 유(類)가 되므로 서로 합해서 어그러지지 않는다.

④ 그것들이 같은 데서 생겨나서 같은 무리가 되므로 서로 합해도 이치에 어긋나지 않기 때문이다.

⑤ 같은 데서 나와서 한 무리가 됨으로 서로 합하여 어그러지지 않는다.

⑥ 한께 나와서 類가 됨으로 서로 슴해서 어그러지지 안나니라.

⑦ 그 함께 나와서 類가 되므로 서로 슴해서 어그러지지 않도다.

⑧ 그것이 함께 나와서 같은따위가 되므로 서로 합하여도 어그러지지 않는다.

⑨ 함께 나와서 같은 유(類)가 되므로 서로 합하여도 어그러지지 않는다.

Ⓞ 一字中聲之與ㅣ相合者十, ㆎ ㅢ ㅚ ㅐ ㅟ ㅔ ㆉ ㅒ ㆌ ㅖ 是也.

① 한字 中聲이 ㅣ로 더부러 서로 슴한 者가 열이니 곧 ㆎ ㅢ ㅚ ㅐ ㅟ ㅔ ㆉ ㅒ ㆌ ㅖ요

② 한 글자로 된 중성으로서 ㅣ와 합한 것이 열이니, ㆎ ㅢ ㅚ ㅐ ㅟ ㅔ ㆉ ㅒ ㆌ ㅖ가 이것이요 ;

③ 한 자의 중성으로서 ㅣ와 서로 합한 것은 열이니 ㆎ ㅢ ㅚ ㅐ ㅟ ㅔ ㆉ ㅒ ㆌ ㅖ가 그것이요,

④ 한 글자로 된 중성이 'ㅣ'와 서로 합해진 것이 열 글자인데, 'ㆎ, ㅢ, ㅚ, ㅐ, ㅟ, ㅔ, ㆉ, ㅒ, ㆌ, ㅖ'가 이것이고,

⑤ 한 글자로 된 가운뎃소리로 'ㅣ'와 서로 합한 것은 열이니, 'ㆎ ㅢ ㅚ ㅐ ㅟ ㅔ ㆉ ㅒ ㆌ ㅖ'가 그것이다.

⑥ 한 字의 중성으로서 ㅣ와 더부러 서로 合한것은 열이니 ·ㅣㅢㅚㅐㅟㅔㅢㅑㅠㅖ가 그것이요

⑦ 한 字의 中聲으로서 ㅣ와 더불어 서로 合한 것은 열이니 ·ㅣㅢㅚㅐㅟㅔㅢㅑㅠㅖ가 그요,

⑧ 한 글자의 중성이 ≪ㅣ≫와 서로 합한것은 ≪·ㅣ, ㅢ, ㅚ, ㅐ, ㅟ, ㅔ, ㅢ, ㅒ, ㅠ, ㅖ≫가 바로 그것이며,

⑨ 한 글자로 된 중성(中聲)으로서 'ㅣ'와 서로 합한 것은 열이니 '·ㅣㅢㅚ ㅐㅟㅔㅢㅒㅠㅖ'가 그것이다.

⓪ 二字中聲之與ㅣ相合者四, ㅙㅞㅙㅞ是也.

① 두字 中聲의 ㅣ로 더부러 서로 合한 者가 넷이니 곧 ㅙㅞㅙㅞ니

② 두 글자로 된 중성으로서 ㅣ와 合한 것이 넷이니, ㅙㅞㅙㅞ가 이것이다.

③ 두 자의 중성으로서 ㅣ와 서로 合한 것은 넷이니 ㅙㅞㅙㅞ가 그것이다.

④ 두 글자로 된 중성[二字中聲]이 'ㅣ'와 서로 합해진 것이 넷인데, 'ㅙ, ㅞ, ㅙ, ㅞ'가 이것이다.

⑤ 두 글자로 된 가운뎃소리로 'ㅣ'와 서로 합한 것은 넷이니, 'ㅙㅞㅙㅞ'가 그것이다.

⑥ 두 字의 中聲으로서 ㅣ와 더부러 서로 合한 것은 넷이니 ㅙㅞㅙㅞ가 그것이다.

⑦ 두 字의 中聲으로서 ㅣ와 더불어 서로 合한 것은 넷이니 ㅙㅞㅙㅞ가 그일다.

⑧ 두 글자의 중성이 ≪ㅣ≫와 서로 합한것은 4개인데 ≪ㅙ, ㅞ, ㅙ, ㅞ≫가 바로 그것이다.

⑨ 두 글자로 된 중성(中聲)으로서 'ㅣ'와 서로 합한 것은 넷이니 'ㅙ, ㅞ, ㅙ, ㅞ'가 그것이다.

ⓞ ㅣ於深淺闔闢之聲，並能相隨者，以其舌展聲淺而便於開口也.

① ㅣ가 깊고 얕고 闔되고 闢되는 소리에 아울러 能히 서로 따르는것은 혀가 펴지고 소리가 얕아서 開口키에 便한 까닭이니

② ㅣ가 심천(深淺) 합벽(闔闢)의 소리에 다 잘 어울릴 수 있는 것은 혀가 펴지고 소리가 얕아서 입을 여는데 편하기 때문이다.

③ ㅣ가 심천합벽(深淺闔闢)의 소리(모음)에 어울려서 능히 서로 따르는 것은, 혀가 펴지고 소리가 얕아서 입을 열기에 편하기 때문이다.

④ 'ㅣ'가 'ㆍ'(深), 'ㅡ'(淺), 'ㅗㅛㅜㅠ'(闔), 'ㅏㅑㅓㅕ'(闢)에 함께 서로 붙어 다닐 수 있는 것은, 'ㅣ'의 발음이 혀를 편 채 소리가 얕아서 입을 여는 데 편하기 때문이다.

⑤ 'ㅣ'가 깊고 얕은 소리와, 닫히고 열리는 소리에 아울러서 능히 서로 따르는 것은, ('ㅣ'소리를 낼 때) 혀가 펴지고 소리가 얕아서 입을 여는 데 편하기 때문이니,

⑥ ㅣ가 深淺闔闢의 소리에 어울려서 能히 서로 따르는 바는 혀가 펴지고 소리가 야터서 입을 여는데 便하기 째문이어니와

⑦ ㅣ가 深淺闔闢의 소리에 어울려서 能히 서로 따름은 혀가 펴지고 소리가 얕아서 입을 엶에 便함으로 씨이니

⑧ ≪ㅣ≫가 깊은소리, 얕은소리, 입을 여는 소리, 입을 닫는 소리와 어울려 서로 잘 따르는것은 혀가 펴지고 소리가 얕아서 입을 여는데 편하기때문이다.

⑨ 'ㅣ'가 깊고 얕고 합(闔)되고 벽(闢)되는 소리에 아울러 능히 서로 따를 수 있는 것은, 혀가 펴지고 소리가 얕아서 입을 열기에 편하기 때문이다.

ⓞ 亦可見人之參贊開物而無所不通〈正音解例 17a〉也.

① 또한 可히 사람이 물건을 열매 參贊하여 通치 않는배 없는것을 볼수

있는것이니라.

② 또한, 가히 사람이 만물을 여는데, 참찬(參贊)하여 통ㅎ지 않는 바가 없음을 볼 수 있는 것이다.

③ 또한 가히 사람[人]이 개물(開物)에 참여하여 통하지 않는 바가 없음을 볼 수 있다.

④ (사람을 뜻하는 ' ㅣ '의 이런 작용에서) 또한, 사람이 천지의 개물(開物)에 참여하고 도와서 두루 미치지 않는 것이 없는 이치를 볼 수 있다.

⑤ 또한 사람이 만물을 여는 데 참여하고 도와서 통하지 않는 바가 없음을 볼 수 있다.

⑥ 쏘한 可히 人의 開物을 參贊하야 通치 안는 바이 업슴을 볼지니라.

⑦ 또한 可히 人의 開物을 參贊하여 通치 않는 바이 없음을 볼찐저.

⑧ 이것 역시 사람이 사물을 열고 모든 일에 참가하여 도움을 줌으로써 통하지 않는바가 없음을 보는것이다.

⑨ 또한 가히 사람이 개물(開物)에 참여하여 통하지 않는 바가 없음을 알 수 있다.

⓪ 訣曰

① 訣에 가로되

② 노래하여 말하면:

③ 결(訣)에 이르되

④ 결(訣)에 이르되

⑤ 요점을 간추려 노래한다.

⑥ 訣에 가로되

⑦ 訣에 가로되 ;

⑧ 요약하여 말하면 ;

⑨ 결(訣)에 이르기를,

⓪ 母字之音各有中 須就中聲尋闢闔
① 每字의 소리엔 각기 中聲 있는바 모름이 中聲에서 闢과 闢[원문대로] 찾으라
② 음마다 제각기 중성이 있으니, 반드시 중성의 합벽(闔闢)을 찾아라.
③ 모(母)가 되는 글자의 음(音)마다 제각기 중성이 있으니 모름지기 거기서 합벽(闔闢)을 찾으라.
④ 자모(字母)가 되는 글자의 음(音)은 각각 중성(中聲)이 있으니 모름지기 그 중성에 따라 입을 벌리고[闢] 오므림[闔]을 찾아야 하네,
⑤ 음절에는 각기 가운뎃소리가 있는바, 모름지기 가운뎃소리에 나아가서 열리고 닫힘을 찾아라.
⑥ 音마다 제各其 中聲이 잇스니 모로미 거기서 闔과 闢 차즈라
⑦ 母字의 音 각기 中聲이 있나니 모름지기 거기서 闔과 闢 찾으라.
⑧ 글자의 음은 각기 중성이 있으므로 반드시 거기서 입을 여는 음과 입을 닫는 음을 찾으라.
⑨ 자모(字母)의 음마다 제각기 중성(中聲)이 있으니 모름지기 중성(中聲)에서 열리고 닫힘을 찾아야 하네.

⓪ 洪覃自吞可合用 君業出卽亦可合
① 洪과 覃 吞으로 붙어 合用코 卽에서 나온 君業 또 可히 合할것
② ㅗ와 ㅏ는 ·에서 났으니 합용하고, ㅜㅓ는 ㅡ에서 났으니 가히 합한다.
③ ㅗ(洪)와 ㅏ(覃)는 ·(吞)로부터 합용(合用)하며 ㅡ(卽)에서 나온 ㅜ(君) ㅓ(業) 또한 가히 합하리.
④ 'ㅗ'(洪)와 'ㅏ'(覃)는 (하늘을 뜻하는) '·'(吞)에서 나왔으니 합해 쓸

수 있고, 'ㅜ'(君)와 'ㅓ'(業)는 (땅을 뜻하는) 'ㅡ'(卽)에서 나왔으니 또한 합해 쓸 수 있네.

⑤ 'ㅗ'와 'ㅏ'는 'ㆍ'에서 나왔으니 합해 쓸 수 있고, 'ㅜ'와 'ㅓ'는 'ㅡ'에서 나왔으니 역시 합하여 쓸 수 있으며,

⑥ 洪과 覃 呑으로 부터라 合用코 卽에서 난 君業 쏘 可히 合하리.

⑦ ㅗ(洪)와 ㅏ(覃) ㆍ(呑)부터라 可히 合用돼 ㅜ(君) ㅓ(業)는 ㅡ(卽)에서 나 또 可히 合하리

⑧ ≪ㅗ≫와 ≪ㅏ≫는 ≪ㆍ≫에서 나왔으므로 합칠수 있다. ≪ㅜ≫와 ≪ㅓ≫도 ≪ㅡ≫에서 나왔으므로 역시 합칠수 있다.

⑨ 'ㅗ(洪)'와 'ㅏ(覃)'는 'ㆍ(呑)'로부터 나왔으니 합용(合用)할 수 있고 'ㅜ(君)'와 'ㅓ(業)'는 'ㅡ(卽)'로부터 나왔으니 또한 가히 합할 수 있네.

⓿ 欲之與穰戌與彆 各有所從義可推

① 欲과및 穰이나 戌과및 彆[원문대로]이나 쫓는바 있거니 그뜻을 미뤄알라.

② ㅛ는 ㅑ와 ㅠ는 ㅕ와 더불어 제 각기 좇는 바를 미루어 알리라.

③ ㅛ(欲)와 ㅑ(穰)나 ㅠ(戌)와 ㅕ(彆)나 제각기 좇는 바를 미루어 뜻을 알라.

④ 'ㅛ'(欲)는 'ㅑ'(穰)와 더불어, 'ㅠ'(戌)는 'ㅕ'(彆)와 더불어 각각 따르는 바가 있으니 그 뜻을 추측할 수 있네.

⑤ 'ㅛ'와 'ㅑ', 'ㅠ'와 'ㅕ'는 각각 따르는 바가 있으니 미루어 그 뜻을 알 수 있도다.

⑥ 欲과밋 穰이나 戌과밋 彆이나 제각기 쫏는바 미뤄서 쯧알라.

⑦ ㅛ(欲)와 및 ㅑ(穰)이나 ㅠ(戌)와 및 ㅕ(彆)이나 제각기 좇는 바 미뤄서 뜻을 알라

⑧ ≪ㅛ≫나 ≪ㅑ, ㅕ≫나 ≪ㅠ≫도 제각기 그것이 나온 글자를 따라 그 뜻을 알라.

⑨ 'ㅛ(欲)'와 'ㅑ(穰)'나 'ㅠ(戌)'와 'ㅕ(彆)'나 제각기 따르는 바가 있으니 미루어 뜻을 알 수 있네.

Ⓞ 侵之爲用最居多 〈正音解例 17b〉於十四聲徧相隨

① 侵의 用됨이 그 가장 많으니 열네 소리에 두루서로 따르도다.

② ㅣ자의 쓰임이 가장 많아서 열 넷의 소리에 두루 따른다.

③ ㅣ(侵)자의 용(用) 됨이 그 가장 많아서 열넷의 소리에 두루 따르네.

④ 'ㅣ'자의 작용이 가장 많아서 열 네 글자에 두루 서로 붙어 다니네.

⑤ 'ㅣ'자의 쓰임이 가장 많으니, 열네 소리에 두루 서로 따른다.

⑥ 侵字의 用됨이 그 가장 만허서 열넷의 소리에 그 두루 짤토다.

⑦ ㅣ(侵)의 쓰임이 그 가장 많아서 열 넷의 소리에 두루 서로 따르도다.

⑧ ≪ㅣ≫의 쓰임이 가장 많아서 14개의 소리에 모두 들어있다.

⑨ 'ㅣ(侵)'의 쓰임이 가장 많아서 열넷의 소리(모음)에 두루 따르네.

終聲解

⓪ 終聲者, 承初中而成字韻.

① 終聲이란것은 初中을 이어서 字韻을 이루나니라.

② 종성이란 것은 초성과 중성을 받아서 자운(字韻)을 이루는 것이다.

③ 종성이란 것은 초성과 중성을 이어받아 자운(字韻)을 이룬다.

④ 종성(終聲)이라는 것은 초성(初聲)과 중성(中聲)을 이어받아서 자운(字韻)을 이루는 것이다.

⑤ 끝소리는 첫소리와 가운뎃소리를 이어서 음절을 이룬다.

⑥ 終聲이란 것은 初聲과 中聲을 바더서 字韻을 이루나니

⑦ 종성은 초성과 중성을 받아 자운을 이룬다.

⑧ 終聲은 初聲과 中聲을 받아서 字韻을 이루다.

⑨ 종성(終聲)은 초성(初聲)과 중성(中聲)을 이어받아서 자운(字韻)을 이룬다.

⓪ 如卽字終聲是ㄱ, ㄱ居즈終而爲즉.

① 卽字의 종성은 곧 ㄱ이니 ㄱ은 즈의 끝에 있어서 즉이 되고

② 가령, 즉(卽)자 종성(받침)은 ㄱ인데, ㄱ은 즈의 끝에 있어서 즉이 되고;

③ 예를 들면 즉(卽)자의 종성은 ㄱ인데 ㄱ은 즈의 끝에 있어서 즉이 되고

④ '즉'(卽)자의 종성은 'ㄱ'인데, 'ㄱ'이 '즈'의 끝에 놓여 있어서 '즉'이 되고,

⑤ '즉'자의 끝소리는 'ㄱ'이니, 'ㄱ'이 '즈'의 끝에 놓여서 '즉'이 되고,

⑥ 卽字의 終聲은 ㄱ인데 즈의 쓰테 잇서서 즉이 되고

⑦ 《즉》자의 종성이 곧 《ㄱ》이니 《즈》의 끝에 있어서 《즉》이 되고

⑧ 卽(즉)字의 終聲이 곧 ㄱ이니 즈의 끝에 있어서 즉이 되고,

⑨ 예컨대 '卽'자의 종성(終聲)은 'ㄱ'니, 'ㄱ'는 '즈'의 끝에 놓여서 '즉'이 된다.

⓪ 洪字終聲是ㆁ, ㆁ居童終而爲蓉之類.

① 洪字의 終聲은 곧 ㆁ이니 童의 끝에 있어서 蓉이 되는 類와 같은바

② 蓉(洪)자 종성은 ㆁ인데, ㆁ은 童의 끝에 있어서 蓉이 되는 유(類)와 같다.

③ 蓉(洪)자의 종성은 곧 ㆁ인데 ㆁ은 童의 끝에 있어서 蓉이 되는 따위와 같으며

④ '蓉'(洪)자의 종성은 'ㆁ'인데, 'ㆁ'이 '童'의 끝에 놓여 있어서 '蓉'이 되는 따위와 같다.

⑤ '蓉'자의 끝소리는 'ㆁ'이니, 'ㆁ'이 '童'의 끝에 놓여서 '蓉'이 되는 등과 같다.

⑥ 洪字의 終聲은 ㆁ인데 童의 쁘테 잇서서 蓉이 되는 類와 가트며

⑦ ≪蓉≫자의 종성이 ≪ㆁ≫이니 ≪童≫의 끝에 있어서 ≪蓉≫이 되는 것과 같다.

⑧ 洪(蓉)字의 終聲이 곧 ㆁ이니 童의 끝에 있어서 蓉이 되는 類와 같도다.

⑨ '洪'자의 종성(終聲)은 'ㆁ'이니, 'ㆁ'는 '童'의 끝에 놓여서 '蓉'이 되는 따위이다.

⓪ 舌脣齒喉皆同.

① 脣舌齒喉도 모두 같으니라.

② 설음(舌音)·순음(脣音)·치음(齒音)·후음(喉音)도 다 마찬가지다.

③ 혓소리, 입술소리, 잇소리, 목구멍소리도 같다.

④ 설음·순음·치음·후음도 다 이와 같다.

⑤ 혓소리, 입술소리, 잇소리, 목구멍소리도 모두 한가지다.

⑥ 舌 脣 齒 喉도 가트니라.

⑦ 혀소리, 입술소리, 이소리, 목구멍소리의 종성도 다 이와 같다.

⑧ 舌脣齒喉도 다 한가지이다.

⑨ 설음(舌音)·순음(脣音)·치음(齒音)·후음(喉音)도 모두 같다.

❿ 聲有緩急之殊, 故平上(上)去其終聲不類入聲之促急.

① 소리에는 천천하고 急함의 區別이 있는 까닭에 平上去는 그終聲이 入聲
의 促急함과 같지 않으니

② 소리에는 완급(緩急)의 차이가 있으므로, 평성(平聲)·상성(上聲)·거성
(去聲)은 그 받침이 입성(入聲)의 촉급(促急)과 같지 않다.

③ 소리에는 완급의 다름이 있기 때문에 평성, 상성, 거성은 그 종성이 입
성의 촉급함과 같지 않다.

④ 소리[聲]에는 느리고 빠름의 차이가 있기 때문에 평성(平聲)·상성(上
聲)·거성(去聲)은 그 종성이 입성(入聲)의 촉급(促急)함과는 다르다.

⑤ 소리에는 느리고 빠름의 다름이 있으므로 평성, 상성, 거성은 그 끝소
리가 입성의 빠름에 들지 못한다.

⑥ 소리에는 緩과 急의 다름이 잇는지라 平上去는 그 終聲이 入聲의 促急
함과 갓지 안 한 바

⑦ 소리에는 느림과 빠름의 차이가 있다. 따라서 평성, 상성, 거성은 그 종
성이 입성의 종성이 빠르게 끝나는것과 같지 않다.

⑧ 소리에는 緩과 急의 다름이 있다. 故로 平上去는 그 終聲이 入聲의 促急
함과 같지 않다.

⑨ 소리에는 느리고 빠름의 차이가 있으므로, 평성(平聲)·상성(上聲)·거
성(去聲)은 그 종성(終聲)이 입성(入聲)의 촉급(促急)함과는 같지 않다.

⓫ 不淸不濁之字, 其聲不厲, 故用於〈正音解例 18a〉終則宜於平上(上)去.

① 不淸不濁의 글짜는 그 소리가 세지 않은 까닭에 終聲으로 쓰면 平上去
에 맞고

② 불청불탁(不淸不濁) 글자는 그 소리가 세지 않은 까닭에, 받침으로 보면 평성·상성·거성에 맞으며,

③ 불청불탁의 자는 그 소리가 거세지 않으므로 종성으로 쓰면 평성, 상성, 거성에 마땅하고,

④ 불청불탁(不淸不濁)의 글자(ㆁ, ㄴ, ㅁ, ㅇ, ㄹ, ㅿ)는 그 소리가 거세지 않으므로 종성에 쓰면 평성·상성·거성에 마땅하고,

⑤ 불청불탁의 글자는 그 소리가 세지 못한 까닭에 끝소리로 쓰면 평성, 상성, 거성에 해당하고,

⑥ 不淸不濁의 字는 그 소리가 거세지 못한 까닭에 終聲으로 쓰면 平上去에 該當하고

⑦ 불청불탁의 자는 그 소리가 거세지 않다. 따라서 종성에 쓰면 평성, 거성, 상성에 해당한다.

⑧ 不淸不濁의 字는 그 소리가 거세지 않다. 故로 終聲에 쓰면 平上去에 宜當하다.

⑨ 불청불탁(不淸不濁)의 글자는 그 소리가 거세지 않으므로 종성(終聲)으로 쓰면 마땅히 평성(平聲)·거성(去聲)·상성(上聲)에 속하게 된다.

⓪ **全淸次淸全濁之字, 其聲爲厲, 故用於終則宜於入.**

① 全淸 次淸 全濁의 글짜는 그 소리가 入聲에 맞는지라

② 전청(全淸)과 차청(次淸)과 전탁(全濁)의 글자는 그 소리가 센 까닭에, 받침으로 쓰면 입성에 마땅하다.

③ 전청, 차청, 전탁의 자는 그 소리가 거세므로 종성으로 쓰면 입성에 마땅하다.

④ 전청(ㄱ, ㄷ, ㅂ, ㅅ, ㆆ)·차청(ㅋ, ㅌ, ㅍ, ㅊ, ㅎ)·전탁(ㄲ, ㄸ, ㅃ, ㅉ, ㅆ, ㆅ)의 글자는 그 소리가 거세므로 종성에 쓰면 입성에 마땅하다.

⑤ 전청, 차청, 전탁의 글자는 그 소리가 센 까닭에 끝소리로 쓰면 입성에 알맞다.

⑥ 全淸, 次淸, 全濁의 字는 그 소리가 거세인 싸닭에 終聲으로 쓰면 入聲에 該當하니

⑦ 전청, 차청, 전탁의 자는 그 소리가 거세다. 때문에 종성으로 쓰면 입성에 해당한다.

⑧ 全淸 次淸 全濁의 字는 그 소리가 거세다. 故로 終聲으로 쓰면 入聲에 宜當하다.

⑨ 전청(全淸)·차청(次淸)·전탁(全濁)의 글자는 그 소리가 거세므로 종성(終聲)에 쓰면 마땅히 입성(入聲)에 속하게 된다.

⓪ 所以ㆁㄴㅁㅇㄹㅿ六字爲平上去聲之終, 而餘皆爲入聲之終也.

① 그러므로 ㆁㄴㅁㅇㄹㅿ의 여섯 字는 平上去의 終聲이되고 그 나머지는 모두 입성의 終聲이되나

② 그러므로 ㆁㄴㅁㅇㄹㅿ의 6 글자는 평성·상성·거성의 받침이 되고, 그 나머지는 다 입성의 받침이 된다.

③ 그러므로 ㆁㄴㅁㅇㄹㅿ의 여섯 자는 평성, 상성, 거성의 종성이 되고, 그 나머지는 모두 입성의 종성이 되나

④ 그러므로 'ㆁ, ㄴ, ㅁ, ㅇ, ㄹ, ㅿ'의 여섯 글자는 평성·상성·거성의 종성이 되고, 나머지 글자는 모두 입성의 종성이 된다.

⑤ 그러므로 ㆁㄴㅁㅇㄹㅿ 여섯 자는 평성, 상성, 거성의 끝소리가 되고 그 나머지는 모두 입성의 끝소리가 된다.

⑥ 그럼으로 ㆁㄴㅁㅇㄹㅿ의 여섯 字는 平上去의 終聲이 되고 그 나머지는 모다 入聲의 終聲이 되나

⑦ 그러므로 ≪ㆁㄴㅁㅇㄹㅿ≫의 여섯 글자는 평성, 상성, 거성의 종성이

되고 그 나머지는 모두 입성의 종성이 된다.

⑧ 그러므로 써 ㅇㄴㅁㅇㄹㅿ의 여섯 字는 平上去聲의 終聲이고, 그 남아
지는 모두 入聲의 終聲일다.

⑨ 그러므로 'ㆁ, ㄴ, ㅁ, ㅇ, ㄹ, ㅿ'의 여섯 글자는 평성(平聲)·상성(上
聲)·거성(去聲)의 종성(終聲)이 되고, 그 나머지는 모두 입성(入聲)의
종성(終聲)이 된다.

⓪ 然ㄱㆁㄷㄴㅂㅁㅅㄹ八字可足用也.

① ㄱㆁㄷㄴㅂㅁㅅㄹ의 八字만으로 足히 쓸수있는것이니라.

② 그러나, ㄱㆁㄷㄴㅂㅁㅅㄹ의 8 자만으로도 넉넉히 쓸 수 있다.

③ ㄱㆁㄷㄴㅂㅁㅅㄹ 여덟 자만으로 쓰기에 족하다.

④ 그러나 (종성에 전청·차청·전탁·불청불탁의 글자 23자를 다 쓰지
않더라도) 'ㄱ, ㆁ, ㄷ, ㄴ, ㅂ, ㅁ, ㅅ, ㄹ'의 여덟 글자만으로도 족히
쓸 수 있으니,

⑤ 그러나 ㄱㆁㄷㄴㅂㅁㅅㄹ 여덟 자만으로도 충분히 쓸 수 있으니,

⑥ ㄱㆁㄷㄴㅂㅁㅅㄹ의 八字만으로 쓰기에 足하니

⑦ 그러나 ≪ㄱㆁㄷㄴㅂㅁㅅㄹ≫의 여덟자만 가지고도 능히 다 쓸수 있다.

⑧ 그러나 ㄱㆁㄷㄴㅂㅁㅅㄹ의 八字만으로 쓰기 可히 足하다.

⑨ 그러나 'ㄱ, ㆁ, ㄷ, ㄴ, ㅂ, ㅁ, ㅅ, ㄹ'의 여덟 자만으로 충분히 쓸 수
있다.

⓪ 如빗곶爲梨花, 영의갗爲狐皮, 而ㅅ字可以通用, 故只用ㅅ字.

① 비[원문대로]곶이梨花가되고 영의갗이 狐皮가 되건만도 ㅅ[원문대로]字
로써 通用할수 있는 까닭에 오직 ㅅ字를 쓰는 것과 같으며

② 가령, 빗곶(梨花)에는 ㅈ이요, 영의갗(狐皮)에는 ㅊ이나, ㅅ자로써 두루

쓸 수 있는 까닭에 다만 ㅅ자만 쓰는 것과 같다.

③ 예를 들면 이화(梨花)가 빗곶이 되고 호피(狐皮)가 엿의 갗이 되건만 ㅅ자로 통용할 수 있기 때문에 오직 ㅅ자를 쓰는 것과 같다.

④ (예를 들면) '梨花'에 해당되는 '빗곶', '虎皮'에 해당되는 '엿의 갗'의 종성에 'ㅅ'자로도 통용될 수 있으므로 다만 'ㅅ'자를 쓰는 것과 같다.

⑤ '빗곶[梨花]', '엿·의갗[虎皮]'에서는 'ㅅ'자로 두루 쓸 수 있으므로 다만 'ㅅ'자만을 쓰는 것과 같다.

⑥ 梨花가 빗곶이 되고 虎皮가 엿의 갗이 되건만 ㅅ字로 通用할 수 잇는 까달게 오즉 ㅅ字를 쓰는 것과 가트니라.

⑦ 《빗곶》이 《배꽃》이 되고 《엿의 갗》이 《여우가죽》인데 《ㅅ》만 가지고도 다 통용할 수 있으므로 오직 《ㅅ》자를 쓰는것과 같다.

⑧ 빗곶이 梨花가 되고 엿의갗이 虎皮나 ㅅ字로 可히 通用할 수 있으매로 오직 ㅅ字를 쓰는 것과 같도다.

⑨ '빗곶[梨花]', '엿의갗[狐皮]'과 같은 경우에는 'ㅅ'자로 통용할 수 있기 때문에 다만 'ㅅ'자를 쓰는 것과 같다.

❶ 且ㅇ聲淡而虛, 不必用於終, 而〈正音解例 18b〉中聲可得成音也.

① 또 ㅇ는 소리가 淡하고 虛하고 꼭 종성에 쓰지 않아도 중성이 소리를 이룰수 있나니라

② 또, ㅇ는 소리가 맑고 비어 있어서, 반드시 받침에 쓰지 않더라도, 그 중성이 음을 이룰 수 있다.

③ 그리고 ㅇ는 소리가 맑고 비어서 반드시 종성으로 쓰지 않더라도 중성이 음을 이룰 수 있다.

④ 그리고 'ㅇ'는 그 발음이 맑고 허(虛)하여, 이것을 꼭 종성에 쓰지 않더라도 중성(中聲)만으로도 음절(音節)을 이룰 수 있다.

⑤ 또 'ㅇ'은 소리가 맑고 비어서 끝소리에 쓸 필요가 없어 가운뎃소리만
으로도 음절을 이룰 수가 있다.

⑥ 쏘 ㅇ는 소리가 淡하고 虛하야 반듯이 終聲으로 쓰지 안터라도 中聲이
音을 이룰 수 잇나니라.

⑦ 또 ≪ㅇ≫는 소리가 맑고 비여 반드시 종성으로 쓰지 않더라도 중성이
능히 음을 이룰수 있다.

⑧ 또 ㅇ는 소리가 淡하고 虛하여 반드시 終聲으로 쓰지 않더라도 中聲이
可히 音을 이룰 수 있다.

⑨ 또 'ㅇ'는 소리가 맑고 비어서 종성에 반드시 쓰지 않더라도 중성(中聲)
이 음(音)을 이룰 수 있다.

⓿ ㄷ如볃爲彆, ㄴ如군爲君, ㅂ如업爲業, ㅁ如땀爲覃, ㅅ如諺語·옷爲衣, ㄹ
如諺語:실爲絲之類.

① ㄷ는 볃이 彆되고 ㄴ은 군이 君되고 ㅂ은 업이 業되고 ㅁ은 땀이 覃되
고 ㅅ는 諺語에 옷이 衣되고 ㄹ은 諺語에 실이 絲되는 類와 같은바

② ㄷ은 볃(彆)의 받침이 되고, ㄴ은 군(君)의 받침이 되고, ㅂ은 업(業)의
받침이 되고, ㅁ은 땀(覃)의 받침이 되고, ㅅ은 ·옷(衣)의 받침이 되고,
ㄹ은 :실(絲)의 받침이 되는 따위와 같다.

③ ㄷ은 볃이 彆 됨과 같고 ㄴ은 군이 君됨과 같고 ㅂ은 업이 業 됨과 같
고 ㅁ은 땀이 覃 됨과 같고 ㅅ은 우리말로 옷이 衣 됨과 같으며 ㄹ은
우리 말로 실이 絲 됨과 같은 따위다.

④ 'ㄷ'이 '볃'(彆)의 종성이 되고, 'ㄴ'이 '군'(君)의 종성이 되고, 'ㅂ'이
'업'(業)의 종성이 되고, 'ㅁ'이 '땀'(覃)의 종성이 되며, 'ㅅ'이 우리말
[諺語]의 '옷'[衣]의 종성이 되고, 'ㄹ'이 우리말[諺語]의 '실'[絲]의 종
성이 되는 따위와 같다.

⑤ 'ㄷ'은 '볃'이 되고['볃'의 끝소리가 되고], 'ㄴ'은 '군'이 되고, 'ㅂ'은
'업'이 되고, 'ㅁ'은 '땀'이 되고, 'ㅅ'은 토박이말의 '·옷[衣]'이 되고,
'ㄹ'은 토박이말의 ':실[絲]'이 됨과 같다.

⑥ ㄷ는 볃이 彆됨과 갓고 ㄴ은 군이 君됨과 갓고 ㅂ은 업이 業됨과 갓고
ㅁ는 땀이 覃됨과 갓고 ㅅ는 諺語로 옷이 衣됨과 갓고 ㄹ는 諺語로 :실이
絲됨과 가튼 類인바

⑦ 《ㄷ》는 《볃》이 됨과 같고 《ㄴ》는 《군》이 됨과 같고 《ㅂ》
은 《업》이 됨과 같고 《ㅁ》는 《땀》이 됨과 같고 《ㅅ》는 우리
말로 《옷》이 됨과 같고 《ㄹ》은 우리 말에서 《실》이 됨과 같다.

⑧ ㄷ은 볃이 彆됨과 같고, ㄴ은 군이 君됨과 같고, ㅂ은 업이 業됨과 같
고, ㅁ는 땀이 覃됨과 같은 類일다[원문대로].

⑨ 'ㄷ'는 '볃'(彆), 'ㄴ'는 '군'(君), 'ㅂ'는 '업'(業), 'ㅁ'는 '땀'(覃), 'ㅅ'는
고유어의 '옷'(衣), 'ㄹ'는 고유어의 '실'(絲) 따위와 같다.

⓿ 五音之緩急, 亦各自爲對.

① 五音의 천천하고 急함이 各自 對가 되니

② 오음의 느리고 빠름이 각각 절로 대(對)가 되어 있다.

③ 오음(五音)의 완급이 또한 각기 제대로 대(對)가 되는 것이기[원문대로]

④ 오음(五音: 아음·설음·순음·치음·후음)의 완(緩)과 급(急)이 또한
각각 절로 대(對)가 된다.

⑤ 오음의 느리고 빠른 것이 또한 각각 짝을 이룬다.

⑥ 五音의 緩과 急이 쏘한 各其 제대로 對가 되는 것이라

⑦ 5음의 천천함과 급함이 각각 스스로 상대가 된다.

⑧ 五音의 緩과 急이 또한 각각 제대로 對가 되다.

⑨ 오음(五音)의 완급(緩急)이 또한 각각 스스로 대(對)가 된다.

Ⓞ 如牙之ㆁ與ㄱ爲對, 而ㆁ促呼則變爲ㄱ而急, ㄱ舒出則變爲ㆁ而緩.

① 牙의 ㆁ이 ㄱ으로더부러 對가 되어서 ㆁ을 急히 내면 ㄱ으로 變하고 ㄱ을 천천히내면 ㆁ으로 變하는 것으로

② 가령, 아음(牙音)의 ㆁ은 ㄱ과 대가 되어, ㆁ을 빠르게 부르면 ㄱ으로 변하여 급해지고, ㄱ을 천천히 내면 ㆁ으로 바뀌어 느리다.

③ 엄소리의 ㆁ는 ㄱ과 대가 되어 ㆁ를 빨리 발음하면 ㄱ으로 변하여 급하고 ㄱ을 느리게 내면 ㆁ으로 변하여 느리며,

④ 아음(牙音)의 'ㆁ'과 'ㄱ'이 대(對)가 되니, 'ㆁ'을 빨리 발음하면 'ㄱ'으로 변하여 급(急)하고, 'ㄱ'을 천천히 내면 'ㆁ'으로 변하여 느리다.

⑤ 어금닛소리는 'ㆁ'과 'ㄱ'이 짝이 되는바, 'ㆁ'을 빠르게 소리내면 'ㄱ'으로 바뀌어 빠르게 되고, 'ㄱ'을 천천히 소리내면 'ㆁ'으로 바뀌어 느리게 된다.

⑥ 牙音의 ㆁ는 ㄱ와 對되야 ㆁ를 빨리 부르면 ㄱ로 變해서 急하고 ㄱ를 펴서 내면 ㆁ로 變해서 緩하며

⑦ 어금이 소리의 ≪ㆁ≫는 ≪ㄱ≫의 대가 되여 ≪ㆁ≫를 빨리 내면 ≪ㄱ≫로 변하여 급하고 ≪ㄱ≫을 펴서 내면 ≪ㆁ≫로 변하여 천천하며

⑧ 牙音의 ㆁ는 ㄱ의 對되어 ㆁ를 빨리 부르면 ㄱ로 變해서 急하고, ㄱ를 펴서 내면 ㆁ로 變해서 緩하며

⑨ 아음(牙音)의 'ㆁ'는 'ㄱ'와 대를 이루어, 'ㆁ'를 빨리 소리 내면 'ㄱ'로 변하여 빠르게 되고, 'ㄱ'를 천천히 소리 내면 'ㆁ'로 변하여 느리게 된다.

Ⓞ 舌之ㄴㄷ, 脣之ㅁㅂ, 齒之ㅿㅅ, 喉之ㅇㆆ, 其緩急相對, 亦猶是〈正音解例 19a〉也.

① 舌의 ㄴㄷ 脣의 ㅁㅂ 齒의 ㅿㅅ 喉의 ㅇㆆ도 그 천천하고 急함의 서로

對됨이 또한 이와 같으니라.

② 설음(舌音)의 ㄴㄷ, 순음(脣音)의 ㅁㅂ, 치음(齒音)의 ㅿㅅ, 후음(喉音)의 ㅇㆆ도 그 느리고 빠름이 서로 짝이 되어 있어 이와 같다.

③ 혓소리의 ㄴㄷ, 입술소리의 ㅁㅂ, 잇소리의 ㅿㅅ, 목구멍소리의 ㅇㆆ도 그 완급의 서로 대가 됨이 또한 이와 같다.

④ 설음(舌音)의 'ㄴ'과 'ㄷ', 순음(脣音)의 'ㅁ'과 'ㅂ', 치음(齒音)의 'ㅿ'과 'ㅅ', 후음(喉音)의 'ㅇ'과 'ㆆ'도 그 완(緩)과 급(急)이 서로 대(對)가 됨이 또한 이와 같다.

⑤ 혓소리의 'ㄴㄷ', 입술소리의 'ㅁㅂ', 잇소리의 'ㅿㅅ', 목구멍소리의 'ㅇㆆ'도 그 느리고 빠름이 서로 짝이 되는 것은 또한 이와 같다.

⑥ 舌音의 ㄴㄷ, 脣音의 ㅁㅂ, 齒音의 ㅿㅅ, 喉音의 ㅇㆆ도 그 緩急의 서로 對됨이 쏘한 이와 가트니라.

⑦ 혀소리의 ≪ㄴㄷ≫, 입술소리의 ≪ㅁㅂ≫, 이소리의 ≪ㅿㅅ≫, 목구멍소리의 ≪ㅇㆆ≫도 다 서로 천천함과 급함의 대가 됨이 또한 이와 같다.

⑧ 舌音의 ㄴㄷ, 脣音의 ㅁㅂ, 齒音의 ㅿㅅ, 喉音의 ㅇㆆ도 그 緩急의 서로 對됨이 또한 이와 같도다.

⑨ 설음(舌音)의 'ㄴ, ㄷ', 순음(脣音)의 'ㅁ, ㅂ', 치음(齒音)의 'ㅿ, ㅅ', 후음(喉音)의 'ㅇ, ㆆ'도 그 느리고 빠름이 서로 대(對)가 되는 것이 또한 이와 같다.

⓪ 且半舌之ㄹ, 當用於諺, 而不可用於文.

① 또 半舌의 ㄹ은 마땅히 諺語에 쓸것이요 漢文에 쓸수 없는것이라

② 또 반설음(半舌音) ㄹ은 마땅이 우리 말에나 쓸 것이요, 한자음에는 쓸 수가 없는 것이다.

③ 또 반혓소리인 ㄹ은 마땅히 우리 말에나 쓸 것이지 한자(漢字)[종성]에는 쓸 수 없는 것이니

④ 그리고 반설음(半舌音)의 'ㄹ'은 마땅히 우리말에만 쓰고 한문 글자의 음(音)에는 쓸 수 없으니,

⑤ 또 반혓소리 'ㄹ'은 토박이말에는 당연히 쓰이나, 한자말에는 쓸 수 없다.

⑥ 쏘 半舌音의 ㄹ는 맛당히 諺語에나 쓸 것이요 文字에는 쓸수 업는 것이니

⑦ 또 반혀소리의 《ㄹ》은 마땅히 우리 말에나 쓸것이며 한자에는 쓰지 않을것이다.

⑧ 또 반설음의 ㄹ는 마땅히 諺語에나 쓸 것이요 文字에는 可히 쓸 수 없는 것이다.

⑨ 또 반설음(半舌音)인 'ㄹ'는 마땅히 고유어에 쓸 것이지 한자어에는 쓸 수가 없다.

⓪ 如入聲之彆字, 終聲當用ㄷ, 而俗習讀爲ㄹ, 盖ㄷ變而爲輕也.

① 入聲의 彆字와 같은것도 終聲에 마땅히 ㄷ을 쓸것을 俗習에 ㄹ로읽는 것이니 大槪 ㄷ이變해서 가볍게된것으로

② 가령 입성의 「彆」자도 받침은 마땅히 ㄷ을 써야 할 것이언만, 시속에 ㄹ로 읽으니, 대개 ㄷ이 바뀌어 가볍게 된 것이다.

③ 입성의 彆자와 같은 것도 종성에 마땅히 ㄷ을 써야 할 것인데 흔히 ㄹ로 읽으니 대개 ㄷ이 변해서 가볍게 된 것이다.

④ 입성(入聲)의 '별'(彆)자 같은 종성에 마땅히 'ㄷ'을 써야 하지만, 세속 습관에 흔히 'ㄹ'받침으로 읽는 것은 대개 'ㄷ'이 변하여 가볍게 되었기 때문이다.

⑤ 입성의 '彆'자는 끝소리로 마땅히 'ㄷ'을 써야 하지만, 세속의 관습에

‘ㄹ’로 읽고 있는바, 대개 ㄷ이 변해서 가볍게 된 것이다.

⑥ 入聲의 彆字와 가튼 것도 終聲에 맛당히 ㄷ를 써야 할 것이언만 俗習에 ㄹ로 읽는바 大槪 ㄷ가 變하야 가볍게 된 것이려니와

⑦ 입성의 ≪별≫(彆)자와 같은것은 종성에서 마땅히 ≪ㄷ≫을 써야 할것이나 우리 나라의 습관에서는 ≪ㄹ≫로 읽는다. 이것은 대개 ≪ㄷ≫가 변하여 가볍게 된것이다.

⑧ 入聲의 彆字와 같음은 終聲에 마땅히 ㄷ을 써야 할 것이나 俗習에 ㄹ로 읽다. 대저 ㄷ가 變하여 가볍게 된 것이다.

⑨ 입성(入聲)의 ‘彆’자와 같은 것도 종성(終聲)에 마땅히 ‘ㄷ’를 써야 하나 세속의 관습에서 ‘ㄹ’로 읽는 것은, 대개 ‘ㄷ’가 변해서 가볍게 된 것이다.

⓪ 若用ㄹ爲彆之終, 則其聲舒緩, 不爲入也.

① 萬若ㄹ을 써서 彆의終聲을 삼을찐댄 그 소리가 펴지고 천천하야 入聲이되지 못하는 것이니라.

② 만일 「彆」자의 받침으로 쓰면, 그 소리가 느리어, 입성이 되지 않는다.

③ 만일 ㄹ로 넓(彆)자의 종성을 삼는다면 그 소리가 늘어져서 입성이 되지 않는다.

④ 만일 ‘ㄹ’을 써서 ‘彆’자의 종성으로 하면, 그 소리가 느려져서 입성(入聲)이 되지 않는다.

⑤ 만약에 ‘ㄹ’로 ‘彆’자의 끝소리를 삼는다면 그 소리가 천천히 나고 느려져서 입성이 되지 않는다.

⑥ 萬若에 ㄹ로 彆字의 終聲을 삼는다면 그 소리가 舒緩하야 入聲이 되지 안나니라.

⑦ 만약 ≪ㄹ≫로 ≪별≫자의 종성을 삼는다면 그 소리가 느리어 입성이

되지 않는다.

⑧ 만약에 ㄹ로 彆字의 終聲을 삼으면 그 소리가 舒緩하야 입성이 되지
않도다.

⑨ 만약 'ㄹ'로 '별(彆)'자의 종성(終聲)을 삼으면, 그 소리가 느려서 입성
(入聲)이 되지 않는다.

⓪ 訣曰

① 訣에 가로되

② 노래하여 말하면:

③ 결에 이르기를

④ 결(訣)에 이르되,

⑤ 요점을 간추려 노래한다.

⑥ 訣에 가로되

⑦ 요약하여 말하면

⑧ 訣에 가로되;

⑨ 결(訣)에 이르기를

⓪ 不清不濁用於終　爲平上(上)去不爲入

① 不清과 不濁을 終聲에쓴다면 平上去 되어써 入聲은안되며

② 불청불탁(不清不濁)을 받침에 쓰며는, 평·상·거가 되어, 입성이 안
되고,

③ 불청불탁음(不清不濁音)을 종성에 쓴즉 평성, 상성, 거성이 되어 입성이
안되고

④ 불청불탁(ㅇ, ㄴ, ㅁ, ㆁ, ㄹ, ㅿ)을 종성에 쓰면 평성·상성·거성이
되고 입성이 되지는 않네.

⑤ 불청불탁 소리를 끝소리에 쓸 것 같으면, 평성, 상성, 거성은 되나 입성
　 은 되지 못하며,

⑥ 不淸不 濁音을 終聲에 쓴즉슨 平上去 되야서 入聲이 안되고

⑦ 不淸不濁音을 終聲에 쓴즉슨 平上去聲 되어서 入聲이 안되고

⑧ 불청불탁의 음을 종성에 쓰면 평, 상, 거성이 되어서 입성이 안되고

⑨ 불청불탁(不淸不濁)의 음(音)을 종성에 쓰면 평성(平聲)·상성(上聲)·거
　 성(去聲)은 되지만 입성은 되지 못하네.

⓪ 全淸次淸及全濁 〈正音解例 19b〉是皆爲入聲促急

① 全淸과 次淸과 및 全濁은 入聲이 되어써 그모두 促急코나

② 전청과 차청과 그리고 전탁은 모두 다 입성이 되어 촉급(促急)하다.

③ 전청, 차청과 전탁은 이게 모두 입성이 되어 촉급(促急)하다.

④ 전청(ㄱ, ㄷ, ㅂ, ㅈ, ㅅ, ㆆ)·차청(ㅋ, ㅌ, ㅍ, ㅊ, ㅎ) 및 전탁(ㄲ, ㄸ,
　 ㅃ, ㅉ, ㅆ, ㆅ)은 이는 모두 입성이 되어 소리가 촉급(促急)하네.

⑤ 전청, 차청 및 전탁은 이들 모두 입성이 되어 빠르다.

⑥ 全淸과 次淸과 그리고 全濁은 이모다 入聲돼 促하고 急해라.

⑦ 全淸과 次淸과 그리고 全濁音은 이 모두 入聲되여 促하고 急해라.

⑧ 전청과 차청과 그리고 전탁음은 이 모두 입성이 되어 매우 급하다.

⑨ 전청(全淸), 차청(次淸), 전탁(全濁)은 모두 입성(入聲)이라 촉급(促急)하네.

⓪ 初作終聲理固然 只將八字用不窮

① 初聲이 終聲됨 理致가 그렇거니 다만지 八字로 써서 窮함 없서라

② 초성이 종성되는 이치는 그러하나, 여덟 자만 가지고도 궁하지 않다.

③ 초성이 종성 됨은 이치(理致)가 그런데 여덟 자만 가지고도 쓰임에 막
　 힐 것 없네.

④ 초성이 종성이 되는 것은 이치가 본래 그러하나, 다만, 여덟 자만 가지고 써도 막히지 않네.

⑤ 첫소리가 끝소리가 되는 것은 이치가 본디 그러하나, 다만 여덟 자만 쓰더라도 막힘이 없도다.

⑥ 初聲이 終聲됨 理致가 그런데 八字만 가지고 막힐바 업도다.

⑦ 初聲이 終聲됨은 理致가 그런데 八字만 가지고 막힐 바이 없도다

⑧ 초성이 종성이 되는것은 당연한 리치이지만 8자만 가지면 막힐데가 없다.

⑨ 초성(初聲)이 종성(終聲)되는 이치가 원래 그러하니 여덟 자만 가지고 써도 막힘이 없네.

⓿ 唯有欲聲所當處 中聲成音亦可通

① 오즉 欲소리 當할만 그곳엔 中聲이 소리이뤄 또可히 通하리

② ㅇ 소리만은 마땅히 쓸 데에 중성으로만 음을 이뤄 가히 통하리라.

③ 다만 ㅇ(欲)자가 해당하는 곳엔 중성이 그대로 음을 이루어 통할 것이다.

④ 오직 'ㅇ' 받침이 있어야 마땅한 곳에 중성으로도 음절(音節)이 이루어져 또한 통할 수 있네.

⑤ 오직 'ㅇ'소리가 있어야 마땅한 자리에는 가운뎃소리로 음을 이루어도 통할 수 있다.

⑥ 그오즉 欲字가 該當한 곳에는 中聲이 그대로 音이뤄 通하리.

⑦ 다만 ㅇ(欲) 소리가 該當한 곳에는 中聲이 그대로 音을 이뤄 通하리.

⑧ 다만 ≪ㅇ≫ 소리가 해당되는 곳에는 중성(中聲)이 그대로 음(音)을 이루어 통하리

⑨ 다만 'ㅇ'가 있어야 할 곳에는 중성만이라도 음을 이룰 수 있네.

◉ 若書卽字終用君 洪彆亦以業斗終

① 卽字를 쓰랴면 終聲에 君이요 洪彆은 그또한 業斗로 끝나며

② 즉(卽) 자를 쓰려며는 ㄱ을 끝에 쓰고, 홍(洪)에 ㆁ이요, 볃(彆)에는 ㄷ
이 끝이니,

③ 즉(卽) 자를 쓰려면 종성엔 ㄱ(君)이요 홍(洪)·볃(彆)은 ㆁ(業)과 ㄷ(斗)으
로써 받침하니

④ 만일 '즉'(卽)자를 쓰려면 종성에 'ㄱ'(君)을 쓰고 '홍'(洪)자와 '볃'(彆)
자는 'ㆁ'(業)과 '두'(斗)으로 끝마치네.

⑤ 만약 '즉'자를 쓰려면 끝소리에 'ㄱ'자를 쓰고 '홍'·'볃'은 또한 'ㆁ'
과 'ㄷ'으로써 끝소리를 삼는다.

⑥ 卽字를 쓰랴면 終聲에 君이요 洪彆은 業과ᄶ 斗로써 긋나니

⑦ 그 (卽) 字를 쓰랴면 終聲에 君(군)이요 ㆁ(洪) ㄷ(彆)은 業(업) 과 또 斗
(두) 로 써 끝나니

⑧ 《즉》자를 쓰려면 종성에 《ㄱ》이요 《홍》, 《볃》은 《ㆁ》과 《ㄷ》
로 끝나고

⑨ '卽'의 종성(終聲)을 쓰려면 'ㄱ'를 쓰고 '洪'과 '彆'은 모두 'ㆁ'와 'ㄷ'
를 종성으로 하네.

◉ 君業覃終又何如 〈正音解例 20a〉以那彆彌次第推

① 君과業 및覃의 終聲은 어떤고 那와 諺 및彌로 次第로 미루라.

② 군(君) 업(業) 땀(覃)자의 받침은 어떤가. ㄴㅂㅁ 차례로 미루어 알리라.

③ 군(君)·업(業)·땀(覃) 종성은 또한 어떨까. ㄴ(那)·ㅂ(彆)·ㅁ(彌)을
차례로 미루어 알 것이다.

④ '군'(君)자와 '업'(業)자와 '땀'(覃)자의 종성은 또 어떠한가? 'ㄴ'(那)과
'ㅂ'(彆)과 'ㅁ'(彌)을 (쓴다는 것을) 차례로 미루어 알겠네.

⑤ '군'·'업'·'담'의 끝소리는 또한 어떠한가. 'ㄴㅂㅁ'으로 차례대로 미루어 알 것이다.

⑥ 君과業 밋覃의 終聲은 어떨고 那彆彌 次第로 미루어 알찌라

⑦ ㄴ(君) 와 ㅂ(業) 및 ㅁ(覃)의 終聲은 또 어떨고. 那(나) 彆(볃) 彌(미) 次第로 미루어서 알찌라.

⑧ ≪군≫, ≪업≫, ≪땀≫의 종성은 또 무엇일가. ≪ㄴ, ㅂ, ㅁ≫로 됨을 차례로 미루어 알것이라.

⑨ '君', '業', '覃'의 종성(終聲)은 또 무엇인가? 차례대로 'ㄴ', 'ㅂ', 'ㅁ'이라네.

⓪ 六聲通乎文與諺 戌閭用於諺衣絲

① 六聲은 諺語와 漢文에 通하되 戌閭는 諺語와 終聲만 쓰도다.

② 여섯 자는 한자나 우리 글에 두루 쓰고, ·옷과 :실의 ㅅㄹ은 우리 글에만 쓴다.

③ 여섯소리[六聲]는 한자와 우리 말에 두루 쓰이되 ㅅ(戌)은 옷(衣), ㄹ(閭)은 실(絲)의 우리말 그 종성.

④ (ㄱ, ㆁ, ㄷ, ㄴ, ㅂ, ㅁ의) 여섯 글자는 한자와 우리말에 함께 쓰나, 'ㅅ'[戌]과 'ㄹ'[閭]은 우리말의 '옷'[衣], '실'[絲] 같은 경우에만 쓰네.

⑤ 여섯 소리[ㄱㄴㄷㅁㅂㆁ]는 한자말과 토박이말에 두루 통하되, 'ㅅ'과 'ㄹ'은 토박이말의 '옷'과 '실'에 쓰인다.

⑥ 六聲은 文과諺 어듸나 通하되 戌은옷 閭는:실 諺語의 그終聲.

⑦ 六聲은 文과 諺이 어디나 通하되 ㅅ(戌)은 옷, ㄹ(閭)는 실의 諺語 終聲일다.

⑧ 6성은 우리 말과 한자가 어데서나 통하되 ≪ㅅ≫은 ≪옷≫, ≪ㄹ≫은 ≪실≫의 우리 말의 종성이 된다.

⑨ 여섯 개의 음은 한자어와 고유어에서 모두 쓸 수 있지만 'ㅅ'과 'ㄹ'은 각각 고유어의 '옷'과 '실'에 쓰이네.

ⓞ 五音緩急各自對 君聲酒是業之促

① 五音의 緩急이 다各各 對되니 君소리 그바로 業의 빠른것

② 오음의 완급(緩急)이 다 각각 대(對)가 되니, ㄱ 소리 ㅇ 소리 빠르게 내고,

③ 오음(五音)의 완급이 각각 대가 되매 ㄱ(君) 소리는 ㅇ(業) 소리를 촉급하게 낸 것이요,

④ 오음(아음·설음·순음·치음·후음)의 완(緩)과 급(急)이 각각 절로 대(對)가 되니, 'ㄱ'(君) 소리는 곧 'ㅇ'(業)이 촉급(促急)하게 된 것이고,

⑤ 오음의 느리고 빠름이 각각 저절로 짝이 되니, 'ㄱ'소리는 'ㅇ'소리를 촉급하게 낸 것이며,

⑥ 五音의 緩急이 다各各 對되매 君소리 業소릴 促하게 낸거요

⑦ 五音의 緩急이 다 各各 對되니 ㄱ(君) 소리 ㅇ(業) 소리를

⑧ 5음의 느림과 빠름이 각각 대가 되니 ≪ㄱ≫소리는 ≪ㅇ≫소리를 빠르게 낸것이고

⑨ 오음(五音)의 느림과 빠름이 각각 대가 있으니 'ㄱ'은 'ㅇ'을 빠르게 낸 소리네.

ⓞ 斗彆聲緩爲那彌 穰欲亦對戌與挹

① 斗彆이 천천하면 那彌가 될꺼요 穰欲은 그또한 戌挹의 對되는것.

② ㄷ ㅂ이 느리면 ㄴ ㅁ 되고, ㅿ ㅇ은 또한 ㅅ ㆆ의 대가 된다.

③ ㄷ(斗)·ㅂ(彆)이 느려지면 ㄴ(那)과 ㅁ(彌)이 될 것이요, ㅿ(穰)와 ㅇ(欲)은 그것 또한 ㅅ(戌)·ㆆ(挹)의 대이다.

④ 'ㄷ'(斗)과 'ㅂ'(彆) 소리가 느려지면 'ㄴ'(那)과 'ㅁ'(彌)이 되며, 'ㅿ'(穰)
과 'ㅇ'(欲)은 또한 'ㅅ'(戌)과 'ㆆ'(挹)의 대(對)가 되네

⑤ 'ㄷㅂ'소리가 느리게 나면, 'ㄴㅁ'이 되며, 'ㅿㅇ'은 또한 'ㅅㆆ'의 짝
이 되도다.

⑥ 斗彆이 緩해선 那와彌 될쎠요 穰欲은 그쏘한 戌挹의 對로다.

⑦ ㄷ(斗) ㅂ(彆)가 緩해서는 ㄴ(那)와 ㅁ(彌) 된게라 ㅿ(穰) ㅇ(欲)도 그 또
한 ㅅ(戌) ㆆ(挹)의 對이로라.

⑧ ≪ㄷ,ㅂ≫가 느리면 ≪ㄴ, ㅁ≫가 될 것이다. ≪ㅿ, ㅇ≫도 또한 ≪ㅅ,
ㆆ≫의 대가 된다.

⑨ 'ㄷ'와 'ㅂ'를 천천히 내면 'ㄴ', 'ㅁ'이고, 'ㅿ'와 'ㅇ'는 또한 'ㅅ',
'ㆆ'와 짝이 되네.

⓪ 閭宜於諺不宜文 〈正音解例 20b〉斗輕爲閭是俗習

① 諺語엔 맞으나 漢文엔 안맞는것 斗가 가볍게 閭된게 곧俗習

② ㄹ은 말에 쓰나, 한자에는 안 쓴다. ㄷ소리 가볍게 ㄹ됨은 시속의 버릇.

③ ㄹ(閭)은 국어 표기에는 쓰고 한자음 표기에는 안 쓰는데 ㄷ(斗) 소리
가 가볍게 ㄹ(閭) 된 것은 곧 습관이다.

④ 'ㄹ'은 우리말에는 마땅하나 한자 표기에는 쓸 수 없으니, 'ㄷ'(斗) 가
볍워져서 'ㄹ'(閭)이 됨은 속된 습관이네.

⑤ 'ㄹ'는 토박이말에는 접합하나 한자말에는 맞지 않으니, 'ㄷ'소리가 가
벼워져 'ㄹ'이 된 것은 세속의 관습이로다.

⑥ 文에는 안쓰고 諺에만 쓰는閭 斗소리 가볍게 閭된건 곳俗習.

⑦ ㄹ(閭)는 諺에 쓰고 文에는 안쓰나니 ㄷ(斗)소리 가벼워서 ㄹ(閭) 됨은
곧 俗習.

⑧ ≪ㄹ≫는 우리 말에 쓰고 한자에는 쓰지 않을것이니 ≪ㄷ≫소리가 가

벼워서 ≪ㄹ≫로 됨은 곧 우리 말의 관습이다.

⑨ 'ㄹ'은 고유어 종성(終聲)에 쓰이나 한자어에 쓰이지 않고, 'ㄷ'이 'ㄹ'
　로 된 것은 속습이라네.

合字解

⓪ 〈正音解例 20b〉初中終三聲, 合而成字.

① 初中終의 세 소리가 글짜를 이루는바

② 초(初)·중(中)·종(終) 삼성이 합하여 한 글자(한자음의)를 이룬다.

③ 초·중·종 세 소리가 합하여 글자(음절을 이룬다.)

④ 초성·중성·종성 세 소리가 합하여 글자를 이룬다.

⑤ 첫소리·가운뎃소리·끝소리 세 소리가 합하여 글자[음절자]를 이룬다.

⑥ 初中終의 三聲을 습하야 글짜를 이루나니

⑦ 初中終의 三聲이 습하여 글자를 이루다.

⑧ 초성, 중성, 종성의 3성이 합하여 글자를 이룬다.

⑨ 초성(初聲), 중성(中聲), 종성(終聲)의 세 소리가 합하여 한 글자를 이룬다.

⓪ 初聲或在中聲之上, 或在中聲之左.

① 初聲은 或 中聲 우에도 있고 中聲 왼편에도 있으니

② 초성은 혹은 중성의 위에 있고, 혹은 중성의 왼쪽에 있다.

③ 초성(글자)은 중성(글자) 위에 쓰기도 하고, 중성(글자)의 왼쪽에 쓰기도 하니,

④ 초성은 어떤 것은 중성의 위에 있고, 어떤 것은 중성의 왼쪽에 있다.

⑤ 첫소리는 가운뎃소리의 위에 있기도 하며, 가운뎃소리의 왼쪽에 있기도 하니,

⑥ 初聲은 或 中聲 우에도 잇고 或 中聲 왼편에도 잇는바

⑦ 初聲이 或은 中聲위에 있고 或은 中聲 왼쪽에 있다.

⑧ 초성은 혹은 중성의 우에 있고 혹은 중성의 왼쪽에 있다.

⑨ 초성(初聲)은 중성(中聲)의 위쪽에 있기도 하고,[13] 혹은 중성(中聲)의 왼쪽에 있기도 한다.

🄞 如君字ㄱ在ㅜ上, 業字ㆁ在ㅓ左之類.

① 君字 ㄱ가 ㅜ 위에 있고 業字 ㆁ이 ㅓ 왼쪽에 있는 類와 같으며

② 가령, 군(君)자의 ㄱ은 ㅜ의 위에 있고, 업(業)자의 ㆁ이 ·ㅣ의 왼쪽에
있는 유(類)와 같다.

③ 예컨대 군(君)자의 ㄱ은 ㅜ위에 있고, 업(業)자의 ㆁ은 ㅓ의 왼쪽에 있
음과 같다.

④ '군'(君)자의 'ㄱ'은 'ㅜ'의 위에 있고, '업'(業)자의 'ㆁ'은 'ㅓ'의 왼쪽
에 있는 따위와 같다.

⑤ '군'자의 'ㄱ'은 'ㅜ'의 위에 있으며, '업'자의 'ㆁ'은 'ㅓ'의 왼쪽에 있
는 것 따위와 같다.

⑥ 君字의 ㄱ가 ㅜ의 위에 잇고 業字의 ㆁ가 ㅓ의 왼쪽에 잇는 類와 가트며

⑦ 君字의 ㄱ가 ㅜ의 위에 있고 業字의 ㆁ가 ㅓ의 왼쪽에 있는 類와 같도다.

⑧ ≪군≫자의 ≪ㄱ≫가 ≪ㅜ≫의 우에 있고 ≪업≫의 ≪ㆁ≫가 ≪ㅓ?≫[14]
의 왼쪽에 있는것과 같다.

⑨ 예를 들면 '君'자의 'ㄱ'가 'ㅜ'의 위쪽에 있고, '業'자의 'ㆁ'이 'ㅓ'의
왼쪽에 있는 따위이다.

🄟 中聲則圓者橫者在初聲之下, ·ㅡㅗㅛㅜㅠ是也.

① 中聲은 둥근 것과 가로된 것은 初聲 아래 있는 것으로 그 곧 · ㅡ ㅗ
ㅛ ㅜ ㅠ요 세로된 것은 初聲 옳은편에 있는 것으로 그 곧 ㅣ ㅏ ㅑ ㅓ
ㅕ니

② 중성의 둥근 것과 가로 퍼진 글자는 초성 아래에 있으니, · ㅡㅗㅛㅜ
ㅠ가 이것이요, 세로 퍼진 글자는 초성의 오른쪽에 있으니, ㅣ ㅏ ㅑ ㅓ

---

13) 在: '있다'로 번역하였다.
14) 판독이 불가능

ㅕ가 이것이다.

③ 중성(글자)은 둥근 것과 가로 된 것은 초성(글자)의 밑에 쓰니 · ㅡ ㅗ
ㅛ ㅜ ㅠ가 이것이요, 세로 된 것은 초성(글자)의 오른쪽에 쓰니 ㅣ ㅏ
ㅑ ㅓ ㅕ가 이것이다.

④ 중성은 (글자 모양이) 둥근 것과 가로로 된 것은 초성의 아래에 있으니,
'·, ㅡ, ㅗ, ㅛ, ㅜ, ㅠ'가 이것이고, (글자 모양이) 세로로 된 것은 초
성의 오른쪽에 있으니, 'ㅣ, ㅏ, ㅑ, ㅓ, ㅕ'가 이것이다.

⑤ 가운뎃소리는 둥근 것과 가로로 된 것은 첫소리의 아래에 있으니, '·
ㅡㅗㅛㅜㅠ'가 그것이요, 세로로 된 것은 첫소리의 오른쪽에 있으니,
'ㅣㅏㅑㅓㅕ'가 그것이다.

⑥ 中聲인즉 둥근 것과 가로된 것은 初聲아래에 잇는 터로 · ㅡ ㅗ ㅛ
ㅜ ㅠ가 곳 그것이요 세로된 것은 初聲의 올흔쪽에 있는 터로 ㅣ ㅏ
ㅑ ㅓ ㅕ가 곳 그것인 바

⑦ 中聲으로 둥근 것과 가로된 것은 初聲 아래에 있으니 · ㅡ ㅗ ㅛ ㅜ
ㅠ가 이요, 세로된 것은 初聲의 옳은 쪽에 있는 터로 ㅣ ㅏ ㅑ ㅓ ㅕ
가 그다.

⑧ 중성으로서 둥근것과 가로된것은 초성의 아래에 있으니 ≪·, ㅡ, ㅗ,
ㅛ, ㅜ, ㅠ≫가 그것이며 세로 된것은 초성의 오른쪽에 있으니 ≪ㅣ,
ㅏ, ㅓ, ㅑ, ㅕ≫가 그것이다.

⑨ 중성(中聲)의 둥근 것(·)과 가로로 된 것은 초성(初聲)의 아래쪽에 있
으니 '·, ㅡ, ㅗ, ㅛ, ㅜ, ㅠ' 등이 이것이다.

⓿ 縱者在初聲之右, ㅣㅏㅑㅓㅕ是也.
① 세로된 것은 初聲 옳은편에 있는 것으로 그 곧 ㅣㅏㅑㅓㅕ니
② 세로 퍼진 글자는 초성의 오른쪽에 있으니, ㅣ ㅏ ㅑ ㅓ ㅕ가 이것이다.

③ 세로 된 것은 초성(글자)의 오른쪽에 쓰니 ㅣ ㅏ ㅑ ㅓ ㅕ가 이것이다.

④ (글자 모양이) 세로로 된 것은 초성의 오른쪽에 있으니, 'ㅣ, ㅏ, ㅑ, ㅓ, ㅕ'가 이것이다.

⑤ 세로로 된 것은 첫소리의 오른쪽에 있으니, 'ㅣ ㅏ ㅑ ㅓ ㅕ'가 그것이다.

⑥ 세로된 것은 初聲의 올흔쪽에 있는 터로 ㅣ ㅏ ㅑ ㅓ ㅕ가 곳 그것인 바

⑦ 세로된 것은 初聲의 옳은 쪽에 있는 터로 ㅣ ㅏ ㅑ ㅓ ㅕ가 그다.

⑧ 세로 된것은 초성의 오른쪽에 있으니 ≪ㅣ, ㅏ, ㅓ, ㅑ, ㅕ≫가 그것이다.

⑨ 세로로 된 것은 초성(初聲)의 오른쪽에 있으니 'ㅣ, ㅏ, ㅑ, ㅓ, ㅕ' 등이 이것이다.

❶ 如呑字 · 在ㅌ〈正音解例 21a〉下, 即字 ㅡ在ㅈ下, 侵字ㅣ在ㅊ右之類.

① 呑字 ·가 ㄹ 아래 있고 即字 ㅡ가 ㅈ 아래 있고 侵字 ㅣ가 ㅊ 옳은편에 있는 類 와 같으며

② 가령, 툰(呑)자의 ·는 ㅌ 아래에 있고, 즉(卽)자의 ㅡ는 ㅈ 아래에 있고, 침(侵)자의 ㅣ는 ㅊ 오른쪽에 있는 유와 같다.

③ 예를 들면 툰(呑)자의 ·는 ㅌ의 밑에 쓰고 즉(卽)자의 ㅡ는 ㅈ의 밑에 있으며, 침(侵)자의 ㅣ는 ㅊ의 오른쪽에 있음과 같다.

④ '툰'(呑)자의 '·'는 'ㅌ'의 아래에 있고, '즉'(卽)자의 'ㅡ'는 'ㅈ'의 아래에 있고, '침'(侵)자의 'ㅣ'는 'ㅊ'의 오른쪽에 있게 되는 따위와 같다.

⑤ '툰'자의 '·'는 'ㅌ'의 아래에 있고, '즉'자의 'ㅡ'는 'ㅈ'의 아래에 있으며, '침'자의 'ㅣ'는 'ㅊ'의 오른쪽에 있는 것 따위와 같다.

⑥ 呑字의 ·는 ㄹ아래 잇고 即字의 ㅡ는 ㅈ아래 잇고 侵字의 ㅊ는 ㅣ의 올흔쪽에 잇는 類 와 가트며

⑦ 呑字의 ·는 ㄹ아래 있고 即字의 ㅡ는 ㅈ아래 있고 侵字의 ㅣ는 ㅊ의 오른쪽에 있는 類 와 같도다.

⑧ ≪튼≫자의 ≪·≫는 ≪ㅌ≫아래에 있고 ≪즉≫자의 ≪ㅡ≫는 ≪ㅈ≫ 아래에 있고 ≪침≫자의 ≪ㅣ≫는 ≪ㅊ≫의 오른쪽에 있는것과 같다.

⑨ 예를 들어 '툰'자의 '·'가 'ㅌ'의 아래쪽에 있고, '卽'자의 'ㅡ'가 'ㅈ'의 아래쪽에 있고, '侵'자의 'ㅣ'가 'ㅊ'의 오른쪽에 있는 따위와 같다.

⓪ 終聲在初中之下.

① 終聲은 初中 아래 있으니

② 종성은 초성·중성 아래에 있다.

③ 종성(글자)은 초·중성(글자) 밑에 쓰니,

④ 종성은 초성·중성의 아래에 있는데,

⑤ 끝소리는 첫소리와 가운뎃소리의 아래에 있으니,

⑥ 終聲은 初中과 中聲아래에 잇는 바

⑦ 終聲은 初中과 中聲 아래에 있으니

⑧ 종성은 초성과 중성의 아래에 있으니

⑨ 종성은 초성과 중성의 아래쪽에 있다.

⓪ 如君字 ㄴ在구下, 業字ㅂ在어下之類.

① 君字 ㄴ이 그 아래 있고 業字 ㅂ이 어 아래 있는 類와 같으니라.

② 가령, 군(君)자는 ㄴ이 구 아래에 있고, 업(業)자는 ㅂ이 어 아래에 있는 유와 같다.

③ 예를 들면 군(君)자의 ㄴ은 구의 밑에 있고, 업(業)자의 ㅂ은 어의 밑에 있음과 같다.

④ '군'(君)자의 'ㄴ'이 '구'의 아래에 있고, '업'(業)자의 'ㅂ'이 '어'의 아래에 있게 되는 따위와 같다.

⑤ '군'자의 'ㄴ'은 '구'의 아래에 있고, '업'자의 'ㅂ'은 '어'의 아래에 있

는 것 따위와 같다.

⑥ 君字의 ㄴ가 그 아래 잇고 業字의 ㅂ가 어아래 잇는 類와 가트니라.

⑦ 君字의 ㄴ가 그아래 있고 業字의 ㅂ가 어 아래 있는 類와 같도다.

⑧ ≪군≫자의 ≪ㄴ≫이 ≪구≫ 아래에 있고 ≪업≫자의 ≪ㅂ≫이 ≪어≫ 아래에 있는것과 같다.

⑨ 예를 들면 '君'자의 'ㄴ'가 '구'의 아래쪽에 있고, '業'자의 'ㅂ'가 '어' 의 아래쪽에 있는 따위이다.

⓪ 初聲二字三字合用並書, 如諺語·ㅅ다爲地, ㄸ닥爲隻, ·ㅃ틈爲隙之類.

① 初聲의 二字나 三字의 合用하여 並書하는 것은 諺語에 ·ㅅ다가 地가 되고 ㄸ닥이 隻이 되고 ㅃ틈이 隙이 되는 類와 같으며

② 초성에 있어서 두 자나 혹은 석 자의 합용병서(合用並書)는 우리말에 「·ㅅ다」 가 「지」(地)가 되고, 「ㄸ닥」이 「척」(隻)이 되고, 「·ㅃ틈」이 「극」(隙)이 되는 따위와 같다.

③ 초성의 두 글자, 세 글자 합용병서(合用竝書)는, 가령 국어의 ·ㅅ다가 지(地) 가 되고 ㄸ닥이 척(隻)이 되고 ·ㅃ틈이 극(隙)이 되는 따위와 같은 것이다.

④ 초성을 두 글자 또는 세 글자를 합하여 쓸 경우에는 병서(並書)해야 하 는데, 우리말의 'ㅅ다'(地)·'ㄸ닥'(隻)·'ㅃ틈'(隙)(에서 초성을 병서한) 따위 와 같다.

⑤ 첫소리의 두 글자, 세 글자를 합쳐서 나란히 쓰는 것은 토박이말에 '·ㅅ다 [地, 땅]', 'ㄸ닥[隻, 짝]', '·ㅃ틈[隙, 틈]'이 되는 것 따위와 같다.

⑥ 初聲의 두字나 석字나 合用하야 並書함은 諺語에 ·ㅅ다가 地가 되고 ㄸ닥이 隻이 되고 ㅃ틈이 隙이 되는 類와 가트며

⑦ 初聲의 두字나 석字나 合用하여 並書함은 諺語에 ·ㅅ다가 地가 되고 ㄸ닥이 隻이 되고 ㅃ틈*[원문대로] 隙이 되는 類와 같도다.

⑧ 초성의 두자나 석자를 합하여 나란히 씀은 우리 말에서 ≪싸≫(땅)가
되고 ≪따≫(짝)이 되고 ≪쁨≫(쯤)이 되는 것과 같다.

⑨ 초성(初聲)의 두 자나 세 자의 합용병서(合用並書)는 고유어의 '·싸(地),
따(隻), ·쁨(隙)' 등과 같다.

❿ **各自並書如諺語 ·혀爲舌而·혀爲引, 괴·여爲我愛人而괴·여爲人愛我, 소·다**
爲覆物而쏘·다爲射之之類.

① 各自도 並書하는 것은 諺語에 혀가 舌이 되는데 ·혀가 引이 되고 괴·여
가 我愛人이 되는데 괴·여는 人愛我가 되고 소다는 覆物이 되는데 쏘
다는 射之가 되는 類와 같으며

② 각자병서(各字並書)는 우리말에 「·혀」가 설(舌)이 되는데 「·혀」가 「인」
(引)이 되고 ; 「괴·여」가 「아애인」(我愛人)이 되는데, 「괴·여」가 인애아
(人愛我)가 되고 ; 「소·다」가 「복물」(覆物)이 되는데, 「쏘·다」가 「사지」
(射之)가 되는 유와 같다.

③ 각자병서는 가령 국어의 ·혀는 설(舌)이 되는데 ·혀는 인(引)의 뜻이 되
며, 괴·여는 내가 남을 사랑한다는 뜻인데 괴·여는 남에게서 내가 사랑
받는다는 뜻이 되며, 소·다는 물건 위를 덮고 쏘·다는 무엇을 쏘다의
뜻이 되는 따위 같은 것이다.

④ 각각 제 글자를 나란히 쓰는 각자병서(各自並書)는, 우리말의 '혀'(舌)에
서 '혀'(引), '괴·여'(我愛人)에서 '괴·여'(人愛我), '소·다'(覆物)에서 '쏘·
다'(射之)가 되는 따위와 같다.

⑤ 같은 글자를 나란히 쓰는 것은 토박이말의 '·혀[舌, 혀]': '·혀[引, 끌
어]', '괴·여[我愛人, 사랑하여]': '괴·여[人愛我, 사랑받아]', '소·다[覆
物, 쏟아]': '쏘·다[射, 쏘다]' 따위와 같다.

⑥ 各自 저의끼리 並書함은 諺語에 혀가 舌이 되는데 ·혀가 引이 되고 괴·

여가 我愛人이 되는데 괴·여가 人愛我가 되고 소·다가 覆物이 되는데 쏘·다는 射之가 되는 類와 가트며

⑦ 各各 저희끼리 並書함은 諺語에 혀가 呑이 되고 ·혀가 引이 되며 괴·여가 我愛人이 되고 괴·여가 人愛我가 되며 소·다가 覆物이 되고 쏘다가 射之가 되는 類와 같도다.

⑧ 각각 같은것끼리 나란히 씀은 우리 말에 ≪혀≫는 ≪혀≫(舌)가 되고 ≪혀≫는 ≪당기여≫가 되며 ≪괴여≫는 ≪남을 사랑하여≫가 되고 ≪괴여≫는 ≪남의 사랑을 얻어≫가 되며 ≪소다≫는 ≪업지르는것≫이 되고 ≪쏘다≫는 ≪발사하다≫가 되는것과 같다.

⑨ 각자병서(各自並書)는 예컨데 고유어의 '혀'(舌)의 경우 '·혀'(引)가 되고, '괴·여'(我愛人)의 경우 '괴·여'(人愛我)가 되며, '소·다'(覆物)의 경우 '쏘·다'(射之)가 되는 것과 같다.

⓿ 中聲二〈正音解例 21b〉字三字合用，如諺語·과爲琴柱，·홰爲炬之類．

① 中聲의 二字나 三字의 合用은 ·과는 琴柱가 되고 ·홰는 炬가 되는 類와 같으며

② 중성에 있어서 두 자나 혹은 석 자의 합용(合用)은 우리말의 「·과」가 「금주」(琴柱)가 되고, 「·홰」가 「거」(炬)가 되는 유와 같다.

③ 중성(글자)의 두 글자, 세 글자가 합용하는 것은, 가령 국어의 ·과가 금주(琴柱)의 뜻이 되고, 홰가 거(炬)의 뜻이 됨과 같다.

④ 중성을 두 글자 또는 세 글자를 합하여 쓸 경우는 우리말의 '·과'(琴柱)와 '·홰'(炬火) 따위와 같다.

⑤ 가운뎃소리로 두 자·석 자를 합쳐 쓰는 것은, 토박이말의 '·과[琴柱, 괘]', '·홰[炬, 홰]' 따위와 같다.

⑥ 中聲의 두字나 석자를 合用함은 諺語에 ·과가 琴柱가 되고 ·홰가 炬가

되는 類와 가트며

⑦ 中聲의 두字나 석字를 合用함은 諺語에 ·과가 琴柱가 되고 ·홰가 炬가
되는 類와 같도다.

⑧ 중성의 두자나 석자를 합쳐씀은 우리 말에서 ≪과≫(거문고의 오리발)
가 되고 ≪홰≫(홰불)가 되는것과 같다.

⑨ 중성(中聲)의 두 자나 세 자의 합용병서(合用並書)는 고유어의 '·과(琴
柱), ·홰(炬)' 등과 같다.

⓪ 終聲二字三字合用, 如諺語홁爲土, ·낛爲釣, 둛·삐爲酉時之類.

① 終聲의 二字나 三字의 合用은 諺語의 홁이 土가 되고 ·낛이 釣가 되고
둛·삐가 酉時가 되는 類와 같으니라.

② 종성에 있어서 두 자나 혹은 석 자의 합용병서는 우리말의 「홁」이 「토」
(土)가 되고, 「·낛」이 「조」(釣)가 되고, 「둛·삐」가 「유시」(酉時)가 되는
유와 같다.

③ 종성(글자)을 두 글자, 세 글자 합용하는 것은, 가령 국어의 홁이 토(土)
가 되고, ·낛이 조(釣)가 되며, 둛·삐가 유시(酉時)의 뜻이 됨과 같다.

④ 종성을 두 글자 또는 세 글자를 합하여 쓸 경우는 우리말의 '홁(土)', '·낛'
(釣), '둛·삐'(酉時) 따위와 같다.

⑤ 끝소리 두 자·석 자를 합쳐 쓰는 것은, 토박이말의 '홁[土, 흙]'·'·낛
[釣, 낚시]'·'둛삐[酉時, 닭때]' 따위와 같다.

⑥ 終聲의 두 字나 석 字를 合用함은 諺語에 홁이 土가 되고 ·낛이 釣가
되고 둛삐가 酉時가 되는 類와 가튼바

⑦ 終聲의 두 字나 석 字를 合用함은 諺語에 홁이 土가 되고 ·낛이 釣가
되고 둛삐가 酉時가 되는 類와 같도다.

⑧ 종성의 두자나 석자를 함께 씀은 우리 말에 ≪홁≫(흙)이 되고 ≪낛≫

(낚시)이 되고 ≪ᄃᆰᄤ≫(닭이 울 때)가 되는것과 같다.

⑨ 종성(終聲)의 두 자나 세 자의 합용병서(合用並書)는 고유어의 '홁(土), · 낛(釣), ᄃᆰ·ᄤ(酉時)' 등과 같다.

⓪ 其合用並書, 自左而右, 初中終三聲皆同.

① 그 合用에 並書하는 때(?)는 왼편으로 부터 옳은편으로 向하니 初中終의 세 소리가 모두 같으니라.

② 그 합용과 병서는 왼쪽에서 오른쪽으로 나란히 쓰니, 초·중·종 삼성이 다 마찬가지다.

③ 이들 합용 병서는 왼쪽에서 오른쪽으로 쓰는 것이 초·중·종성이 다 같다.

④ (위와 같이 두 글자 또는 세 글자를) 합하여 쓸 경우에는 병서(並書)해야 하는데, 왼쪽으로부터 오른쪽으로 쓰고, 초성·중성·종성이 모두 같다.

⑤ (다른 글자를) 합쳐서 나란히 쓸 때, 왼쪽에서 오른쪽으로 나아가는 것은 첫소리·가운뎃소리·끝소리 세 소리가 모두 같다.

⑥ 그 合用並書는 왼쪽에서부터 올흔쪽으로 나오니 初中終의 三聲이 모다 마찬가지니라.

⑦ 그 合用 並書는 왼쪽에서부터 오른쪽으로 나오니 初中終의 三聲이 모두 한가지다.

⑧ 합용병서는 왼쪽에서 오른쪽으로 나온다. 초성, 중성, 종성도 다 같다.

⑨ 이러한 합용병서(合用並書)는 왼쪽에서 오른쪽으로 나란히 쓰는데, 이는 초성(初聲), 중성(中聲), 종성(終聲)의 경우15)가 모두 동일하다.16)

---

15) 경우: 이 부분에서 '初中終三聲皆同'이라는 뜻은 초성에서의 합용병서, 중성에서의 합용병서, 종성에서의 합용병서가 각기 그 병서하는 방식이 같음을 의미한다. 만약 이

⓪ 文與諺雜用則有因字音而補以中終聲者, 如孔子ㅣ 魯ㅅ:사룸之類.

① 漢文과 諺語를 雜用하게 되면 字音에 딸아서 中終聲으로써 補足하는지(?)이 있스니 孔子ㅣ魯ㅅ싸룸의 類와 같으니라.

② 한자와 우리말을 섞어 쓰려면, 자음(字音)에 따라 중성이나 종성으로써 보충하는 일이 있다. 가령, 「孔子ㅣ 魯ㅅ :사룸」의 유와 같다.

③ 한자와 한글을 섞어 쓰는 데는 위에 오는 한자음에 따라서 한글의 중성(글자)이나 종성(글자)을 보충하는 일이 있으니, 가령 「공자(孔子)ㅣ, 노(魯)ㅅ :사룸」따위와 같다.

④ 한문과 우리말을 섞어 쓸 경우에는 한문 글자의 음(音)에 따라서 중성과 종성을 가지고 보충해 주는 일이 있으니, '孔子ㅣ魯ㅅ사룸'이라고 쓰는 따위와 같다.

⑤ 한자와 언문을 섞어 쓴다면, 한자말의 소리으로[원문대로] 인하여 가운뎃소리나 끝소리로 보완해야 할 것이 있으니, '孔子ㅣ魯ㅅ:사룸' 따위와 같다.

⑥ 文과 語을 석거 쓰자면 字音을 딸아서는 中聲이나 終聲으로써 補足할 것이 잇스니 孔子ㅣ魯ㅅ·사룸의 類와 가트니라.

⑦ 文과 語을 섞어 쓰자면 字音을 따라서는 中聲이나 終聲으로써 補足할 것이 있으니 孔子ㅣ魯ㅅ·사룸의 類와 같도다.

⑧ 한자와 우리 글자를 섞어쓰면 한자의 음에 따라서는 중성이나 종성으로 보충할것이 있으니 ≪孔子ㅣ≫와 ≪魯ㅅ사룸≫같은것이다.

⑨ 한자17)와 훈민정음18)을 섞어 쓸 경우에는 한자음에 따라서 훈민정음

'경우'라는 해석이 없다면 위와 같은 의미가 명확히 전달되지 않을 수 있으므로 '경우'를 넣어서 해석하였다.

16) 初中終三聲: '三聲'은 앞에서 '세 소리'로 번역했는데, 이 부분에서는 '세 소리'라는 해석을 생략했다. 그것은 '三聲'이 바로 앞의 '初中終'을 아울러서 되받는 말이라 해석상 크게 중요하지 않기 때문이다.

의 중성(中聲)이나 종성(終聲)으로 보충하는 일이 있는데, '孔子ㅣ 魯ㅅ
:사룸' 따위와 같다.

⓿ 諺語平上(上)去入, 如활爲弓而其聲平, :돌爲石而其聲〈正音解例 22a〉上
(上), ·갈爲刀而其聲去, ·붇爲筆而其聲入之類.

① 平上去入은 활은 弓이 되는데 그 소리가 平이요 :돌은 石이 되는데 그
소리가 上이요 ·갈은 刀가 되는데 그 소리가 去요 붇은 筆이 되는데 그
소리가 入인 類니

② 우리말의 평·상·거·입은 ; 「활」은 「궁」(弓)으로 그 소리가 평성이
요, 「:돌」은 「석」(石)으로 그 소리가 상성이요, 「·갈」은 「도」(刀)로 그 소
리가 거성이요, 「붇」은 「필」(筆)로 그 소리가 입성이 되는 것과 같다.

③ 우리말의 평상거입의 예를 들면, 활은 「궁(弓)」이고 평성이며, :돌은 「석
(石)」이고 상성이며, ·갈은 「도(刀)」이고 거성이며, ·붇은 「필(筆)」이고
입성인 것과 같다.

④ 우리말의 평성·상성·거성·입성은, '활'(弓)은 그 소리가 평성이고,
':돌'(石)은 그 소리가 상성이고, '·갈'(刀)은 그 소리가 거성이고, '붇'
(筆)은 그 소리가 입성이 되는 따위와 같다.

⑤ 토박이말의 평성·상성·거성·입성은 '활[弓, 활]'이 평성이 되며, ':돌

---

17) 한자: 이는 '文'을 번역한 것인데 개념어 사전에서는 '당시 중국의 입말'로, '文字'가
'漢字'로 그 의미가 제시되어 있다. 그러나 해례본의 이 부분에서는 한자와 한글을
혼용하는 예(孔子ㅣ 魯ㅅ:사룸)를 보여주고 있으므로, '文'은 '당시 중국의 입말'이 아
닌 '한자'로 번역하는 것이 자연스럽다.

18) 훈민정음: 이는 '諺'을 번역한 것인데 개념어 사전에서는 '한국어 구어'로 그 의미가
제시되어 있다. 그러나 해례본의 이 부분에서는 한자와 한글을 혼용하는 예(孔子ㅣ 魯
ㅅ:사룸)를 보여주고 있으므로, '諺'은 '한국어 구어'가 아닌 당시에 불렸던 글자 자
체의 명칭을 고려하여 '훈민정음'으로 번역하는 것이 자연스럽다. '諺'이라는 글자의
의미를 살려서 번역한다면 '諺文'이 자연스러우며, 현대적인 감각에 맞춰 해석한다면
'한글'이 자연스러울 것이다.

[石, 돌]'이 상성이 되며, '·갈[刀, 칼]'이 거성이 되며, '·붇[筆, 붓]'이 입성이 되는 것 따위와 같다.

⑥ 諺語의 平上去入이란 활은 弓으로 그 聲이 平되고 :돌은 石으로 그 聲이 上되고 ·갈은 刀로 그 聲이 去되고 붇은 筆로 그 聲이 入되는 類와 가튼 바

⑦ 諺語의 平上去入은 활은 弓으로 그 소리 平이고 :돌은 石으로 그 소리 上이고 ·갈은 刀로 그 소리 去되며 붇은 筆로 그 소리 入되는 類와 같도다.

⑧ 우리 말의 평성, 상성, 거성, 입성을 말하면 ≪활≫은 그 소리가 평성이고 ≪돌≫은 그 소리가 상성이며 ≪갈≫(칼)은 그 소리가 거성이고 ≪붇≫(붓)은 그 소리가 입성이 되는것과 같다.

⑨ 고유어의 평성(平聲)·상성(上聲)·거성(去聲)·입성(入聲)은 예컨대, '활'(弓)은 그 소리가 평성(平聲)이고, ':돌'(石)은 상성(上聲)이고, '·갈'(刀)은 거성(去聲)이고, '·붇'(筆)은 입성(入聲)이 되는 따위와 같다.

⓪ 凡字之左, 加一點爲去聲, 二點爲上聲, 無點爲平聲.

① 무릇 글짜의 왼편에 한 點을 더하면 去聲이요 點이 없는 것은 平聲이 되나니라.

② 무릇 글자의 왼쪽에 한점을 가하면, 거성이 되고 ; 두점을 가하면, 상성이 되고 ; 점이 없으면, 평성이 된다.

③ 무릇 글자(음절)의 왼쪽에 한 점을 더한 것은 거성이요, 두 점을 더한 것은 상성이며, 점이 없는 것은 평성이다.

④ 무릇 글자의 왼쪽에 한 점을 찍으면 거성이 되고, 두 점을 찍으면 상성이 되고, 점이 없으면 평성이 된다.

⑤ 무릇 글자의 왼쪽에 한 점을 더하면 거성이 되고, 두 점을 더하면 상성

이 되고, 점이 없으면 평성이 된다.

⑥ 무릇 글짜의 왼쪽에 한點을 더하면 去聲이 되고 두 點이면 上聲이 되고 點이 업스면 平聲되거니와

⑦ 무릇 글자의 왼쪽에 한 点을 더하면 去聲이 되고 두点이면 上聲이 되고 点이 업스면 平聲이다.

⑧ 일반적으로 글자의 왼쪽에 한점을 치면 거성이고 두점을 치면 상성이며 점을 치지 않으면 평성이다.

⑨ 무릇 글자의 왼쪽에 점을 하나 더하면 거성(去聲)이고, 두 점이면 상성(上聲)이고, 점이 없으면 평성(平聲)이다.

⓪ 而文之入聲, 與去聲相似.

① 漢文의 入城은 去聲으로부터 서로 비슷하거니와

② 한자의 입성은 거성과 비슷하나,

③ 중국 자음(字音)의 입성은 거성과 서로 비슷하나,

④ 한자음(漢字音)의 입성은 (우리말의) 거성과 비슷하나,

⑤ 한자말의 입성은 거성과 서로 비슷하다.

⑥ 入聲은 去聲과 서로 갓고

⑦ 그리고 文의 入聲은 去聲과 서로 같고

⑧ 그리고 한문의 입성은 거성과 같고

⑨ 한자어19)의 입성(入聲)은 거성(去聲)과 서로 비슷하다.

⓪ 諺之入聲無定, 或似平聲, 如긷爲柱, 녑爲脅.

① 諺語의 入聲은 定함이 없어서 或 平聲과 비슷하니 긷이 柱가 되고 녑이

---

19) 한자어: '文'을 번역한 것이다. 당시 중국의 입말을 가리킨다. '文與諺雜用則有因字音而補以中終聲者'의 文과는 구별할 필요가 있다.

脅이 되며

② 우리말의 입성은 정함이 없어서 혹은 평성과 비슷하니, 「긷」이 「주」 (柱)가 되고, 「녑」이 「협」(脅)이 됨과 같은 것이요;

③ 우리말의 입성은 일정치 않아서, 혹은 평성과 비슷하여 긷(柱=기둥), 녑(脅=옆구리)과 같이 되고,

④ 우리말의 입성은 일정하지 않으니, 어떤 것은 평성과 비슷하여 '긷' (柱), '녑'(脅) 따위와 같고,

⑤ 토박이말의 입성은 정해진 것이 없다. 혹은 평성과 비슷하니, '긷[柱, 기둥]'·'녑[脅, 옆구리]'과 같다.

⑥ 諺의 入聲은 定함이 업서서 或 平聲과 가트니 긷이 柱가 되고 녑이 脅이 됨과 가트며

⑦ 諺의 入聲은 定함이 없어서 或 平聲과 같아 긷이 柱가 되고 녑이 脅이 됨과 같으며

⑧ 리 말의 입성은 정함이 없어서 혹 평성과 같아 《긷》(기둥)이 되고 《녑》 (옆구리)이 됨과 같으며

⑨ 고유어의 입성(入聲)은 일정하지 않으며 혹은 평성(平聲)과 비슷하니 '긷(柱), 녑(脅)' 등과 같다.

⓪ 或似上聲, 如:낟爲穀, :깁爲繒.

① 或 上聲과 비슷하나 :낟이 穀이 되고 :깁이 繒이 되며

② 혹은 상성과 비슷하니, 「:낟」이 「곡」(穀)이 되고, 「:깁」이 「징」(繒)이 됨 과 같은 것이요;

③ 혹은 상성과 비슷하여 :낟(穀=곡식), :깁(繒=비단)과 같이 되며,

④ 어떤 것은 상성과 비슷하여 ':낟'(穀), ':깁'(繒) 따위와 같으며,

⑤ 혹은 상성과 비슷하니, ':낟[穀, 낟]', ':깁[繒, 비단]'과 같다.

⑥ 或 上聲과 가트니 :낟이 穀이 되고 :깁이 繒이 됨과 가트며

⑦ 或 上聲과 같아 :낟이 穀이 되고 :깁이 繒이 됨과 같으며

⑧ 혹은 상성과 같아 ≪낟≫(낟알)이 되고 ≪깁≫(비단)이 됨과 같으며

⑨ 혹은 상성과 비슷하니 ':낟(穀), :깁(繒)' 등과 같다.

⓪ 或似去聲, 如·몯爲釘, ·입爲口之類.

① 或 去聲과 비슷하니 ·몯이 釘이 되고 ·입이 口가 되는 類로써

② 혹은 거성과 비슷하니, 「·몯」이 「정」(釘)이 되고, 「·입」이 「구」(口)가 됨과 같은 유로서,

③ 혹은 거성과 비슷하여 ·몯(釘=못), ·입(口)과 같이 되는데,

④ 어떤 것은 거성과 비슷하여 '·몯'(釘), '·입'(口) 따위와 같고,

⑤ 혹은 거성과 비슷하니, '·몯[釘, 못]', '·입[口, 입]'과 같다.

⑥ 或 去聲과 가트니 ·몯이 釘이 되고 ·입이 口가 됨과 가튼 類로서

⑦ 或 去聲과 가트니 ·몯이 釘이 되고 ·입이 口가 되는 類와 같도다.

⑧ 혹은 거성과 같아 ≪몯≫(못)이 되고 ≪입≫이 되는것과 같다.

⑨ 혹은 거성(去聲)과 비슷하니 '·몯(釘), ·입(口)' 등과 같다.

⓪ 其加點則與平上去同.

① 그 加點은 平上去로 더부러 같으니라.

② 그 점을 가하는 범은 평·상·거와 같다.

③ 그 점을 더하는 것은 평상거성의 경우와 같다.

④ 그 점 찍는 것은 평성·상성·거성의 경우와 같다.

⑤ 그 점을 더함은 평성·상성·거성과 한 가지이다.

⑥ 그 點을 더함은 平上去와 마찬가지니라.

⑦ 그 点을 더함은 平上去와 한가지이다.

⑧ 그 점을 더하는것은 평성, 상성, 거성과 같다.

⑨ 그 점을 더하는 방식은 고유어의 입성(入聲)은 가점할 경우 평성(平聲)·거성(去聲)·상성(上聲)의 경우가 모두 동일하다.

⓪ 平聲安而和, 春也, 〈正音解例 22b〉萬物舒泰.

① 平聲은 安和하고 고루니 봄이라 萬物이 舒泰코

② 평성은 안정(安靜)하고 부드러우니 봄이라, 만물이 펴이어 편하고 ;

③ 평상은 안이화(安而和)하니 봄이라 만물이 서태(舒泰)하고,

④ 평성은 편안하고 온화하니 봄에 해당되어 만물이 피어나 자라고,

⑤ 평성은 편안하고 부드러우니 봄이라, 만물이 서서히 피어난다.

⑥ 平聲은 安靜하고 和하니 봄이라 萬物이 泰舒하고

⑦ 平聲은 安靜하고 和하니 봄이라 萬物이 舒泰하고

⑧ 평성은 그 소리가 편안하고 고르롭다. 춘하추동에 비교하면 봄과 같으니 만물이 펴이고 트이는 모양이다.

⑨ 평성(平聲)은 안이화(安而和)하니 봄이니 만물(萬物)이 서서히 자란다.

⓪ 上聲和而擧, 夏也, 萬物漸盛.

① 上聲은 고루나 들리니 여름이라 萬物이 漸次 盛하고

② 상성은 부드럽고 들리니 여름이라, 만물이 점점 성하고

③ 상성은 화이거(和而擧)하니 여름이 만물이 점성(漸盛)하고,

④ 상성은 온화한 데서 위로 올라가니 여름에 해당되어 만물이 점점 성해지며,

⑤ 상성은 부드러우며 들어올리니 여름이라, 만물이 점점 무성해진다.

⑥ 上聲은 和하고 들리니 녀름이라 萬物이 漸次(?) 盛하고

⑦ 上聲은 和하고 들리니 여름이라 萬物이 漸次(?) 盛하며

⑧ 상성은 고르롭고 들리니 여름이다. 만물이 점점 성하는 모양이다.

⑨ 상성(上聲)은 화이거(和而擧)하니 여름이니 만물(萬物)이 점점 무성해진다.

⓪ 去聲擧而壯, 秋也, 萬物成熟.

① 去聲은 들리나 壯 하니 가을이라 萬物이 成熟하고

② 거성은 들리고 씩씩하니 가을이라, 만물이 이루어져 무르익고 ;

③ 거성은 거이장(擧而壯)하니 가을이라 만물이 성숙하고,

④ 거성은 높고 장하니 가을에 해당되어 만물이 성숙하고,

⑤ 거성은 들어올리며 씩씩하니 가을이라, 만물이 무르익는다.

⑥ 去聲은 들리고 壯하니 가을이라 萬物이 成熟코

⑦ 去聲은 들리고 壯하니 가을이라 萬物이 成熟하며

⑧ 거성은 들리고 굳세니 가을이다. 만물이 성숙하는 모양이다.

⑨ 거성(去聲)은 거이장(擧而壯)하니 가을이니 만물(萬物)이 성숙해진다.

⓪ 入聲促而塞, 冬也, 萬物閉藏.

① 入聲은 빠르고 막히니 겨울이라 萬物이 閉藏되나니라.

② 입성은 빠르고 막히니 겨울이라, 만물이 닫아잠긴다.

③ 입성은 촉이색(促而塞)하니 겨울이라 만물이 감추어진다.

④ 입성은 촉급(促急)하고 딱 끊어지니 겨울에 해당되어 만물이 폐장(閉藏)
   되는 격이다.

⑤ 입성은 빠르며 막히니 겨울이라, 만물이 닫히고 갈무리된다.

⑥ 入聲은 促하고 막히니 겨울이라 萬物이 閉藏하나니라.

⑦ 入聲은 促하고 막히니 겨울이라 萬物이 閉藏하다.

⑧ 입성은 빠르고 막히니 겨울이다. 만물이 드러나지 않는 모양이다.

⑨ 입성(入聲)은 촉이색(促而塞)하니 겨울이니 만물(萬物)이 감추어진다.

❿ 初聲之ᅙ與ㅇ相似, 於諺可以通用也.

① 初聲의 ᅙ는 ㅇ로 더부러 서로 비슷하니 諺語에서는 통용할 수 있으며

② 초성의 ᅙ과 ㅇ은 서로 비슷하여, 우리말에서는 통용(通用)할 수 있다.

③ 초성의 ᅙ은 ㅇ와 서로 비슷해서 국어에서는 통용될 수 있다.

④ 초성의 'ᅙ'은 'ㅇ'과 서로 비슷하여 우리말에는 통용할 수 있다.

⑤ 첫소리의 'ᅙ'과 'ㅇ'은 서로 비슷하여 토박이말에서는 통용할 수 있다.

⑥ 初聲의 ᅙ는 ㅇ와 더부러 서로 비슷하야 諺에서는 통용할 수 잇나니라.

⑦ 初聲의 ᅙ는 ㅇ와 더불어 서로 비슷하니 諺에서 可히 通用할 수 있다.

⑧ 초성의 ≪ᅙ≫는 ≪ㅇ≫와 서로 비슷하다. 때문에 우리 말에서 서로 통용할수 있다.

⑨ 초성(初聲)의 'ᅙ'는 'ㅇ'와 서로 비슷하여 고유어에서 통용할 수 있다.

⓫ 半舌有輕重二音.

① 半舌에도 輕重二音이 있으나

② 반설(半舌)에도 경중(輕重)의 두 음이 있으나,

③ 반설음에도 경・중 두 가지 음이 있으나,

④ 반설음(半舌音)에도 가볍고, 무거운 두 가지의 음(音) (즉 半舌重音과 半舌輕音)이 있으나,

⑤ 반혓소리는 가볍고 무거운 두 소리가 있으나,

⑥ 半舌에도 輕重의 두音이 잇스나

⑦ 半舌에도 輕重의 두音이 있다.

⑧ 반설음에는 무거운 음과 가벼운 음이 있다.

⑨ 반설음(半舌音)에는 경(輕)・중(重)의 두 음이 있다.

⓪ 然韻書字母唯一, 且國語雖不分輕重, 皆得成音.

① 韻書字母가 오직 하나인데 우리말에도 비록 輕重은 가리지 아니하나 모두 소리를 이룰 수는 있으니

② 운서의 자모(字母)는 오직 하나뿐이요, 또 우리말에서는 그 경중을 가르지 않더라도, 다 음을 이룰 수 있다.

③ 운서의 자모에서는 이를 구별하지 않았고, 또한 국어(글자)에서도 경·중을 나누지 아니하나 모두 소리를 이룰 수 있다.

④ 중국 운서(韻書)의 자모(字母)는 오직 하나만 있다. 또 우리말에서는 비록 반설경음(半舌輕音)과 반설중음(半舌重音)을 구분하지 않고서도('ㄹ' 하나만으로) 다 말소리를 이룰 수 있지만,

⑤ 운서의 자모에는 오직 하나뿐이며, 또 우리나라 말[國語]에서는 비록 가볍고 무거운 것을 구별하지 않더라도 모두 소리를 이룰 수 있다.

⑥ 韻書의 字母는 오즉 하나요 쏘 우리말도 비록 輕重을 區別치는 안하되 모다 흡을 이룰 수는 잇스니

⑦ 그러나 韻書의 字母는 오직 하나이다. 또 우리말도 비록 輕重을 區別치는 안하되 모두 흡을 이룰 수는 있으니

⑧ 그러나 운서의 자모는 오직 하나다. 우리 말도 무거운 음과 가벼운 음을 가르지 아니하나 모두 음을 이룰 수 있다.

⑨ 그러나 운서(韻書)의 자모(字母)는 오직 하나이며, 고유어[20]에서는 비록 경(輕)·중(重)으로 나누지 않더라도 다 소리를 이룰 수는 있다.

⓪ 若欲備用, 則依脣輕例, ㅇ連書ㄹ下, 爲半舌輕音, 舌乍附上齶.

① 萬若 갖추어 쓰려면 脣輕例에 依해서 ㅇ를 ㄹ아래 연서해서 半舌輕音

---

20) 고유어: '國語'를 번역한 것이다. 개념어 사전 11번 '國語'항 참조.

을 맨들 것으로 혀가 暫間 上顎에 닿는 것이며

② 만일, 이를 갖추어 쓰려면, 순경음(脣輕音)의 예에 따라, ㅇ을 ㄹ 아래에 이어 써서 반설경음(半舌輕音)을 만들 것이니, 혀를 잠간 웃잇몸에 대고 발음한다.

③ 그러니 만약에 갖추어서 쓰고 싶으면 순경음(글자)의 예를 좇아 ㅇ를 ㄹ의 밑에 이어 써서 반설경음(끝자)을 만들고 발음은 혀를 잠깐 웃잇몸에 붙인다.

④ 만일 (구분하여) 갖추어 쓰고자 하면 순경음(脣輕音)의 예에 따라서 'ㅇ'를 'ㄹ' 아래에 연서(連書)하면 반설경음(半舌輕音)이 되니, (그 발음은) 혀가 잠깐 윗잇몸(上顎)에 닿게 하는 것이다.

⑤ 만약 갖추어 쓰고자 한다면, 입술가벼운소리[순경음]의 예에 따라 'ㅇ'을 'ㄹ' 아래 이어 쓰면 반혀가벼운소리[반설경음]가 되니, 혀를 잠깐 잇몸에 붙인다.

⑥ 萬若 가추어 쓰고자 할찐댄 脣輕의 例에 依해서 ㅇ를 ㄹ아래 連書하야 半舌輕音을 맨들 것인데 혀를 잠간 上顎에 부치나니라.

⑦ 萬若 갖추어 쓰고자 할찐댄, 脣輕의 例에 依해서 ㅇ를 ㄹ아래 連書하여 半舌輕音을 만들라. 혀를 잠간 위이몸에 붙이나다.

⑧ 만약 갈라쓰려고 하면 입술가벼운소리의 례에 따라 ≪ㅇ≫를 아래에 련서하여 반설가벼운소리를 만들수 있다. 혀를 잠간 우이몸에 붙인다.

⑨ 만약 갖추어 쓰려면 순경음(脣輕音)의 예를 따라서 'ㅇ'를 'ㄹ'의 아래쪽에 연서하면 반설경음(半舌輕音)이 된다. 혀를 윗잇몸에 살짝 붙인다.

⓪ ·ㅡ〈正音解例 23a〉起ㅣ聲, 於國語無用.

① ㅡ가 ㅣ聲에서부터 일어나는 것은 우리말에 소용이 없으나

② ·ㅡ가 ㅣ 소리에서 일어나는 것은 우리말에 소용이 없고,

③ ㅣ음이 앞에 와서 ·음이나 ㅡ음과 결합된 음은 국어에서 쓰지 않으나

④ '·'와 'ㅡ'가 'ㅣ'에서 일어나는 복모음(ㅛ, ㅑ, ㅠ, ㅕ, ㅒ, ㅖ처럼 'ㅣ'가 선행하는 복모음)은 우리말에서는 쓰이지 않으나,

⑤ '·'와 'ㅡ'가 'ㅣ'에서 일어나는 소리는 우리나라 말[國語]에는 쓰지 않는다.

⑥ ·ㅡ가 ㅣ소리에서 일어나는 것은 우리말에 소용이 없고

⑦ ·ㅡ가 ㅣ소리에서 일어나는 것은 우리말에 소용이 없다.

⑧ ≪·, ㅡ≫가 ≪ㅣ≫에서 일어나는 소리는 우리 말에 쓰이지 않는다.

⑨ ·, ㅡ가 ㅣ에서 일어나는 것은 중앙어21)에서 쓰이지 않는다.

◎ 兒童之言, 邊野之語, 或有之, 當合二字而用, 如기긔之類.

① 아이들의 말과 邊野의 말에 或 있는데 마땅히 두 글짜를 合해서 써서 기 긔의 類 와 같은 것이

② 어린이말이나 시골말에 혹 있으니, 이는 마땅히 두 자를 합하여 쓰되, 기 긔의 유와 같이 할 것이다.

③ 아이들 말이나 변두리 시골말에는 간혹 있으니 마땅히 두 글자를 합하여 기 긔와 같이 쓸 것이되,

④ 아동의 언어나 변두리 시골말에는 간혹 이런 발음이 있는데, (이런 것을 표현하려면) 마땅히 두 글자를 합하여 써서 '기', '긔' 따위와 같이 한다.

⑤ 그러나 아이들의 말이나 변두리 시골말의 말에는 간혹 있으니, 이럴 때는 마땅히 두 자를 합해 써서 '기긔' 따위와 같이 쓰는바,

⑥ 兒童의 말이나 邊野의 말에 或 잇나니 맛당히 두 子를 合하야 쓸것으로

---

21) 중앙어: 이는 '國語'를 번역한 것이다. '고유어'로 번역을 하게 될 경우, 뒤에 이어지는 '兒童之言, 邊野之語'와의 관계가 문제시 된다. 개념어 사전 11번 '國語'항 참조.

기긔의 類와 가튼 것인 바

⑦ 兒童의 말이나 邊野의 말에 或 있으니 마땅히 두 子를 合하야 쓸찌라. 기긔의 類와 같다.

⑧ 아이들의 말이나 사투리에 혹 있으니 마땅히 두자를 합하여 쓸것이다. ≪기, 긔≫ 따위와 같다.

⑨ 아동들의 말이나 방언에 간혹 있으니 마땅히 두 자를 합하여 쓰되, '기, 긔' 따위와 같다.

⓪ 其先縱後橫, 與他不同.

① 세로된 것이 먼저 가고 가로된 것이 나종가서 다른 것과 다르니라.

② 이것은 먼저 세로 긋고, 뒤에 가로 긋는 것이 다른 글자와 같지 않다.

③ 세로 된 글자를 먼저 긋고 가로 된 글자를 나중에 쓰는 것은 다른 글자의 경우와 다르다.

④ 그 복모음은 세로로 된 획을 먼저 쓰고 가로로 된 획을 나중에 쓰는 것이 다른 것(ㅛ, ㅑ, ㅠ, ㅕ, ㅒ, ㅖ)과 같지 않다.

⑤ 세로로 된 것을 먼저 쓰고, 가로로 된 것을 뒤에 쓰는 것이 다른 것과는 다르다.

⑥ 세로된 것을 몬저하고 가로된 것을 나종함이 다른 것과 다르니라.

⑦ 그 세로 된 것을 먼저하고 가로 된 것을 나중함이 ?? 것과 다못 같지 않다.

⑧ 그 세로된것을 먼저 하고 가로된것을 후에 하는것이 다른것과 구별된다.

⑨ (둥근 것과)[22] 세로로 된 것을 먼저 쓰고, 가로로 된 것을 나중에 쓰는

---

22) '其先縱後橫'에서 '縱'자 앞에는 '圓'자가 있는 것으로 해석해야 한다. 앞서 중성자에 대한 설명 중에는 '圓'자, 즉 'ㆍ'에 대한 설명이 함께 이루어져 있다(中聲則圓者橫者 在初聲之下, ㆍㅡㅗㅛㅜㅠ是也 <正音解例 20b>). 이것은 바로 아래의 '訣' 부분에서 도 확인된다(中聲十一附初聲 圓橫書下右書縱 <正音解例 23a>). 위에서 '圓'에 대한 설

것은 다른 것과는 같지 않다.

⓪ 訣曰

① 결에서 가로되

② 노래하여 말하면

③ 결에 이르되

④ 결(訣)에 이르되,

⑤ 요점을 간추려 노래한다.

⑥ 訣에 가로되

⑧ 요약하여 말하면

⑦ 訣에 가로되

⑨ 결(訣)에서 말하기를,

⓪ 初聲在中聲左上 挹欲於諺用相同

① 初聲은 中聲의 左와 右에 있는데 挹과 欲 諺語에 한가지 쓰이며

② 초성은 중성의 왼쪽이나 위에 있는데, ㆆ와 ㅇ이 우리말에선 같게 쓰인다.

③ 초성은 중성의 왼쪽 위에 쓰는데 ㆆ(挹)과 ㅇ(欲)는 우리말에서 서로 같이 쓰인다.

④ 초성 글자는 중성 글자의 왼쪽이나 위에 있고, 'ㆆ'(挹)과 'ㅇ'(欲)은 우리말에서는 서로 같이 쓰이네.

⑤ 첫소리는 가운뎃소리의 왼쪽이나 위쪽에 있으며, 'ㆆ'와 'ㅇ'은 우리말에서는 그 쓰임이 서로 같다.

명이 빠진 것은 어떠한 이유에서인지 알 수는 없으나, 앞뒤 문맥상 '圓'에 대한 해석이 분명히 필요한 부분이므로 이것을 '둥근 것과'로 해석하여 추가했다.

⑥ 初聲은 中聲의 우든지 왼쪽에 挹과欲 諺에서 쓰임이 갓도다.

⑦ 初聲은 中聲의 위거나 왼쪽일다. ㆆ와 ㅇ는 諺에서 쓰임이 한가지

⑧ 초성은 중성의 우이거나 왼쪽이다. ≪ㆆ≫와 ≪ㅇ≫는 우리 말에서 쓰임이 한가지다.

⑨ 초성(初聲)은 중성(中聲)의 왼쪽이나 위쪽에 있고, 'ㆆ'(挹)와 'ㅇ'(欲)는 고유어에서 서로 동일하게 쓰이네.

⓪ 中聲十一附初聲 圓橫書下右書縱

① 中聲의 열한字 初聲에 붙는데 圓과 橫 아래에 縱만은 옳은편

② 중성의 열 한자를 초성에 붙일 때, 아래에는 가로 쓰고, 오른쪽에 세로 쓴다.

③ 중성 열하나는 초성에 붙는데 둥근 것과 가로 된 것은 아래로 붙이고 세로 된 것만 오른쪽에 붙인다.

④ 중성 열 한 글자는 초성에 붙이는데, 동그란 글자(ㆍ)와 가로로 된 글자(ㅡ, ㅗ, ㅛ, ㅜ, ㅠ)는 아래에 쓰고, 세로로 된 글자(ㅣ, ㅏ, ㅑ, ㅓ, ㅕ)는 오른쪽에 쓰네.

⑤ 가운뎃소리 열 한 자는 첫소리에 붙여 쓰는데, 둥근 것과 가로로 된 것은 아래에 쓰고, 오른쪽에는 세로로 된 것을 쓴다.

⑥ 中聲의 열하난 初聲에 붓는데 圓과橫 아래로 縱만이 올흔쪽

⑦ 中聲의 열 하나는 初聲에 붙는 바 圓과 橫은 아래로 縱만이 오른쪽에

⑧ 중성의 열하나는 초성에 붙는다. 둥근것과 가로된것은 아래에, 세로된 것은 오른쪽에 붙는다.

⑨ 중성(中聲) 열한 자는 초성(初聲)에 붙으며, 둥근 것과 가로로 된 것은 아래쪽에, 세로로 된 것은 오른쪽에 쓴다네.

⓪ 〈正音解例 23b〉欲書終聲在何處 初中聲下接着₍ㅅ₎寫

① 終聲을 쓰랴면 그어대 있을고 初終聲₂₃₎ 아래에 붙이어 쓸지라

② 반침₂₄₎을 쓰려면 어디다 쓰는가. 초·중성 아래에 잇대어 적는다.

③ 종성을 쓰자면 그 어디에 쓰나? 초성, 중성 아래 잇따라 쓰라.

④ 종성 글자를 쓰고자 하면 어디에 쓸 것인가? 초성·중성 글자의 아래
에 잇대어 붙여 쓰네.

⑤ 끝소리를 쓰고자 하면 어디에 둘 것인가? 첫소리와 가운뎃소리 아래
붙여 쓴다.

⑥ 終聲을 쓰자면 그어듸 될것고 初中聲 아래에 잇대어 쓸찌라.

⑦ 終聲을 쓰자면 그 어듸메 된 것고. 初中聲의 아래에 잇대여 쓸찌라.

⑧ 종성을 쓰려면 어디에 들것인가 초, 중성의 아래에 잇대여쓸것이다.

⑨ 종성(終聲)은 어디에 둘까. 초성(初聲)과 중성(中聲)의 아래쪽에 붙여서
쓸지라.

⓪ 初終合用各並書 中亦有合悉自左

① 初終의 合用은 다각기 並書로 中聲도 合用퇴 모도다 왼편부터.

② 초·중성을 합하려면, 다 각각 병서하며, 중성도 합해 쓰되, 좌에서 우
로 쓴다.

③ 초성, 종성을 합용하고 중성도 합용하되 저마다 다 병서(並書)로 왼쪽
부터 쓰라.

④ 초성·종성 글자를 합해 쓰려면 각각 병서하고, 중성 글자도 또한 합
해 쓰려면 다 왼쪽에서부터 나란히 쓰네.

⑤ 첫소리와 끝소리를 합해 쓸 때는 각각 나란히 쓰고, 가운뎃소리 역시

---

23) '初中聲'의 오타인 듯하다.
24) '받침'의 오타인 듯하다.

다 왼쪽에서부터 합하여 쓴다.

⑥ 初終을 合用코 中聲도 合用퇴 각긔다 並書로 왼쪽서 부터라.

⑦ 初終을 合用코 각기 並書할꺼며 中聲 또한 合用코 왼쪽서 부터라.

⑧ 초성을 합해쓰려면 각각 나란히 쓰며 중성도 합해쓰려면 각각 나란히 쓰며

⑨ 초성(初聲)과 종성(終聲)의 합용(合用)은 각각 나란히 쓰는 것이며, 중성 (中聲)도 역시 다 왼쪽부터라네.

⓿ 諺之四聲何以辨 平聲則弓上(上)則石

① 諺語의 四聲은 무얼로 가릴고 平聲은 활이요 上聲은 돌이며

② 우리말의 사성은 어떻게 가리나. 활(弓)이면 평성이요, :돌(石)이면 상성이며,

③ 우리말에선 사성(四聲)을 어떻게 가리나? 평성은 활(弓)이요 상성은 돌(石)

④ 우리말의 사성(四聲)은 무엇으로 분별할 것인가? 평성은 '활'(弓)이고 상성은 ':돌'(石)이네.

⑤ 토박이말의 사성은 무엇으로 분별할까? 평성은 '활'이요, 상성은 ':돌'이요,

⑥ 諺에는 四聲을 어쩌케 가릴까 平聲은 『활』이요 上聲은 『돌』이요

⑦ 諺에서는 四聲을 어떻게 가릴꼬 平聲은 "활"이요 上聲은 "돌"이라.

⑧ 우리 말에서 사성을 어떻게 가릴가 평성은 ≪활≫이고 상성의 말은 ≪돌≫이다.

⑨ 고유어에서 사성(四聲)은 어떻게 구별하는가. 평성(平聲)은 '활(弓)'이고, 상성(上聲)은 ':돌(石)'이라네.

⓪ 刀爲去而筆爲入 觀此四物他可識

① 칼이란 去聲이요 붓이란 入聲이니 이 넷을 보아서 나머질 알리라.

② ·갈(刀)이면 거성이요, 붇(筆)이면 입성이다. 이 넷을 보아서 다른 것도
알리라.

③ 갈(刀)은 거성 되고 붇(筆)은 입성 되니 이 넷을 보아서 다른 것은 알
것이다.

④ '·갈'(刀)은 거성이고 '붇'(筆)은 입성이니. 이 네 가지 경우를 살펴보면
다른 것도 알 수 있네.

⑤ '·갈'은 거성이 되고 '붇'은 입성이 되니, 이 넷을 보면 다른 것도 알
수가 있다.

⑥ 『붓』이란 入되고 『갈』이란 去되니 이넷을 보아서 다른건 알리라.

⑦ "갈"이란 去되고 "붓"은 入聲되나니 이 넷을 보아서 他를 미뤄 알아라.

⑧ ≪갈≫은 거성이 되고 ≪붇≫은 입성이 되니 이 넷으로써 다른것을 미
루어 알라.

⑨ 거성(去聲)은 '·갈'(刀)이고, 입성(入聲)은 '붇'(筆)인데, 이 네 가지를 보
면 다른 것도 알 수 있다네.

⓪ 〈正音解例 24a〉音因左點四聲分 一去二上(上)無點平

① 왼쪽의 點으로 四聲이 나뉘니 하난 去 둘은 上 없으면 平이요

② 왼쪽의 점을 따라 사성을 가르니, 하나는 거, 둘은 상, 없으면 평이다.

③ 왼쪽의 점(點)으로 사성을 나누어 하나면 거성 둘은 상성, 없으면 평성

④ 글자의 음(音)은 왼쪽에 있는 점에 따라 사성(四聲)으로 구분되니, 점이
하나면 거성이고, 둘이면 상성이며, 점이 없으면 평성이네.

⑤ 소리는 왼쪽의 점으로 사성을 나누는 바, 한 점은 거성, 두 점은 상성,
무점은 평성이니,

⑥ 왼쪽의 點으로 四聲을 난호아 하난去 둘은上 업스면 平인데

⑦ 홈따라 左點으로 四聲을 나누니 하난 去 둘은 上 點 업스면 平인데

⑧ 음에 따라 왼쪽에 점으로 사성을 나누니 하나는 거성이고 둘은 상성, 점이 없으면 평성이다.

⑨ 소리는 좌점(左點)에 따라 사성(四聲)이 나뉘니, 점 하나는 거성(去聲)이고 둘은 상성(上聲)이고, 점이 없으면 평성(平聲)이라네.

❿ 語入無定亦加點 文之入則似去聲

① 定함없는 諺語의 入 그 또한 加點퇴 漢文의 入만은 去聲과 같도다.

② 우리말의 입성은 일정ㅎ지 않으나, 한자의 입성은 거성과 비슷하다.

③ 우리말 입성은 정함이 없으나 평상거성처럼 점찍고 한자의 입성은 거성과 비슷

④ 우리말의 입성은 (점의 수가) 일정하지 않지만 역시 점을 찍고, 한자음의 입성은 (우리말의) 거성과 비슷하네.

⑤ 토박이말의 입성은 일정하지 않으나 역시 점을 더하는데, 한자말의 입성은 거성과 비슷하다.

⑥ 諺語의 入聲은 各聲에 헤첫고 漢文의 入聲은 去聲과 갓도다.

⑦ 諺語의 入聲은 定함 없고 加點해 漢文의 入聲인則 去聲과 같도다.

⑧ 우리 말의 입성은 정함이 없이 점을 더한다. 한문의 입성은 거성과 같다.

⑨ 고유어의 입성(入聲)은 가점(加點)함이 정해지지 않았으며, 한자음의 입성(入聲)은 거성(去聲)과 비슷하다네.

⓫ 方言俚語萬不同 有聲無字書難通

① 방언과 俚語가 萬가지 다르매 소리있고 글짜없어 글도 通키 어렵거늘

② 방언과 이어(俚語)가 만가지 다르나, 소리 있고 글자 없어, 써내기 어렵다.

③ 방언과 이어(俚語)가 모두 다르매 소리 있고 글씬 없어 글로 통하지 못하더니

④ 지방말과 상말이 여러 가지로 제각기 달라서, 소리는 있되 글자가 없어서 글로 써서 통하기 어렵더니,

⑤ 우리말의 세속말이 (중국말과) 전혀 달라, 소리는 있으나 글자가 없어 글이 통하기 어렵더니,

⑥ 方言과 俚語가 萬가지 다르매 聲잇고 子 업서 글通키 못거늘

⑦ 方言과 俚語들이 萬不同하여서 소리 있고 子없어 글 通치 못하더니

⑧ 사투리와 속된말이 서로 같지 않아서 소리는 있고 글자가 없어 글이 통하지 못하더니

⑨ 방언(方言)과 이어(俚語)들이 모두 다르고, 소리는 있으나 문자가 없어서 글이 통하기 어렵다네.

❶ 一朝制作俟神工 〈正音解例 24b〉大東千古開矇矓

① 一朝의 制作이 神工에 견주니 大東 千古에 어두움 열리도다.

② 일조(一朝)에 만들어 신공(神工)에 견주니, 이 나라 천고(千古)에 어두움 열렸다.

③ 하루아침에 만드셔 하늘 솜씨에 비기니 대동 땅(大東: 朝鮮) 천고에 어둠을 깨우치셨네.

④ 일조(一朝)에 글자를 만드시어 그 솜씨가 신공(神工)같으니, 우리 나라 오랜 역사에 비로소 어둠이 열렸구나.

⑤ 하루아침에 만드심은 신의 솜씨와 같으니, 동방나라 오랜 역사의 어두움을 열어젖혔도다.

⑥ 一朝에 맨드셔 神工에 견주니 東편짱 千古에 어두움 여샷다.

⑦ 一朝에 만드셔서 神工에 견주니 大東千古에 矇矓하옴이셨다.

⑧ 하루아침에 우리 글자를 훌륭히 만들었으니 우리 나라의 오랜 력사에 어두움을 깨쳤도다.

⑨ 하루아침에 만드셔서 신공(神工)에 견주니, 동쪽나라의 천고(千古)에 어두움을 깨치셨네.

用字例

❶ 初聲ㄱ, 如:감爲柿, ·ᄀᆯ爲蘆.

① 초성ㄱ은 :감이 柿가 되고, ·ᄀᆯ이 蘆가 되는 것과 같으며,

② 초성ㄱ은 :감이 시(柿)가 되고, ·ᄀᆯ이 노(蘆)가 됨과 같으며,

③ 초성ㄱ은 :감이 시(柿), ·ᄀᆯ이 노(蘆)가 되는 것과 같으며,

④ 초성ㄱ은 :감(柿), ·ᄀᆯ(蘆)의 초성과 같고,

⑤ 첫소리ㄱ은 :감[柿, 감], ·ᄀᆯ[蘆, 갈대]이 됨과 같으며,

⑥ 초성으로ㄱ는 :감이 柿가 되고, ·ᄀᆯ이 蘆가 됨과 갓고,

⑦ 초성ㄱ은 :감이 柿가 되고, ·ᄀᆯ이 蘆가 됨과 같다.

⑧ 초성ㄱ은 감이 되고 ᄀᆯ(갈대)이 되는것과 같다.

⑨ 초성(初聲)'ㄱ'는 예컨대 ':감(柿)', '·ᄀᆯ(蘆)'이 있다.

❶ ㅋ, 如우·케爲未舂稻, 콩爲大豆.

① ㅋ은 우·케가 未舂稻가 되고, 콩이 大豆가 되는 것과 같으며,

② ㅋ은 우·케가 미용도(未舂稻)가 되고, 콩이 대두(大豆)가 됨과 같으며,

③ ㅋ은 우·케가 미용도(未舂稻), 콩이 대두(大豆)가 되는 것과 같으며,

④ ㅋ은 우·케(未舂稻), 콩(大豆)과 같으며,

⑤ ㅋ은 우·케[未舂稻, 우케], 콩[大豆, 콩]이 됨과 같으며,

⑥ ㅋ는 우·케가 未舂稻가 되고, 콩이 大豆가 됨과 갓고,

⑦ ㅋ은 우·케가 未舂稻가 되고, 콩이 大豆가 됨과 같다.

⑧ ㅋ은 우케(찧지 않은 벼)가 되고 콩이 되는것과 같다.

⑨ 'ㅋ'는 예컨대 '·우케(未舂稻)', '콩(大豆)'이 있다.

❶ ㆁ, 如러·울爲獺, 서·에爲流澌.

① ㆁ은 러·울이 獺가 되고, 서·에가 流澌가 되는 것과 같으며,

② ㆁ은 러·울이 달(獺)이 되고, 서·에가 유시(流凘)가 됨과 같으며,

③ ㆁ은 러·울이 달(獺), 서·에가 유시(流凘)가 되는 것과 같으며,

④ ㆁ은 러·울(獺), 서·에(流凘)와 같고,

⑤ ㆁ은 러·울[獺, 너구리], 서·에[流凘, 성에]가 됨과 같으며,

⑥ ㆁ는 러·울이 獺가 되고, 서·에가 流凘가 됨과 갓고,

⑦ ㆁ은 러·울이 獺이 되고, 서·에가 流凘 됨과 같다.

⑧ ㆁ은 러울(수달)이 되고 서에(성에)가 되는것과 같다.

⑨ 'ㆁ'는 예컨대 '러·울(獺)', '서·에(流凘)'가 있다.

🄇 ㄷ, 如·뒤爲茅, ·담爲墻.

① ㄷ은 ·뒤가 茅가 되, ·담이 墻이 되는 것과 같으며,

② ㄷ은 ·뒤가 모(茅)가 되고, ·담이 상(墻)이 됨과 같으며,

③ ㄷ은 ·뒤가 모(茅), ·담이 장(墻)이 되는 것과 같으며,

④ ㄷ은 ·뒤(茅), ·담(墻)과 같으며,

⑤ ㄷ은 ·뒤[茅, 띠], ·담[墻, 담]이 됨과 같으며,

⑥ ㄷ는 ·뒤가 茅가 되, ·담이 墻이 됨과 갓고,

⑦ ㄷ은 ·뒤가 茅가 되고, ·담이 墻이 됨과 같다.

⑧ ㄷ은 뒤(띠)가 되고 담(담장)이 되는것과 같다.

⑨ 'ㄷ'는 예컨대 '·뒤(茅)', '·담(墻)'이 있다.

🄇 ㅌ, 如고·티爲繭, 두텁爲蟾蜍.

① ㅌ은 고·티가 繭이 되고, 두텁이 蟾蜍가 되는 것과 같으며,

② ㅌ은 고·티가 견(繭)이 되고, 두텁이 섬여(蟾蜍)가 됨과 같으며,

③ ㅌ은 고·티가 견(繭), 두텁이 섬여(蟾蜍)가 되는 것과 같으며,

④ ㅌ은 고·티(繭), 두텁(蟾蜍)과 같고,

⑤ ㅌ은 고·티[繭, 고치], 두텁[蟾蜍, 두꺼비]이 됨과 같으며,

⑥ ㅌ는 고·티가 繭이 되고, 두텁이 蟾蜍가 됨과 갓고,

⑦ ㅌ은 고·티가 繭이 되고, 두텁이 蟾蜍가 됨과 같다.

⑧ ㅌ은 고티(고치)가 되고 두텁(두껍)이 되는것과 같다.

⑨ 'ㅌ'는 예컨대 '고·티(繭)', '두텁(蟾蜍)'이 있다.

⓿ ㄴ, 如노로爲獐, 납爲猿.

① ㄴ은 노로가 獐이 되고, 납이 猿이 되는 것과 같으며,

② ㄴ은 노로가 장(獐)이 되고, 납이 원(猿)이 됨과 같으며,

③ ㄴ은 노로가 장(獐), 납이 원(猿)이 되는 것과 같으며,

④ ㄴ은 노로(獐), 납(猿)과 같으며,

⑤ ㄴ은 노로[獐, 노루], 납[猿, 원숭이]이 됨과 같으며,

⑥ ㄴ는 노로가 獐이 되고, 납이 猿이 됨과 갓고,

⑦ ㄴ은 노로가 獐이 되고, 납이 猿이 됨과 같다.

⑧ ㄴ은 노로(노루)가 되고 납(원숭이)이 되는것과 같다.

⑨ 'ㄴ'는 예컨대 '노로(獐)', '납(猿)'이 있다.

⓿ ㅂ, 如불爲臂, :벌爲蜂.

① ㅂ은 불이 臂가 되고, :벌이 蜂이 되는 것과 같으며,

② ㅂ은 불이 비(臂)가 되고, :벌이 봉(蜂)이 됨과 같으며,

③ ㅂ은 불이 비(臂), :벌이 봉(蜂)이 되는 것과 같으며,

④ ㅂ은 불(臂), :벌(蜂)과 같고,

⑤ ㅂ은 불[臂, 팔], :벌[蜂, 벌]이 됨과 같으며,

⑥ ㅂ는 불이 臂가 되고, :벌이 蜂이 됨과 갓고,

⑦ ㅂ은 불이 臂가 되고, :벌이 蜂이 됨과 같다.

⑧ ㅂ은 볼(팔)이 되고 벌이 되는것과 같다.

⑨ 'ㅂ'는 예컨대 '볼(臂)', ':벌(蜂)'이 있다.

⓪ ㅍ, 如·파爲葱, ·풀爲蠅.

① ㅍ은 ·파가 葱이 되고 ·풀이 蠅이 되는 것과 같으며,

② ㅍ은 ·파가 총(葱)이 되고 ·풀이 승(蠅)이 됨과 같으며,

③ ㅍ은 ·파가 총(葱) ·풀이 승(蠅)이 되는 것과 같으며,

④ ㅍ은 ·파(葱) ·풀(蠅)과 같으며,

⑤ ㅍ은 ·파[葱, 파], ·풀[蠅, 파리]이 됨과 같으며,

⑥ ㅍ는 ·파가 葱이 되고 ·풀이 蠅이 됨과 갓고,

⑦ ㅍ은 ·파가 葱이 되고 ·풀이 蠅이 됨과 같다.

⑧ ㅍ은 파가 되고 풀(파리)이 되는것과 같다.

⑨ 'ㅍ'는 예컨대 '·파(葱)', '·풀(蠅)'이 있다.

⓪ ㅁ, 〈正音解例25a〉如:뫼爲山, ·마爲薯蕷.

① ㅁ은 :뫼가 山이 되고, ·마가 薯蕷가 되는 것과 같으며,

② ㅁ은 :뫼가 산(山)이 되고, ·마가 서여(薯蕷)가 됨과 같으며,

③ ㅁ은 :뫼가 산(山), ·마가 서여(薯蕷)가 되는 것과 같으며,

④ ㅁ은 :뫼(山), ·마(薯蕷)와 같고,

⑤ ㅁ은 :뫼[山, 산], ·마[薯蕷, 마]가 됨과 같으며,

⑥ ㅁ는 :뫼가 山이 되고, ·마가 薯蕷가 됨과 갓고,

⑦ ㅁ은 :뫼가 山이 되고, ·마가 薯蕷가 됨과 같다.

⑧ ㅁ은 뫼(산)가 되고 마(감자)가 되는것과 같다.

⑨ 'ㅁ'는 예컨대 ':뫼(山)', '·마(薯蕷)'가 있다.

0 ㅸ, 如사ᄫᅵ爲蝦, 드ᄫᅴ爲瓠.

① ㅸ은 사ᄫᅵ가 蝦가 되고, 드ᄫᅴ가 瓠가 되는 것과 같으며,

② ㅸ은 사ᄫᅵ가 하(蝦)가 되고, 드ᄫᅴ가 호(瓠)가 됨과 같으며,

③ ㅸ은 사ᄫᅵ가 하(蝦), 드ᄫᅴ가 호(瓠)가 되는 것과 같으며,

④ ㅸ은 사ᄫᅵ(蝦), 드ᄫᅴ(瓠)와 같으며,

⑤ ㅸ은 사ᄫᅵ[蝦, 새우], 드ᄫᅴ[瓠, 뒤웅박]가 됨과 같으며,

⑥ ㅸ는 사ᄫᅵ가 蝦가 되고, 드ᄫᅴ가 瓠가 됨과 갓고,

⑦ ㅸ은 사ᄫᅵ가 蝦가 되고, 드ᄫᅴ가 瓠가 됨과 같다.

⑧ ㅸ은 사ᄫᅵ(새우)가 되고 드ᄫᅴ(조롱박)가 되는것과 같다.

⑨ 'ㅸ'는 예컨대 '사ᄫᅵ(蝦)', '드ᄫᅴ(瓠)'가 있다.

0 ㅈ, 如자爲尺, 죠ᅙᅵ爲紙.

① ㅈ은 자가 尺이 되고, 죠ᅙᅵ가 紙가 되는 것과 같으며,

② ㅈ은 자가 척(尺)이 되고, 죠ᅙᅵ가 지(紙)가 됨과 같으며,

③ ㅈ은 자가 척(尺), 죠ᅙᅵ가 지(紙)가 되는 것과 같으며,

④ ㅈ은 자(尺), 죠ᅙᅵ(紙)와 같고,

⑤ ㅈ은 자[尺, 자], 죠ᅙᅵ[紙, 종이]가 됨과 같으며,

⑥ ㅈ는 자가 尺이 되고, 죠ᅙᅵ가 紙가 됨과 갓고,

⑦ ㅈ은 자가 尺이 되고, 죠ᅙᅵ가 紙가 됨과 같다.

⑧ ㅈ은 자(자)가 되고 죠ᅙᅵ(종이)가 되는것과 같다.

⑨ 'ㅈ'는 예컨대 '자(尺)', '죠ᅙᅵ(紙)'가 있다.

0 ㅊ, 如·체爲籭, ·채爲鞭.

① ㅊ은 ·체가 籭가 되고, ·채가 鞭이 되는 것과 같으며,

② ㅊ은 ·체가 녹(籭)가 되고, ·채가 편(鞭)이 됨과 같으며,

③ ㅊ은 ·체가 사(籭), ·채가 편(鞭)이 되는 것과 같으며,

④ ㅊ은 ·체(籭), ·채(鞭)와 같으며,

⑤ ㅊ은 ·체[籭, 체], ·채[鞭, 책(찍)]이 됨과 같으며,

⑥ ㅊ는 ·체가 籭가 되고, ·채가 鞭이 됨과 갓고,

⑦ ㅊ은 ·체가 籭가 되고, ·채가 鞭이 됨과 같다.

⑧ ㅊ은 체(채)가 되고 채(책찍)가 되는것과 같다.

⑨ 'ㅊ'는 예컨대 '·체(籭)', '·채(鞭)'가 있다.

Ⓞ ㅅ, 如·손爲手, :셤爲島.

① ㅅ은, ·손이 手이 되고, :셤이 島가 되는 것과 같으며,

② ㅅ은, ·손이 손(手)이 되고, :셤이 도(島)가 됨과 같으며,

③ ㅅ은, ·손이 수(手), :셤이 도(島)가 되는 것과 같으며,

④ ㅅ은, ·손(手), :셤(島)과 같고,

⑤ ㅅ은, ·손[手, 손], :셤[島, 섬]가 됨과 같으며,

⑥ ㅅ는, ·손이 手이 되고, :셤이 島가 됨과 갓고,

⑦ ㅅ은, ·손이 手이 되고, :셤이 島가 됨과 같다.

⑧ ㅅ은, 손(손)이 되고 셤(섬)이 되는것과 같다.

⑨ 'ㅅ'는 예컨대 '·손(手)', ':셤(島)'이 있다.

Ⓞ ㅎ, 如·부헝爲鵂鶹, ·힘爲筋.

① ㅎ은 ·부헝이 鵂鶹가 되고, ·힘이 筋이 되는 것과 같으며,

② ㅎ은 ·부헝이 휴류(鵂鶹)가 되고, ·힘이 근(筋)이 됨과 같으며,

③ ㅎ은 ·부헝이 휴류(鵂鶹)가 되고, ·힘이 근(筋)이 되는 것과 같으며,

④ ㅎ은 ·부헝(鵂鶹), ·힘(筋)과 같으며,

⑤ ㅎ은 ·부헝[鵂鶹, 부엉이], ·힘[筋, 힘줄]이 됨과 같으며,

⑥ ㅎ는 ·부헝이 鵂鶹가 되고, ·힘이 筋이 됨과 갓고,

⑦ ㅎ은 ·부헝이 鵂鶹가 되고, ·힘이 筋이 됨과 같다.

⑧ ㅎ은 부헝(부엉이)이 되고 힘이 되는것과 같다.

⑨ 'ㅎ'는 예컨대 '·부헝(鵂鶹)', '·힘(筋)'이 있다.

⓿ ㅇ, 如·비육爲鷄雛, ·ᄇ얌爲蛇.

① ㅇ은 ·비육이 鷄雛가 되고, ·ᄇ얌이 蛇가 되는 것과 같으며,

② ㅇ은 ·비육이 계추(鷄雛)가 되고, ·ᄇ얌이 사(蛇)가 됨과 같으며,

③ ㅇ은 ·비육이 계추(鷄雛), ·ᄇ얌이 사(蛇)가 되는 것과 같으며,

④ ㅇ은 ·비육(鷄雛), ·ᄇ얌(蛇)과 같고,

⑤ ㅇ은 ·비육[鷄雛, 병아리], ·ᄇ얌[蛇, 뱀]가 됨과 같으며,

⑥ ㅇ는 ·비육이 鷄雛가 되고, ·ᄇ얌이 蛇가 됨과 갓고,

⑦ ㅇ은 ·비육이 鷄雛가 되고, ·ᄇ얌이 蛇가 됨과 같다.

⑧ ㅇ은 비육(병아리)이 되고 ᄇ얌(뱀)이 되는것과 같다.

⑨ 'ㅇ'는 예컨대 '·비육(鷄雛)', '·ᄇ얌(蛇)'이 있다.

⓿ ㄹ, 如·무뤼爲雹, 어·름爲氷.

① ㄹ은 ·무뤼가 雹이 되고, 어·름이 氷이 되는 것과 같으며,

② ㄹ은 ·무뤼가 박(雹)이 되고, 어·름이 빙(氷)이 됨과 같으며,

③ ㄹ은 ·무뤼가 박(雹), 어·름이 빙(氷)이 되는 것과 같으며,

④ ㄹ은 ·무뤼(雹), 어·름(氷)과 같으며,

⑤ ㄹ은 ·무뤼[雹, 우박], 어·름[氷, 얼음]이 됨과 같으며,

⑥ ㄹ은 ·무뤼가 雹이 되고, 어·름이 氷이 됨과 갓고,

⑦ ㄹ은 ·무뤼가 雹이 되고, 어·름이 氷이 됨과 같다.

⑧ ㄹ은 무뤼(우박)가 되고 어름(얼음)이 되는것과 같다.

⑨ 'ㄹ'는 예컨대 '·무뤼(雹)', '어·름(氷)'이 있다.

⓪ △, 如아ᅀᅳ爲弟, :너ᅀᅵ爲鴇.

① △은 아ᅀᅳ가 弟가 되고, 너ᅀᅵ가 鴇가 되는 것과 같으며,

② △은 아ᅀᅳ가 제(弟)가 되고, :너ᅀᅵ가 보(鴇)가 됨과 같다.

③ △은 아ᅀᅳ가 제(弟), 너ᅀᅵ가 보(鴇)가 되는 것과 같다.

④ △은 아ᅀᅳ(弟), 너ᅀᅵ(鴇) 등의 용례와 같다.

⑤ △은 아ᅀᅳ[弟, 아우], :너ᅀᅵ[鴇, 너새]가 됨과 같다.

⑥ △는 아ᅀᅳ가 弟가 되고, 너ᅀᅵ가 鴇가 됨과 갓고,

⑦ △은 아ᅀᅳ가 弟가 되고, :너ᅀᅵ가 鴇가 됨과 같다.

⑧ △은 아ᅀᅳ(아우)가 되고 너ᅀᅵ(너화)가 되는 것과 같다.

⑨ '△'는 예컨대 '아ᅀᅳ(弟)', ':너ᅀᅵ(鴇)'가 있다.

⓪ 中聲 ·, 如·툭爲頤, ·풋爲小豆, ᄃ리爲橋, ᄀ래爲楸.

① 中聲·는 ·툭이 頤가 되고, ·풋이 小豆가 되고, ᄃ리가 橋가 되고, ᄀ래
가 楸가 되는 것과 같으며,

② 中聲·는 ·툭이 이(頤)가 되고, ·풋이 소두(小豆)가 되고, ᄃ리가 교(橋)
가 되고, ᄀ래가 추(楸)가 됨과 같으며,

③ 中聲·는 ·툭이 이(頤), ·풋이 소두(小豆), ᄃ리가 교(橋), ᄀ래가 추(楸)
가 되는 것과 같으며,

④ 中聲·는 ·툭(頤), ·풋(小豆), ᄃ리(橋), ᄀ래(楸)와 같고,

⑤ 가운뎃소리·는 ·툭[頤, 턱], ·풋[小豆, 팥], ᄃ리[橋, 다리], ᄀ래[楸, 가
래]가 됨과 같으며,

⑥ 中聲으로·는 ·툭이 頤가 되고, ·풋이 小豆가 되고, ᄃ리가 橋가 되고,
ᄀ래가 楸가 됨과 갓고,

⑦ 中聲·ᆞ는 ·특이 頤가 되고, ·풏이 小豆가 되고, ᄃ리가 橋가 되고, ᄀ래가 楸가 됨과 같다.

⑧ 中聲·ᆞ는 특(턱)이 되고 풏(팥)이 되고 ᄃ리(다리)가 되고 ᄀ래(가래)가 되는것과 같다.

⑨ 중성(中聲)'·ᆞ'는 예컨대 '·특(頤)', '·풏(小豆)', 'ᄃ리(橋)', 'ᄀ래(楸)'가 있다.

⓪ 一, 〈正音解例25b〉如 ·믈爲水, ·발·측爲跟, 그력爲鴈, ᄃ·레爲汲器.

① 一는 ·믈이 水가 되고, ·발·측이 跟이 되고, 그력이 鴈이 되고, ᄃ·레가 汲器가 되는 것과 같으며,

② 一는 ·믈이 수(水)가 되고, ·발·측이 근(跟)이 되고, 그력이 연(鴈)이 되고, ᄃ·레가 급기(汲器)가 됨과 같으며,

③ 一는 ·믈이 수(水), ·발·측이 근(跟), 그력이 안(鴈), ᄃ·레가 급기(汲器)가 되는 것과 같으며,

④ 一는 ·믈(水), ·발·측(跟), 그력(鴈), ᄃ·레(汲器)와 같으며,

⑤ 一는 ·믈[水, 물], ·발·측[跟, 발꿈치], 그력[鴈, 기러기], ᄃ·레[汲器, 두레박]가 됨과 같으며,

⑥ 一는 ·믈이 水가 되고, ·발·측이 跟이 되고, 그력이 鴈이 되고, ᄃ·레가 汲器가 됨과 갓고,

⑦ 一는 ·믈이 水가 되고, ·발·측이 跟이 되고, 그력이 鴈이 되고, ᄃ·레가 汲器가 됨과 같다.

⑧ 一는 믈(물)이 되고 발측(발뒤축)이 되고 그력(기러기)이 되고 드레가 되는것과 같다.

⑨ '一'는 예컨대 '·믈(水)', '·발·측(跟)', '그력(鴈)', 'ᄃ·레(汲器)'가 있다.

⓪ ㅣ, 如·깃爲巢, :밀爲蠟, ·피爲稷, ·키爲箕.

① ㅣ는 ·깃이 巢가 되고 :밀이 蠟이 되고 ·피가 稷이 되고 ·키가 箕가 되는 것과 같으며,

② ㅣ는 ·깃이 소(巢)가 되고, :밀이 납(蠟)이 되고, ·피가 직(稷)이 되고, ·키가 기(箕)가 됨과 같으며,

③ ㅣ는 ·깃이 소(巢), :밀이 납(蠟), ·피가 직(稷), ·키가 기(箕)가 되는 것과 같으며,

④ ㅣ는 ·깃(巢), :밀(蠟), ·피(稷), ·키(箕)와 같고,

⑤ ㅣ는 ·깃[巢, 둥지], :밀[蠟, 밀], ·피[稷, 피], ·키[箕, 키]가 됨과 같으며,

⑥ ㅣ는 ·깃이 巢가 되고 :밀이 蠟이 되고 ·피가 稷이 되고 ·키가 箕가 됨과 갓고,

⑦ ㅣ는 ·깃이 巢가 되고 :밀이 蠟이 되고 ·피가 稷이 되고 ·키가 箕가 됨과 같다.

⑧ ㅣ는 깃(둥지)이 되고 밀이 되고 피가 되고 키(箕)가 기되는것과 같다.

⑨ 'ㅣ'는 예컨대 '·깃(巢)', ':밀(蠟)', '·피(稷)', '·키(箕)'가 있다.

⓪ ㅗ, 如·논爲水田, ·톱爲鉅, 호·미爲鋤, 벼·로爲硯.

① ㅗ는 ·논이 水田이 되고 ·톱이 鉅가 되고 호·미가 鋤가 되고 벼·로가 硯이 되는 것과 같으며,

② ㅗ는 ·논이 수전(水田)이 되고, ·톱이 거(鉅)가 되고, 호·미가 서(鋤)가 되고, 벼·로가 연(硯)이 됨과 같으며,

③ ㅗ는 ·논이 수전(水田), ·톱이 거(鉅), 호·미가 서(鋤), 벼·로가 연(硯)이 되는 것과 같으며,

④ ㅗ는 ·논(水田), ·톱(鉅), 호·미(鋤), 벼·로(硯)와 같으며,

⑤ ㅗ는 ·논[水田, 논], ·톱[鉅, 톱], 호·미[鋤, 호미], 벼·로[硯, 벼루]이 됨

과 같으며,

⑥ ㅗ는 ·논이 水田이 되고, ·톱이 鉅가 되고, 호·미가 鉏가 되고, 벼·로가 硯이 됨과 갓고,

⑦ ㅗ는 ·논이 水田이 되고, ·톱이 鉅가 되고, 호·미가 鉏가 되고, 벼·로가 硯이 됨과 같다.

⑧ ㅗ는 논이 되고 톱이 되고 호미(호미)가 되고 벼로(벼루)가 되는것과 같다.

⑨ 'ㅗ'는 예컨대 '·논(水田)', '·톱(鉅)', '호·미(鉏)', '벼·로(硯)'가 있다.

❶ ㅏ, 如·밥爲飯, ·낟爲鎌, 이·아爲綜, 사·슴爲鹿.

① ㅏ는 ·밥이 飯이 되고, ·낟이 鎌이 되고, 이·아가 綜이 되고, 사·슴이 鹿이 되는 것과 같으며,

② ㅏ는 ·밥이 반(飯)이 되고, ·낟이 겸(鎌)이 되고, 이·아가 종(綜)이 되고, 사·슴이 녹(鹿)이 됨과 같으며,

③ ㅏ는 ·밥이 반(飯), ·낟이 겸(鎌), 이·아가 종(綜), 사·슴이 녹(鹿)이 되는 것과 같으며,

④ ㅏ는 ·밥(飯), ·낟(鎌), 이·아(綜), 사·슴(鹿)과 같고,

⑤ ㅏ는 ·밥[飯, 밥], ·낟[鎌, 낫], 이·아[綜, 잉아], 사·슴[鹿, 사슴]이 됨과 같으며,

⑥ ㅏ는 ·밥이 飯이 되고, ·낟이 鎌이 되고, 이·아가 綜이 되고, 사·슴이 鹿이 됨과 갓고,

⑦ ㅏ는 ·밥이 飯이 되고, ·낟이 鎌이 되고, 이·아가 綜이 되고, 사·슴이 鹿이 됨과 같다.

⑧ ㅏ는 밥이 되고 낟(낫)이 되고 이아(잉아-綜)가 되고 사슴(사슴)이 되는 것과 같다.

⑨ 'ㅏ'는 예컨대 '·밥(飯)', '·낟(鎌)', '이·아(綜)', '사·슴(鹿)'이 있다.

❿ ㅜ, 如숫爲炭, ·울爲籬, 누·에爲蚕, 구·리爲銅.

① ㅜ는 숫이 炭이 되고, ·울이 籬가 되고, 누·에가 蚕이 되고, 구·리가 銅이 되는 것과 같으며,

② ㅜ는 숫이 탄(炭)이 되고, ·울이 이(籬)가 되고, 누·에가 잠(蚕)이 되고, 구·리가 동(銅)이 되는 것과 같으며,

③ ㅜ는 숫이 탄(炭), ·울이 이(籬), 누·에가 잠(蚕), 구·리가 동(銅)이 되는 것과 같으며,

④ ㅜ는 숫(炭), ·울(籬), 누·에(蚕), 구·리(銅)와 같으며,

⑤ ㅜ는 숫[炭, 숯], ·울[籬, 울(타리)], 누·에[蚕, 누에], 구·리[銅, 구리]이 되는 것과 같으며,

⑥ ㅜ는 숫이 炭이 되고, ·울이 籬가 되고, 누·에가 蚕이 되고, 구·리가 銅이 되는 것과 같으며,

⑦ ㅜ는 숫이 炭이 되고, ·울이 籬가 되고, 누·에가 蚕이 되고, 구·리가 銅이 되는 것과 같다.

⑧ ㅜ는 숫(숯)이 되고 울(울바자)이 되고 누에가 되고 구리가 되는것과 같다.

⑨ 'ㅜ'는 예컨대 '숫(炭)', '·울(籬)', '누·에(蚕)', '구·리(銅)'가 있다.

❿ ㅕ, 如브섭爲竈, :널爲板, 서·리 爲霜, 버·들爲柳.

① ㅕ는 브섭이 竈가 되고, :널이 板이 되고, 서·리가 霜이 되고, 버·들이 柳가 되는 것과 같으며,

② ㅕ는 브섭이 조(竈)가 되고, :널이 판(板)이 되고, 서·리가 상(霜)이 되고, 버·들이 유(柳)가 됨과 같으며,

③ ㅓ는 브섭이 조(竈), :널이 판(板), 서·리가 상(霜), 버·들이 유(柳)가 되
  는 것과 같으며,

④ ㅓ는 브섭(竈), :널(板), 서·리(霜), 버·들(柳)과 같고,

⑤ ㅓ는 브섭[竈, 부엌], :널[板, 널(빤지)], 서·리[霜, 서리], 버·들[柳, 버들]
  가 됨과 같으며,

⑥ ㅓ는 브섭이 竈가 되고, :널이 板이 되고, 서·리가 霜이 되고, 버·들이
  柳가 됨과 갓고,

⑦ ㅓ는 브섭이 竈가 되고, :널이 板이 되고, 서·리가 霜이 되고, 버·들이
  柳가 됨과 같다.

⑧ ㅓ는 브섭(부엌)이 되고 널(널판자)이 되고 서리가 되고 버들이 되는것
  과 같다.

⑨ 'ㅓ'는 예컨대 '브섭(竈)', ':널(板)', '서·리(霜)', '버·들(柳)'이 있다.

❿ ㅛ, 如:죵爲奴, ·고욤〈正音解例26a〉爲梬, 쇼爲牛, 삽됴爲蒼朮菜.

① ㅛ는 :죵이 奴가 되고, ·고욤이 梬이 되고, 쇼가 牛가 되고, 삽됴가 蒼朮
  菜가 되는 것과 같으며,

② ㅛ는 :죵이 노(奴)가 되고, ·고욤이 영(梬)이 되고, 쇼가 우(牛)가 되고,
  삽됴가 창출채(蒼朮菜)가 됨과 같으며,

③ ㅛ는 :죵이 노(奴), ·고욤이 용(梬), 쇼가 우(牛), 삽됴가 창출채(蒼朮菜)
  가 되는 것과 같으며,

④ ㅛ는 :죵(奴), ·고욤(梬), 쇼(牛), 삽됴(蒼朮菜)와 같으며,

⑤ ㅛ는 :죵[奴, 종], ·고욤[梬, 고욤], 쇼[牛, 소], 삽됴[蒼朮菜, 삽주]가 됨
  과 같으며,

⑥ ㅛ는 :죵이 奴가 되고, ·고욤이 梬이 되고, 쇼가 牛가 되고, 삽됴가 蒼朮
  菜가 됨과 갓고,

⑦ ㅛ는 :죵이 奴가 되고, ·고욤이 梬이 되고, 쇼가 牛가 되고, 삽됴가 蒼朮菜가 됨과 같다.

⑧ ㅛ는 죵(종-奴)이 되고 고욤(개암)이 되고 쇼(소)가 되고 삽됴(삽주)가 되는것과 같다.

⑨ 'ㅛ'는 예컨대 ':죵(奴)', '·고욤(梬)', '쇼(牛)', '삽됴(蒼朮菜)'가 있다.

⓪ ㅑ, 如남샹爲龜, 약爲鼅鼊, 다야爲匜, 쟈감爲蕎麥皮.

① ㅑ는 남샹이 龜가 되고, 약이 鼅鼊이 되고, 다야가 匜가 되고, 쟈감이 蕎麥皮가 되는 것과 같으며,

② ㅑ는 남샹이 구(龜)가 되고, 약이 구벽(鼅鼊)이 되고, 다야가 匜가 되고, 쟈감이 교맥피(蕎麥皮)가 됨과 같으며,

③ ㅑ는 남샹 구(龜), 약이 구벽(鼅鼊), 다야가 匜, 쟈감이 교맥피(蕎麥皮)가 되는 것과 같으며,

④ ㅑ는 남샹(龜), 약(鼅鼊), 다야(匜), 쟈감(蕎麥皮)과 같고,

⑤ ㅑ는 남샹[龜, 남생이], 약[鼅鼊, 거북], 다야[匜, 대야], 쟈감[蕎麥皮, 메밀 껍질]이 됨과 같으며,

⑥ ㅑ는 남샹이 龜가 되고, 약이 鼅鼊이 되고, 다야가 匜가 되고, 쟈감이 蕎麥皮가 됨과 갓고,

⑦ ㅑ는 남샹이 龜가 되고, 약이 鼅鼊이 되고, 다야가 匜가 되고, 쟈감이 蕎麥皮가 됨과 같다.

⑧ ㅑ는 남샹(거북이)이 되고 약(자라)이 되고 다야(대야)가 쟈감(메밀껍질)이 되는것과 같다.

⑨ 'ㅑ'는 예컨대 '남샹(龜)', '약(鼅鼊)', '다야(匜)', '쟈감(蕎麥皮)'이 있다.

Ⓞ ㅠ, 如율믜爲薏苡, 쥭爲飯乗, 슈룹爲雨繖, 쥬련爲帨.

① ㅠ는 율믜가 薏苡가 되고, 쥭이 飯乗가 되고, 슈룹이 雨繖이 되고, 쥬련이 帨가 되는 것과 같으며,

② ㅠ는 율믜가 의이(薏苡)가 되고, 쥭이 반초(飯乗)가 되고, 슈룹이 우산(雨繖)이 되고, 쥬련이 세(帨)가 됨과 같으며,

③ ㅠ는 율믜가 의이(薏苡), 쥭이 반초(飯초), 슈룹이 우산(雨繖), 쥬련이 세(帨)가 되는 것과 같으며,

④ ㅠ는 율믜(薏苡), 쥭(飯초), 슈룹(雨繖), 쥬련(帨)과 같으며,

⑤ ㅠ는 율믜[薏苡, 율무], 쥭[飯乗, 주격], 슈룹[雨繖, 우산], 쥬련[帨, 수건]가 됨과 같으며,

⑥ ㅠ는 율믜가 薏苡가 되고, 쥭이 飯乗가 되고, 슈룹이 雨繖이 되고, 쥬련이 帨가 됨과 갓고,

⑦ ㅠ는 율믜가 薏苡가 되고, 쥭이 飯乗가 되고, 슈룹이 雨繖이 되고, 쥬련이 帨가 됨과 같다.

⑧ ㅠ는 율믜(율무)가 되고 쥭(쥭)이 되고 슈룹(우산)이 되고 쥬련(수건)이 되는것과 같다.

⑨ 'ㅠ'는 예컨대 '율믜(薏苡)', '쥭(飯乗)', '슈룹(雨繖)', '쥬련(帨)'이 있다.

Ⓞ ㅕ, 如·엿爲飴䬼, 뎔爲佛寺, 벼爲稲, :져비爲燕.

① ㅕ는 ·엿이 飴䬼이 되고, 뎔이 佛寺가 되고, 벼가 稲가 되고, :져비가 燕이 되는 것과 같으며

② ㅕ는 ·엿이 이당(飴䬼)이 되고, 뎔이 불사(佛寺)가 되고, 벼가 도(稲)가 되고, :져비가 연(燕)이 됨과 같다.

③ ㅕ는 ·엿이 이당(飴䬼), 뎔이 불사(佛寺), 벼가 도(稲), :져비가 연(燕)이 되는 것과 같다.

④ ㅕ는 ·엿(飴䬗), 뎔(佛寺), 벼(稻), :져비(燕) 등의 용례와 같다.

⑤ ㅕ는 ·엿[飴䬗, 엿], 뎔[佛寺, 절], 벼[稻, 벼], :져비[燕, 제비]가 됨과 같다.

⑥ ㅕ는 ·엿이 飴䬗이 되고, 뎔이 佛寺가 되고, 벼가 稻가 되고, :져비가 燕이 됨과 같으며

⑦ ㅕ는 ·엿이 飴䬗이 되고, 뎔이 佛寺가 되고, 벼가 稻가 되고, :져비가 燕이 됨과 같다.

⑧ ㅕ는 엿이 되고 뎔(절)이 되고 벼가 되고 져비(제비)가 되는것과 같다.

⑨ 'ㅕ'는 예컨대 '·엿(飴䬗)', '뎔(佛寺)', '벼(稻)', ':져비(燕)'가 있다.

⓪ 終聲ㄱ, 如닥爲楮, 독爲甕.

① 終聲ㄱ은 닥이 楮가 되고, 독이 甕이 되는 것과 같으며,

② 終聲ㄱ은 닥이 저(楮)가 되고, 독이 옹(甕)이 됨과 같으며,

③ 終聲ㄱ은 닥이 저(楮), 독이 옹(甕)이 되는 것과 같으며,

④ 終聲ㄱ은 닥(楮), 독(甕)과 같고,

⑤ 끝소리ㄱ은 닥[楮, 닥(나무)], 독[甕, 독]이 됨과 같으며,

⑥ ㄱ는 닥이 楮가 되고, 독이 甕이 됨과 갓고,

⑦ 終聲ㄱ은 닥이 楮가 되고, 독이 甕이 됨과 같다.

⑧ 終聲ㄱ은 닥(닥나무)이 되고 독이 되는것과 같다.

⑨ 종성(終聲) ㄱ는 예컨대 '닥(楮)', '독(甕)'이 있다.

⓪ ㆁ, 如:굼벙爲蠐螬, ·올창爲蝌蚪.

① ㆁ은 :굼벙이 蠐螬가 되고, ·올창이 蝌蚪가 되는 것과 같으며,

② ㆁ은 :굼벙이 제조(蠐螬)가 되고, ·올창이 과두(蝌蚪)가 됨과 같으며,

③ ㆁ은 :굼벙이 제조(蠐螬), ·올창이 과두(蝌蚪)가 되는 것과 같으며,

④ ㆁ은 :굼벙(蠐螬), ·올창(蝌蚪)과 같고,

⑤ ㆁ은 :굼벙[蠐螬, 굼벵이], ·올창[蝌蚪, 올챙이]가 됨과 같으며,

⑥ ㆁ는 :굼벙이 蠐螬가 되고, ·올창이 蝌蚪가 됨과 갓고,

⑦ ㆁ은 :굼벙이 蠐螬가 되고, ·올창이 蝌蚪가 됨과 같다.

⑧ ㆁ은 굼벙(굼벵이)이 되고 올창(올챙이)이 되는것과 같다.

⑨ 'ㆁ'는 예컨대 ':굼벙(蠐螬)', '·올창(蝌蚪)'이 있다.

ㄷ ㄷ, 如·갇爲笠, 싣爲楓.

① ㄷ은 ·갇이 笠이 되고, 싣이 楓이 되는 것과 같으며,

② ㄷ은 ·갇이 입(笠)이 되고, 싣이 풍(楓)이 됨과 같으며,

③ ㄷ은 ·갇이 입(笠), 싣이 풍(楓)이 되는 것과 같으며,

④ ㄷ은 ·갇(笠), 싣(楓)과 같고,

⑤ ㄷ은 ·갇[笠, 갓], 싣[楓, 신나무]이 됨과 같으며,

⑥ ㄷ는 ·갇이 笠이 되고, 싣이 楓이 됨과 갓고,

⑦ ㄷ은 ·갇이 笠이 되고, 싣이 楓이 됨과 같다.

⑧ ㄷ은 갇(갓)이 되고 싣(단풍나무)이 되는것과 같다.

⑨ 'ㄷ'는 예컨대 '·갇(笠)', '싣(楓)'이 있다.

ㄴ ㄴ, 如·신爲屨, ·반〈正音解例26b〉되爲螢.

① ㄴ는 ·신이 屨가 되고, ·반되가 螢이 되는 것과 같으며,

② ㄴ는 ·신이 구(屨)가 되고, ·반되가 형(螢)이 됨과 같으며,

③ ㄴ는 ·신이 구(屨), ·반되가 형(螢)이 되는 것과 같으며,

④ ㄴ는 ·신(屨), ·반되(螢)와 같고,

⑤ ㄴ는 ·신[屨, 신], ·반되[螢, 반딧불이]이 됨과 같으며,

⑥ ㄴ는 ·신이 屨가 되고, ·반되가 螢이 됨과 갓고,

⑦ ㄴ는 ·신이 屨가 되고, ·반되가 螢이 됨과 같다.

⑧ ㄴ는 신이 되고 반되(반디불)가 되는것과 같다.

⑨ 'ㄴ'는 예컨대 '·신(屨)', '·반되(螢)'가 있다.

⓪ ㅂ, 如섭爲薪, ·굽爲蹄.

① ㅂ은 섭이 薪이 되고, ·굽이 蹄가 되는 것과 같으며,

② ㅂ은 섭이 신(薪)이 되고, ·굽이 제(蹄)가 됨과 같으며,

③ ㅂ은 섭이 신(薪), ·굽이 제(蹄)가 되는 것과 같으며,

④ ㅂ은 섭(薪), ·굽(蹄)과 같고,

⑤ ㅂ은 섭[薪, 섭(나무)], ·굽[蹄, (발)굽]가 됨과 같으며,

⑥ ㅂ는 섭이 薪이 되고, ·굽이 蹄가 됨과 갓고,

⑦ ㅂ은 섭이 薪이 되고, ·굽이 蹄가 됨과 같다.

⑧ ㅂ은 섭(땔나무)이 되고 굽(발굽)이 되는것과 같다.

⑨ 'ㅂ'는 예컨대 '섭(薪)', '·굽(蹄)'이 있다.

⓪ ㅁ, 如:범爲虎, :심爲泉.

① ㅁ은 :범이 虎가 되고, :심이 泉이 되는 것과 같으며,

② ㅁ은 :범이 호(虎)가 되고, :심이 천(泉)이 됨과 같으며,

③ ㅁ은 :범이 호(虎), :심이 천(泉)이 되는 것과 같으며,

④ ㅁ은 :범(虎), :심(泉)과 같고,

⑤ ㅁ은 :범[虎, 범], :심[泉, 샘]이 됨과 같으며,

⑥ ㅁ는 :범이 虎가 되고, :심이 泉이 됨과 갓고,

⑦ ㅁ은 :범이 虎가 되고, :심이 泉이 됨과 같다.

⑧ ㅁ은 범이 되고 심(샘물)이 되는것과 같다.

⑨ 'ㅁ'는 예컨대 ':범(虎)', ':심(泉)'이 있다.

Ⓞ ㅅ, 如:잣爲海松, ·못爲池.

① ㅅ은 :잣이 海松이 되고, ·못이 池가 되는 것과 같으며,

② ㅅ은 :잣이 해송(海松)이 되고, ·못이 지(池)가 됨과 같으며,

③ ㅅ은 :잣이 해송(海松), ·못이 지(池)가 되는 것과 같으며,

④ ㅅ은 :잣(海松), ·못(池)과 같고,

⑤ ㅅ은 :잣[海松, 잣(나무)], ·못[池, 못]가 됨과 같으며,

⑥ ㅅ는 :잣이 海松이 되고, ·못이 池가 됨과 갓고,

⑦ ㅅ은 :잣이 海松이 되고, ·못이 池가 됨과 같다.

⑧ ㅅ은 잣이 되고 못(연못)이 되는것과 같다.

⑨ 'ㅅ'는 예컨대 ':잣(海松)', '·못(池)'이 있다.

Ⓞ ㄹ, 如·둘爲月, :별爲星之類

① ㄹ은 ·둘이 月이 되고, :별이 星이 되는 것과 같으니라.

② ㄹ은 ·둘이 월(月)이 되고, :별이 성(星)이 되는 따위와 같다.

③ ㄹ은 ·둘이 월(月), :별이 성(星)이 되는 것과 같은 따위다.

④ ㄹ은 ·둘(月), :별(星) 등의 용례와 같다.

⑤ ㄹ은 ·둘[月, 달]이 되고, :별[星, 별]이 되는 따위와 같다.

⑥ ㄹ는 ·둘이 月이 되고, :별이 星이 됨과 가튼 類이라.

⑦ ㄹ은 ·둘이 月이 되고, :별이 星이 됨과 같은 類다.

⑧ ㄹ은 둘(달)이 되고 별이 되는것들이다.

⑨ 'ㄹ'는 예컨대 '·둘(月)', ':별(星)' 따위가 있다.

鄭麟趾序

⓪ 有天地自然之聲, 則必有天地自然之文.

① 天地自然의 聲이 있으면 반드시 天地自然의 글이 있나니

② 천지 자연의 소리가 있으면, 반드시 천지 자연의 글이 있는 것이다.

③ 천지자연의 성(聲)이 있으면 반드시 천지자연의 글이 있다.

④ 천지 자연의 소리(聲)가 있으면, 반드시 그것을 기록할 천지 자연의 글자(文)가 있다.

⑤ 천지 자연의 소리가 있으면, 반드시 천지 자연의 글자가 있다.

⑥ 天地自然의 소리가 잇스면 반듯시 天地自然의 글이 잇는 것이라

⑦ 天地 自然의 소리가 있으면 반드시 天地 自然의 글이 있는 것이다.

⑧ 천지자연에 소리가 있으면 거기에는 반드시 글이 있다.

⑨ 천지자연(天地自然)의 소리가 있으면 반드시 천지자연天地自然의 글자도 있는 법이다.

⓪ 所以古人因聲制字, 以通萬物之情, 以載三才之道, 而後世不能易也.

① 그러므로 古人이 그 聲에 因하야 글字를 맨들어 써 萬物의 情을 서루 通케하고 써 三才의 道를 이에 載케 하였나니 後世에서도 이것은 變할 수 없는 것이다

② 그런 까닭에 옛 사람이 소리에 따라 글자를 만들어서 만물의 뜻을 통하게 하고, 삼재(三才)의 이치를 싣게 하였으니, 이것은 후세(後世)에도 능히 바꾸지 못하는 것이다.

③ 그러므로 옛사람이 그 성을 바탕으로 하여 글자를 만들어 가지고 만물의 정을 통하게 하고, 삼재(三才)의 도를 (책에) 싣게 하니 후세에도 바꾸지 못하는 바다.

④ 그러므로, 옛 사람(故人)이 소리(聲)를 따라 글자를 만들어서 그것으로

만물의 뜻(情)을 통하고, 그것으로 삼재(三才)의 근본 원리를 실었으니, 후세(後世)에 능히 이것을 바꿀 수가 없는 것이다.

⑤ 그러므로 옛 사람이 소리에 따라 글자를 만들어서, 만물의 뜻을 통하고 삼재의 본체를 실으니, 후세 사람들이 바꿀 수가 없다.

⑥ 그러매 녯 사람이 소리에 딿아 글짜를 지어써 萬物의 情을 通하고 三才의 道를 실은 것이니 後世의 能히 바꾸지 못 할 바이외다.

⑦ 그러므로, 예'사람이 소리에 따라 글'자를 지어서 萬物의 情을 通하고 三才의 道를 실은 것이니, 後世에 能히 바꾸지 못할 바다.

⑧ 그리하여 옛날사람들이 소리에 따라 글자를 만들어서 만물의 정을 통하게 하고 3재의 원리를 실은것이므로 이것을 후세에 마음대로 바꾸지 못할것이다.

⑨ 그러한 까닭에 옛사람들은 소리에 따라 글자 (체계)를 만들고 이로써 만물의 뜻을 능히 꿰뚫고 삼재(三才)의 도를 실었으니, 후세의 사람들이 바꿀 수 없다.

⓪ 然四方風土區別(ㅅ), 聲氣亦隨而異焉.

① 그러나 四方의 風土가 各其 區別 되어 聲氣가 또한 이에 딿아서 다르나니

② 그러나, 사방의 풍토가 구별되고 성기(聲氣)가 또한 따라서 다르다.

③ 그러나 사방 풍토가 다르고 성기(聲氣)도 역시 이에 따라 다른즉,

④ 그러나 사방의 풍토(風土)가 제각기 다르고, 소리 기운(聲氣)도 또한 풍토에 따라 다르다.

⑤ 그러나 사방의 풍토가 구별되니, 소리의 기운 또한 이에 따라 다르다.

⑥ 그러나 風土가 區別되고 聲氣 또한 딿아서 다른즉

⑦ 그러나 風土가 區別되고 聲氣 또한 따라서 다른즉,

⑧ 풍토가 서로 다르고 말소리가 또한 거기에 따라 차이가 있지만

⑨ 그러나 사방(四方)의 풍토(風土)는 서로 다르고, 소리의 기운 또한 그에
따라 달라진다.

⓪ 蓋外國〈正音解例27a〉之語, 有其聲而無其字.
① 대개 外國의 말에 그소리는 있어도 이소리를 적을 만한 文字가 없는지라
② 대개 중국 이외의 나라는 그 소리는 있고, 그 글자가 없어서,
③ (중국 이외의) 외국말은 중국어의 음과 다른 그 말의 음이 있다. 그러
나 그 글자가 없어서
④ 대개 중국 이외의 나라말은 그 말소리(聲)만 있고 글자(字)가 없어서,
⑤ 대개 중국 이외 나라의 말은 그 소리는 있어도 글자는 없는지라,
⑥ 外國말은 소리만 잇고 그 글짜가 업는지라
⑦ 外國말은 소리만 있고 그 글'자가 없는지라.
⑧ 중국말이 아닌 말은 소리만 있고 그 글자가 없다.
⑨ 대개 중국 이외의 나랏말은 그 소리는 있으나, 그 글자가 없다.

⓪ 假中國之字以通其用, 是猶枘鑿之鉏鋙也, 豈能達而無礙乎.
① 여기서 中國의 漢字를 빌어서 써 通用하게되나니 이 形便은 마치 俗談
에 이른바 方枘와 圓鑿이 서루 合할수없다함과 같은것이라고 하겠다
이와같이 판異한것으로 使用함에 있어서 어찌 能히 다 達하여 防碍됨
이 없을수 있으리오
② 중국의 글자를 빌어다 통용(通用)하게 되니, 이는 마치 모난 자루와 둥
근 구멍이 맞을 수 없는 것과 같다. 어찌 능히 통하여 막히지 않을 것
인가.
③ 중국의 글자를 빌어서 쓰고 있는데, 이것은 마치 둥근 구멍에 모난 자
루를 낀 것과 같이 서로 어긋나는 일이어서, 어찌 능히 통달해서 막힘

이 없겠는가!

④ 중국 글자를 빌어다가 그 쓰임에 통하고 있으나, 이것은 마치 둥근 구멍(鑿)에 모난 자루(柄)가 들어맞지 않는 것처럼 서로 어긋나는 것이니, 어찌 능히 통달하여 막힘이 없겠는가?

⑤ 중국의 글자를 빌려서 그 쓰임에 통하였다. 이는 모난 장부를 둥근 구멍에 끼움과 같이 서로 어긋나는 것이니, 어찌 막힘이 없이 통달할 수 있겠는가?

⑥ 中國 글짜를 빌어서 그 用을 通하나 이는 둥근데 모진 것을 끼움과 가치 鉏鋙하거니 어찌 能히 通達하야 막힘이 업스오릿가.

⑦ 中國 글'자를 빌어서 그 用을 通하나, 이는 둥근데 모진 것을 끼움과 같이 鉏鋙하거니 어찌 能히 通達하여 막힘이 없으랴.

⑧ 중국한자를 빌어서 사용하지만 이것은 둥근데 모난것을 끼우는것과 같이 맞지 않으니 어찌 한자로써 능히 다 통하여 막히는데가 없겠는가.

⑨ 중국의 글자를 빌려서 널리 쓰고 있으나, 이는 둥근 구멍에 모난 자루를 끼운 것과 같이 서로 어긋나는 일이므로, 어찌 능히 통하여 막힘이 없겠는가?

⓿ 要(去)皆各隨所處(上)而安, 不可强(上)之使同也.

① 要컨대 다 各各 그 處하는바에 따라서 便케할것이오 强制로 이것을 同一케 하려고할것은 아니니라.

② 요컨대, 다 각각 처(處)한 바를 따라서 편리하게 할 것이요, 억지로 같게 할 것이 없다.

③ 그러므로 요는 각각 그 처해 있는 바를 따라 편의케 할 것이요 억지로 똑같게 할 것이 아니다.

④ 요컨대 다 각각 처한 바에 따라 편리하게 할 것이며, 억지로 똑같게 할

수는 없는 것이다.

⑤ 요컨대, 모든 것은 다 그 처해 있는 곳에 따라서 편하게 할 것이지 억지로 같게 할 수는 없는 것이다.

⑥ 要컨댄 各各 그 處한 바를 딸아서 便宜케 할 것이요 억지로 가터질 것이 업나니다.

⑦ 要컨대 各各 그 處한 바를 따라서 便宜케 할 것이요 억지로 같게할 것이 못된다.

⑧ 그러므로 각기 그 실정에 따라 편리하게 할것이지 억지로 같게 할 필요가 없다.

⑨ 요컨대 다 각각 그 처한 바에 따라 편안하게 해야 하지 억지로 같게 할 수는 없다.

⑩ 吾東方禮樂文章, 侔擬華夏.

① 우리나라의 禮樂과 文物은 可히 中華에 侔擬되나

② 우리 나라는 예악(禮樂)과 문물(文物)이 중국에 비길만 하되,

③ 우리 동방은 예악 문장 등 문물 제도가 중국과 견줄 만하나

④ 우리 나라의 예악(禮樂)과 문물 제도가 중국에 비겨 다를 바 없으나,

⑤ 우리 동방은 예악과 문장이 중국[華夏]에 견줄 만하나,

⑥ 우리 東方은 禮樂文物이 中夏에 견주되

⑦ 우리 東方은 禮樂 文物이 中夏에 견주되

⑧ 우리 나라의 례악문물이 중국과 대등하지만

⑨ 우리 동방(東方)의 예악(禮樂)과 문물(文物)은 중국에 견줄 만하다.

⑩ 但方言俚語, 不與之同.

① 그러나 方言과 俚語가 이와 더부러 서루 같지아니하니

② 다만 우리 말이 같지 않아서,

③ 방언 이어(俚語)가 중국과 같지 않다.

④ 다만 우리말(方言俚語)이 중국과 같지 않아서,

⑤ 다만 우리말의 세속말은 중국[말]과 같지가 않다.

⑥ 다만 方言 俚語가 더부러 갓지 못하야

⑦ 다만 方言 俚語가 더불어 같지 못하여

⑧ 다만 말이 달라

⑨ 다만 우리의 방언(方言)과 이어(俚語)가 중국말과 같지 않다.

⓪ 學書者患其旨趣(去)之難曉, 治(平)獄者病其曲折之難通.

① 여기서 글배우난이 그 旨趣가 깨닫기 어려움을 근심하고 獄을 다스리난이 그 曲折에 通하기 어려움을 病되이 여기난배라

② 글을 배우는 이는 그 뜻을 깨치기 어려움을 걱정으로 여기고, 옥사(獄事)를 다스리는 이는 그 곡절(曲折)을 알기 어려움을 병으로 여겼다.

③ 그래서 글을 배우는 이는 (한문으로 써 있는 글의) 뜻을 깨우치기 어려움을 걱정으로 여기고, 옥사(獄事)를 다스리는 이는 그 곡절(曲折)의 통하기 어려움을 괴롭게 여기고 있다.

④ 글을 배우는 사람은 그 뜻(旨趣)을 깨닫기 어려움을 근심하고, 옥사(獄事)를 처리하는 사람은 그 자세한 곡절(曲折)의 통하기 어려움을 걱정하였다.

⑤ (그리하여) 글을 배우는 사람은 그 뜻을 깨우치기가 어려움을 걱정하고, 감옥을 다스리는 사람은 자세한 사정을 통하기 어려움을 걱정하였다.

⑥ 글을 배흐는 者는 旨趣의 깨닷기 어려움을 걱정으로 녀기고 獄事를 다스리는 者는 曲折의 通키 어려움을 병통으로 녀기매

⑦ 글을 배우는 者는 旨趣의 깨닫기 어려움을 걱정으로 여기고, 獄死를 다

스리는 者는 曲折의 通기 어려움을 병통으로 여기매

⑧ 한자를 배우는 사람은 뜻을 깨닫기 어려움을 걱정으로 여기고 옥사를 다스리는 사람은 에두르는것을 알기 어려움을 병집으로 생각하였다.

⑨ 글을 배우는 사람은 그 뜻을 깨닫기 어려움을 걱정하고, 옥사(獄事)를 다스리는 사람은 그 자세한 사정을 환히 알기 어려움을 걱정하였다.

⓪ 昔新羅薛聰, 始作吏〈正音解例 27b〉讀(去), 官府民間, 至今行之.

① 昔日에 新羅때에 薛聰이라고하는이 비로소 吏讀라는것을 지어서 이것을 官府와 民間에서 使用케하여 至今까지 이것을 行用하나

② 옛적에 신라의 설총(薛聰)이 처음으로 이두(吏讀)를 만들어서, 이것이 지금도 관부(官府)와 민간(民間)에 쓰이고 있으나,

③ 옛날 신라의 설총(薛聰)이 이두(吏讀)를 처음 만들어서 오늘에 이르기까지 관청이나 민간에서 이를 사용하고 있으나,

④ 옛날 신라(新羅) 설총(薛聰)이 이두(吏讀)를 처음으로 만들어서 관부(官府)와 민간(民間)에서 이제까지 이것을 써 왔다.

⑤ 옛날 신라의 설총이 처음으로 이두를 만들어서, 관청과 민간에서 지금에 이르기까지 이를 사용해 왔다.

⑥ 新羅의 薛聰이 비로소 吏讀를 맨들어서 지금썻 官府와 民間에 行하나

⑦ 新羅의 薛聰이 비로소 吏讀를 만들어 지금껏 當付와 民間에 行하나

⑧ 신라의 설총이 비로소 리두를 만들어 지금까지 관부와 민간에서 쓰이고있으나

⑨ 옛날 신라의 설총(薛聰)이 처음으로 이두(吏讀)를 만들어서, 관청이나 민간에서 오늘에 이르기까지 이를 쓰고 있다.

◯ 然皆假字而用, 或澁或窒.

① 그러나 이것이 다 漢文字를 빌어서 쓰는것이므로 或 澁하고 或 窒하여

② 이는 다 한자를 빌어서 쓰기 때문에, 혹은 꺽꺽하고 혹은 막히어,

③ 이것이 한자(漢字)를 빌어서 쓰는 것이어서 혹은 꺽꺽하고 혹은 막히어서,

④ 그러나 이두는 모두 한자(漢字)를 빌어서 쓰는 것이기 때문에 혹은 어렵고(澁) 혹은 막혀서,

⑤ 그러나 (이두는) 모두 한자를 빌려 사용하는 것이어서, 때로는 껄끄럽고 때로는 막히어서,

⑥ 그러나 그 글짜를 빌어서 씀이 或 썩썩하고 或 막히어

⑦ 그러나 그 글'자를 빌어서 씀이 或 꺽꺽하고 막히어

⑧ 그 역시 한자를 씀으로써 딱딱하고 막히여

⑨ 그러나, 이두(吏讀)는 모두 한자(漢字)를 빌려서 쓰는 것이라서 혹은 껄끄럽고 혹은 막혔었다.

◯ 非但鄙陋無稽而已, 至於言語之間, 則不能達其萬一焉.

① 無味乾燥하며 鄙陋할뿐만이 아니라 稽考한데 없는것뿐이라 이것을 言語의 間에 使用함에는 그 萬分의 하나도 뜻을 達하기 어려운것이라.

② 다만 비루(鄙陋)하고 무계(無稽)할 뿐만 아니라, 보통 말을 적는 데에 있어서는 그 만분의 하나도 잘 통달하지 못할 것이다.

③ 몹시 궁색할 뿐만이 아니라 언어의 사이에 이르러서는 그 만분의 일도 통달치 못하는 것이다. (이래서)

④ 다만 비루(鄙陋)하고 근거가 일정하지 않을 뿐만 아니라, 말하는 것을 적는데에는 만분의 일도 능히 통달하지 못하였다.

⑤ 비루하고 근거가 없을 뿐만 아니라, 언어 사이에 있어서는 만분의 일도 통할 수 없다.

⑥ 非但 鄙陋無稽할 따름이 아니라 言語의 사이에 이르러는 能히 萬分의
一도 通達치못 하나니다.

⑦ 非但 鄙陋無稽할 따름이 아니라 言語의 사이에 이르러는 能히 萬分의
一도 通達치 못한다.

⑧ 불편하기 짝이 없을뿐아니라 말에 이르러서는 만분의 하나도 통하지
못한다.

⑨ 다만 비루(鄙陋)하고 터무니없을 뿐만 아니라, 언어와 언어의 사이에
이르면 그 만분의 일도 도달할 수 없다.

⓪ 癸亥冬.
① 癸亥年 겨울에
② 계해(癸亥) 겨울에
③ 계해 겨울에
④ 계해년(癸亥年: 세종 25년, 1443년) 겨울에
⑤ 계해년 겨울에,
⑥ 癸亥 겨을에
⑦ 癸亥 겨울에
⑧ 계해년 겨울에
⑨ 계해년(癸亥 ; 세종 25년 ; 서기 1443년) 겨울이었다.

⓪ 我 殿下創制正音二十八字, 略揭例義以示之, 名曰訓民正音.
① 우리 殿下께서 처음으로 正音二十八字를 지으시어 그解例를 揭示하였
으니 이것을 이름지어 訓民正音이라하나니라
② 우리 임금께서 「정음」 28자를 창제(創制)하시고, 간략한 「예의」(例義)
를 들어 보이시었는데, 이름을 「훈민정음」이라 하셨다.

③ 우리 전하께서 정음 28자를 창제하시고, 간략하게 예의를 들어 보이시고 이름을 훈민정음이라고 지으셨다.

④ 우리 전하께옵서 정음(正音) 28자를 창제(創制)하시고, 간략하게 보기[例]와 뜻(義)을 들어 보이시고 이름을 '訓民正音'이라 하셨다.

⑤ 우리 전하께서 정음 스물여덟 글자를 만드시고, 간략한 보기와 뜻을 들어 보이시고 이름하여 훈민정음이라 하셨다.

⑥ 우리 殿下께옵서 正音 二十八字를 創制하시고 簡略히 例義를 들어 보이시면서 이름 지어 가로사대 訓民正音이라고 하옵시니

⑦ 우리 殿下가 正音 二十八字를 創製하고 簡略히 例義를 들어 보이면서, 이름지어 가로되 訓民正音이라고 하니,

⑧ 우리 전하가 정음 28자를 창제하고 간략하게 례의를 들어보이면서 그 이름을 『訓民正音』이라 하였다.

⑨ 우리 전하께서 정음(正音) 스물여덟 자를 창제(創制)하시고, 간략하게 보기와 뜻을 들어 보이시며, 그 이름을 훈민정음(訓民正音)이라 하셨다.

⓪ 象形而字倣古篆, 因聲而音叶七調(去).

① 形을 象하되 字를 古篆에 依倣하고 聲을 因함에는 音을 七調에 맞추었으니

② 형상을 모방하여 글자는 옛날 전자(篆字)와 비슷하고, 소리를 따라서 음은 칠조(七調)에 어울리니,

③ 이 글자는 상형해서 만들되 글자 모양은 고전(古篆)을 본떴고, 소리를 따라 음은 칠조(七調)에 맞고,

④ 상형(象形)을 하되 글자는 옛날의 전자(篆字) 비슷하고, 소리(聲)의 원리를 따랐으므로 音이 칠조(七調)에 들어맞으며,

⑤ 모양을 본떴으되 글자는 옛 전자를 모방하였으며, 말소리에 따랐으되

(글자의) 음은 일곱 가락에 들어맞고,

⑥ 形狀을 模象하야 글자는 古篆에 본쓰고 소리를 딸아 흡은 七調에 마저

⑦ 形狀을 模象하여 글'자는 古篆에 본뜨고 소리를 따라 흡은 七調에 맞아

⑧ 발음기관의 모양을 본떴으며 글자는 옛전자를 본받고 소리를 따라 음은 7조에 맞아

⑨ 상형(象形)을 한 결과 글자는 고전(古篆)과 비슷하고, 소리를 따른 결과 음은 칠조(七調)에 맞는다.

⓿ 三極之義, 二氣之妙, 莫不該〈正音解例 28a〉括.

① 三極의 義와 二氣의 妙가 다 이가운데 包含되 않는것이 없도다

② 삼재의 뜻과 음양의 묘함이 다 들어 있지 않음이 없다.

③ 삼극(三極)의 뜻과 이기(二氣)의 묘(妙)가 다 포함되지 않은 것이 없다.

④ 삼재(三才)의 뜻과 음양(陰陽)의 묘(妙)가 다 포함되지 않은 것이 없다.

⑤ 삼재의 뜻과 음양의 묘함이 포함되지 아니함이 없었다.

⑥ 三極의 뜻과 二氣의 妙함이 該括되지 안함이 업나니다.

⑦ 三極의 뜻과 二氣의 妙함이 該括되지 안함이 없다.

⑧ 천지인 3재의 뜻과 음기, 양기의 묘함이 해당되고 포괄되지 않은것이 없다.

⑨ 삼극(三極)의 뜻과 이기(二氣)의 묘(妙)가 다 포함되지 않은 것이 없다.

⓿ 以二十八字而轉換無窮, 簡而要, 精而通.

① 이二十八字는 轉換無窮하여 매우 簡하되 至極히 要하고 또 精하고도 通하도다

② 28자로서도 전환(轉換)이 무궁(無窮)하고, 간단하고도 요긴하며, 정밀하고도 잘 통한다.

③ 이 28자를 가지고 전환(轉換)이 무궁하여 간단하고도 요긴하고 정(精)하고도 통하는 까닭에,

④ 스물 여덟 글자로써 전환(轉換)이 무궁하고, 간이(簡易)하고도 요령이 있으며, 정밀하고도 잘 통한다.

⑤ 스물 여덟 글자로써 전환함이 무궁하며, 간단하면서도 요긴하며, 정밀하면서도 통달되는

⑥ 二十八字로서도 轉換함에 窮함이 업서 簡單하고도 要緊하고 精하고도 通한지라

⑦ 二十八字로서로 轉換함에 窮함이 없어 簡單하고도 要緊하고 情하고도 通한지라,

⑧ 28자로 서로 결합함에 막히는 것이 없고 간간하고도 요령이 있고 정밀하고도 통하는 것이다.

⑨ 스물여덟 자로써도 전환(轉換)이 무궁(無窮)하고, 간단하면서도 요긴(要緊)하며, 정밀하면서도 잘 통한다.

⓿ 故智者不終朝而會, 愚者可浹旬而學.

① 故로 智者이면 하루아침이 다못하여 이것을 깨달을수있고 愚者라해도 열흘이 다못되어 能히 다 배울수 있는것이니

② 그러므로, 슬기로운 이는 하루 아침 안에 깨칠 것이요, 어리석은 이라도 열흘 안에 배울 수 있다.

③ 슬기로운 사람은 하루 아침을 마치기도 전에 깨우치고, 어리석은 이 열흘이면 배울 수 있다.

④ 그러므로, 슬기로운 사람(智者)은 하루 아침을 마치기 전에 다 깨치고, 어리석은 사람(愚者)이라도 열흘이면 가히 배울 것이다.

⑤ 까닭에 슬기로운 사람은 하루아침에 깨우치고, 어리석은 사람이라도

열흘이면 배울 수가 있다.

⑥ 슬긔 잇는 자는 하로 아츰에 通할 것이요 어리석은 者라도 一旬안에
배흘 것이니

⑦ 슬기 있는 者는 하루아침에 通할 것이요, 어리석은 者라도 一旬 안에
배울 것이니

⑧ 슬기가 있는 사람은 하루아침에 통달할것이며 둔한 사람이라도 열흘안
에는 배울것이다.

⑨ 그러므로, 슬기로운 사람은 하루아침이 못 되어 깨우치고, 어리석은 사
람이라도 열흘이면 배울 수 있다.

❶ 以是解書可以知其義.

① 이것으로써 만일 漢文을 解釋하면 可히 써 그뜻을 알수있고

② 이로써 한문을 풀이하면, 그 뜻을 알 수 있고,

③ 이로써 글을 풀면 그 뜻을 알 수 있고

④ 이 글자로써 글[漢文]을 풀이하면 그 뜻을 잘 알 수 있고,

⑤ 이 글자로써 (한문으로 된) 글을 풀이하면 그 뜻을 알 수 있고,

⑥ 이로써 글을풀어서는 그뜻을 알수잇고

⑦ 이로써 글을 물어서는 그 뜻을 알 수 있고

⑧ 그러므로 글을 읽으면 그 뜻을 알수 있고

⑨ 이 글자로써 한문을 풀이하면 그 뜻을 알 수 있다.

❶ 以是聽訟, 可以得其情.

① 이것으로 써 訟事를 聽하면 可히 써 그情을 得할 수 있다

② 이것으로 송사(訟事)를 들으면, 그 정상(情狀)을 얻을 수 있다.

③ 이로써 송사(訟事)를 듣더라도 그 정(情)을 알 수 있다.

④ 이 글자로써 송사(訟事)를 들으면 그 자세한 사정을 잘 짐작할 수가 있다.

⑤ 이 글자로써 송사를 들으면 그 사정을 알 수 있다.

⑥ 이로써 訟事를 들어서는 그 情을 어들 수 잇나니다.

⑦ 이로써 訟事를 들어서는 그 情을 얻을 수 있다.

⑧ 송사를 들으면 그 사정을 리해할수 있다.

⑨ 이 글자로써 송사(訟事)를 들으면 그 사정을 알 수 있다.

⓪ 字韻則淸濁之能辨, 樂歌則律呂之克諧.

① 音韻으로는 淸濁의 能辨함과 樂歌로는 律呂의 克諧함에 있어서

② 자운(字韻)으로서는 청탁(淸濁)이 잘 분간되고, 악가(樂歌)로서는 율려(律呂)가 고루어져서,

③ 자운(字韻)은 청·탁을 능히 구별할 수 있고, 악가(樂歌)는 율려(律呂)가 고르게 되며,

④ 글자의 운(韻)은 청탁(淸濁)을 잘 분별할 수 있고, 노래는 율려(律呂)가 잘 조화된다.

⑤ 음절에 있어서는 맑고 흐림을 능히 가릴 수 있고, 음악에 있어서는 율려(律呂)가[가락이] 고르게 되며,

⑥ 字韻으로는 淸濁이 能히 分揀되고 樂歌로는 律呂가 能히 고르게 되며

⑦ 字韻으로는 淸濁이 能히 分揀되고, 樂歌로는 律呂가 能히 고르게 되며

⑧ 자운으로서는 맑고흐림이 잘 분간되고 노래로는 가락이 고르며

⑨ 자운(字韻)의 경우 청탁(淸濁)을 구별할 수 있고, 악가(樂歌)의 경우 율려(律呂)가 고르게 된다.

⓪ 無所用而不備, 無所往而不達.

① 不備할것이 없고 하여서 또 하지못할것이 없으니

② 쓰는 데마다 갖추지 않은 것이 없고, 가는 데마다 통ᄒ지 못할 바가 없으니,

③ 쓰는 데 갖추어지지 않은 바가 없고, 가서 통달되지 않은 바가 없으며,

④ 소용되는 데에 불비(不備)함이 없고, 가는 데에 통달하지 않음이 없다.

⑤ 쓰는 데 있어서 갖추어지지 않은 바가 없고, 가서 통달되지 않은 바가 없다.

⑥ 쓰는데 가추지 안 한 바이 업고 가서 通達치 못 할 바이 업스니

⑦ 쓰는데 갖추지 안한 바이 없고 가서 通達치 못할 바이 없으니,

⑧ 쓰는데 갖추지 않은것이 없고 가서 통하지 못할데가 없으니

⑨ 쓰는 바에 갖추어지지 않은 것이 없고 가는 바에 도달하지 못할 바가 없다.

⓪ 雖風聲鶴唳, 鷄鳴狗吠, 皆可得而書矣.

① 비록 바람소리, 鶴이 울음 개의 짖음과 같은것일지라도 다 可히 쓸수가 있는지라

② 비록 바람소리와 학(鶴)의 울음과 닭의 울음과 개의 짖는 소리라도 다 잘 적을 수가 있는 것이다.

③ 비록 바람소리, 학(鶴)의 울음, 닭의 홰치는 것, 개가 짖는 것일지라도 모두 이 글자를 가지고 쓸 수가 있다.

④ 비록 바람 소리·학의 울음 소리·닭 울음 소리·개 짖는 소리라도 다 적을 수 있다.

⑤ 비록 바람소리, 학 울음소리, 닭 우는 소리, 개 짖는 소리라 하더라도 모두 적을 수 있다.

⑥ 비록 바람ㅅ소리와 鶴의 우름과 닭의 홰침과 개의 지즘도 모다 쓸 수가 잇는 것이니다.

⑦ 비록 바람 소리와 鶴의 울음과 닭의 홰침과 개의 짖음도 모두 쓸 수가 있는 것이다.

⑧ 비록 바람소리와 학의 울음과 닭의 홰침과 개의 짖음도 모두 적을수 있다.

⑨ 비록 바람 소리와 학 우는 소리, 닭 우는 소리, 개 짖는 소리라도 모두 쓸 수 있다.

⓿ 遂〈正音解例28b〉命詳加解釋, 以喩諸人.

① 이에 命하사 詳細한 解釋을 加케하사 써 이것으로 여러 많은사람을 教諭케하시다

② 드디어, 자세한 해석을 가해서, 여러 사람들을 깨워라 명하시니,

③ 드디어 저희들에게 자세히 이 글자에 대한 해석을 해서 여러 사람들을 가르치라고 명령하시매,

④ 드디어 (전하께서) 자세히 해석을 붙여 모든 사람을 깨우치게 하라고 명하시니,

⑤ 드디어 (전하께서) 자세히 해석을 더하여 여러 사람들을 깨우치게 하라 명하셨다.

⑥ 드디어 臣等에게 昭詳히 解釋을 加하야 여러 사람을 아리키라 命하옵시는지라

⑦ 드디어 臣等에게 昭詳히 解釋을 加하여 여러 사람을 아리키라[원문대로] 命하는지라,

⑧ 드디여 신들에게 상세히 해석을 가하여 여러 사람들이 잘 알라고 하라고 명령하므로

⑨ 마침내 (전하께서) 자세히 풀이를 더하여 여러 사람들을 가르치라고 명령하셨다.

Ⓞ 於是, 臣與集賢殿應(法)教臣崔恒, 副校理臣朴彭年, 臣申叔舟, 修撰臣成三問, 敦寧府注簿臣姜希顔, 行集賢殿副修撰臣李塏, 臣李善老等, 謹作諸解及例, 以敍其梗槩.

① 여기서 臣과 臣與集賢殿應教崔恒, 副校理朴彭年 申叔舟 修撰成三問 敦寧注簿臣姜希顔 行集賢殿副修撰李塏 李善老等과 더불어 삼가 이解釋을 지어 써 그梗槩를 叙하여

② 이에 신(臣) 집현전 응교(集賢殿應教) 최 항(崔恒)·부교리(副校理) 박 팽년(朴彭年)·신 숙주(申叔舟)·수찬(修撰) 성 삼문(成三問)·돈령부 주부(敦寧府注簿) 강 희안(姜希顔)·행집현전 부수찬(行集賢殿副修撰) 이 개(李塏)·이 선로(李善老) 등과 같이 삼가 모든 해설과 예를 지어, 그 경개(梗槩)를 서술(叙述)하여,

③ 이에 신(臣)이 집현전 응교 최항(崔恒), 부교리 박팽년(朴彭年), 신숙주(申叔舟), 수찬 성삼문(成三問), 돈령부 주부 강희안(姜希顔), 행(行) 집현전 부수찬 이개(李塏), 이선로(李善老) 등과 함께 삼가 모든 해(解)와 예(例)를 지어서 이 글자에 대한 경개(梗槩)를 서술하여

④ 이에 신(臣 ; 鄭麟趾)이 집현전 응교 臣 최항(崔恒)·부교리 臣 박팽년(朴彭年)·臣 신숙주(申叔舟)·수찬 臣 성삼문(成三問)·돈녕부 주부 臣 강희안(姜希顔)·행집현전 부수찬 臣 이개(李塏)·臣 이선로(李善老) 등과 더불어 삼가 모든 풀이(解)와 보기(例)를 지어서 그 줄거리(梗槩)를 서술하였으니,

⑤ 이에 신이 집현전 응교 최항, 부교리 박팽년·신숙주, 수찬 성삼문, 돈녕부 주부 강희안, 행집현전 부수찬 이개·이선로 등과 더불어 삼가 모든 풀이와 예를 지어서 그 대강을 서술하였다.

⑥ 이에 臣이 集賢殿應教 崔恒, 副校理 朴彭年, 申叔舟, 修撰 成三問, 敦寧注簿 姜希顔, 行集賢殿副修撰 李塏, 李善老 等으로 더불어 삼가 모든 解와

例를 지어서 그 梗槪를 叙述하야

⑦ 이에 臣이 集賢殿應敎 崔恒, 副敎理 朴彭年, 申叔舟, 修撰 成三問, 敦寧注
薄 姜希顔, 集賢殿 副修撰 李塏, 李善老로 더불어 삼가 모든 解와 例를
지어서 그 梗槪를 叙述하여,

⑧ 이에 신이 집현전 응교 최항, 부교리 박팽년, 신숙주, 수찬 성삼문, 돈
녕부주부 강희안, 행집현전 부수찬 리개, 리선로와 함께 해설과 례를
만들어 그 경개를 서술함으로써

⑨ 이에 신(臣)이 집현전 응교 최항(崔恒), 부교리 박팽년(朴彭年), 신숙주
(申叔舟), 수찬 성삼문(成三問), 돈녕부 주부 강희안(姜希顔), 행(行)집현
전 부수찬 이개(李塏), 이선로(李善老) 등과 함께 삼가 여러 풀이와 예
를 지어서 그 대강을 서술하였다.

⓿ 庶使觀者不師而自悟.

① 보는사람으로 하여금 배우지않고도 스스로 깨달을수 있게 하시니

② 보는 이에게 스승이 아니라도 스스로 깨치게 하였다.

③ 보는 사람으로 스승이 없어도 스스로 깨치게 하였으나,

④ 바라건대 이것을 보는 이로 하여금 스승이 없어도 혼자 스스로 깨닫게
하고자 함이요,

⑤ 바라건대 보는 사람으로 하여금 스승 없이도 스스로 깨치게 하고자 한다.

⑥ 보는者로 하야금 스승이 업시 스스로 깨치겟곰 하옵거니와

⑦ 보는 者로 하여금 스승이 없이 스스로 깨닫게끔 하거니와

⑧ 보는 사람으로 하여금 스승이 없이 스스로 깨닫도록 하였으나

⑨ 보는 사람들이 스승 없이도 스스로 깨우치게 하기 바란다.

○ 若其淵源精義之妙, 則非臣等之所〈正音解例 29a〉能發揮也.

① 그 淵源精義의 妙와 같은것은 臣等이 能히 發揮할빼 못되는 것이오라

② 그러나, 그 연원(淵源)과 정밀(精密)한 뜻의 묘한 것에 있어서는 신(臣)들의 능히 발휘(發揮)할 수 있는 바가 아니다.

③ 그 연원(淵源), 정의(精義)의 묘(妙)와 같은 것은, 신 등이 능히 발휘할 수 있는 바가 아니다.

④ 그 깊은 연원과 정밀한 뜻의 미묘함 같은 것은 우리들[臣等]이 능히 펴 나타낼 수 있는 것이 아니다.

⑤ 그 연원과 정밀한 뜻의 미묘함에 있어서는 신들이 능히 펴 드러낼 수 있는 바가 아니다.

⑥ 萬若 그淵源精義의 妙함인댄 臣等의 能히 發揮할 바가 아니옵나니다.

⑦ 萬若 그 淵源精義의 妙함이란 臣等의 能히 發揮할 바가 아니다.

⑧ 그 깊은 뜻의 묘함을 신등이 어찌 다 나타낼수 있겠는가.

⑨ 만약 그 연원(淵源)과 정밀한 뜻의 묘(妙)가 있다면 신(臣)들이 발휘(發揮)할 수 있는 바가 아니다.

○ 恭惟我 殿下, 天縱之聖, 制度施爲超越百王.

① 오직 우리 殿下께서 天縱의 聖으로서 制度萬物이 百主에 超越하시고

② 공손히 생각하건대, 우리 임금은 하늘이 내신 성인(聖人)으로 제도 시위(制度施爲)가 백왕(百王)에 뛰어나시고,

③ 공손히 생각하옵건대 우리 전하께서는 하늘이 내신 성인으로서 제도시위가 백 왕을 초월하여

④ 공손히 생각하건대, 우리 전하(殿下)께서는 하늘이 내신 성인(聖人)으로, 지으신 법도[制度]와 베푸신 정사[施爲]가 백왕(百王)을 초월하였다.

⑤ 공손히 생각하옵건대 우리 전하는 하늘이 내린 성인으로서, 제도를 만

들고 정사를 베풂이 모든 임금을 뛰어넘으셨다.

⑥ 공손히 생각하옵건댄 우리 殿下는 하늘이 내신 聖人으로 制度施爲가 百王을 超越하옵서

⑦ 공손히 생각하건대 우리 殿下는 하늘이 내신 聖人으로, 制度施爲가 百王을 超越하여

⑧ 미수록

⑨ 공손히 생각하건대 우리 전하께서는 하늘이 내신 성인으로 지으신 법도와 베푸신 정사가 백왕(百王)을 초월한다.

⓪ 正音之作, 無所祖述, 而成於自然.

① 正音을 지으심이 어디 祖述된바 없이 自然에 일우었으니

② 「정음」을 지으심은 조술(祖述)된 바 없이 자연에서 이루신 것이다.

③ 정음을 지으심도 조술(祖述)한 바가 없이 자연으로 이루신 것이라,

④ 훈민정음을 지으신 것도 조술(祖述)한 바가 없이 자연(自然)에서 이루어진 것이다.

⑤ 정음의 지으심도 앞선 사람이 기술해 놓은 바가 없어 자연의 이치에서 이루어낸 것이니,

⑥ 正音의 지으심도 祖述한 바이 업서 自然에서 이루옵신 것이라

⑦ 正音의 지으심도 祖述한 바이 없이 自然에서 이루운 것이다.

⑧ 미수록

⑨ 정음(正音)을 지으심도 앞 시대의 것을 이어받지 않고 자연히 이루신 것이다.

⓪ 豈以其至理之無所不在, 而非人爲之私也.

① 그 至理의 있지않은데가 없고 다 人爲의 私가 아닌저

② 그 지극한 이치가 있지 않은 데가 없음으로 해서, 어찌 인위(人爲)의 사사(私私)로움이 아니라고 하랴.

③ 그 지극한 원리가 있지 아니한 바 없는 것으로서 인위(人爲)의 사적(私的)인 것이 아니겠느냐?

④ 그 지극한 이치가 없는 것이 없으니 인위적으로 한 사사로운 일이 아니다.

⑤ 어찌 그 지극한 이치가 없는 바가 없겠는가? 사람이 사사로이 만든 바가 아니다.

⑥ 그아니 至極한 理致가 잇지 안 한 곳이 업서 人爲의 사사로움이 아닌 싸달기오릿가.

⑦ 그 至極한 理教가 있지 안한 곳이 없으니 아니 어찌 人爲의 사사로움일소냐

⑧ 미수록

⑨ 그 지극한 이치가 존재하는 않는 바가 없으니 인위(人爲)의 사사로움이 아니다.

⓪ 夫(부)東方有國, 不爲不久, 而開物成務之 大智, 蓋有待於今日也歟.

① 東方 우리나라이 오래지않음이 아니로되 開物成務의 大智는 대개 오늘을 기다리고 있음이런가 하옵나이다.

② 대저 이 땅에 나라가 있은 지 오래지 아닌 것은 아니언만, 개물성무(開物成務)의 큰 지혜가 대개 오늘을 기다림이 있음인저.

③ 대저 동방에 나라가 있음이 오래 되지 않음이 아니나, 개물 성무(開物成務)의 큰 지혜는 대개 오늘을 기다리고 있음이었던가!

④ 대저 동방의 이 땅에 나라가 있은 지 오래되었지만, 만물을 열고[開物] 그 일을 성취하는 큰 지혜는 대개 금일(今日)을 기다림이 있었도다.

⑤ 대저 동방에 나라가 있은 지가 오래지 않은 바가 아니로되, 만물을 열어 일을 이루는 큰 슬기는 대개 오늘을 기다리고 있었음이로다.

⑥ 大抵 東方에 나라가 잇슴이 오래지 안 한 것 아니언만은 開物成務의 큰 智慧는 大概 오늘에 기다림이 잇든것이온저.

⑦ 大抵 東方에 나라가 있음이 오래지 안한 것 아니언마는 開物成務의 큰 知慧는 大慨 오늘에 기다림이 있던 것이고나.

⑧ 미수록

⑨ 대저 동방(東方)에 나라가 있음이 오래지 아니한 것은 아니나, 개물성무(開物成務)의 큰 지혜는 대개 오늘을 기다리고 있었던가?

⓪ 正統十一年九月上澣.

① 미수록.

② 정통(正統) 11년 9월 상한(上澣)

③ 정통(正統) 11년 9월 상한,

④ 정통 11년(세종 28년, 1446년) 9월 상순,

⑤ 정통 11년 9월 상한,

⑥ 미수록

⑦ 正統十一月九日上澣에,

⑧ 정통 11년 9월 상한에

⑨ 정통(正統) 11년(세종 28년 ; 1446년) 9월 상순

⓪ 資憲大夫禮〈正音解例 29b〉曹判書集賢殿大提學知春秋館事 世子右賓客臣鄭麟趾拜手稽(上)首謹書

① 미수록.

② 자헌대부(資憲大夫) 예조판서(禮曹判書) 집현전 대제학(集賢殿大提學) 지

춘추관사(知春秋館事) 세자우빈객(世子右賓客) 신(臣) 정 인지(鄭麟趾) 머리를 조아 절하며 삼가 씀.

③ 자헌대부 예조판서 집현전 대제학 지춘추관사 세자 우빈객 정인지는 두 손 모아 머리 숙이고 삼가 씀.

④ 자헌대부 예조판서 집현전 대제학 지춘추관사 세자우빈객 臣 정인지 (鄭麟趾)가 엎드려 절하고 머리 조아려 삼가 적는다.

⑤ 자헌대부 · 예조 판서 · 집현전 대제학 · 지춘추관사 · 세자 우빈객 신 (臣) 정인지는 손을 땅에 짚고 머리를 조아려 삼가 쓴다.

⑥ 미수록

⑦ 資憲大夫 禮曹判書集賢殿大提學 知春秋館事臣世子右賓客鄭麟趾는 손을 맞잡고 머리조아 삼가 쓰다.

⑧ 자헌대부 례조판서 집현전대제학 지춘추관사 세자우빈객 신 정린지 씀

⑨ 자헌대부(資憲大夫) 예조판서(禮曹判書) 집현전대제학(集賢殿大提學) 지춘추관사(知春秋館事) 세자우빈객(世子右賓客) 신(臣) 정인지(鄭麟趾) 머리를 조아려 삼가 쓰다.

訓民正音解例 개념어

訓民正音解例 개념어

1. 표제어는 가나다 순으로 기술하였다. 단, '俚語'의 경우 두음법칙을 적용하여 '이어'로 하였다.

2. 기술의 순서는 개념어를 제시한 후, 『訓民正音』에 실려 있는 부분을 제시하고, 개념어 의 간단한 풀이와 여러 연구자들의 기술을 담되 이들에 대한 평가도 덧붙이는 방식으 로 진행하였다. 마지막으로 연관되는 다른 개념어를 덧붙여 폭넓은 이해를 도모하고자 하였다.

3. 원문에 실려 있는 개념어는 밑줄을 그어 표시하고, 장차를 함께 노출하여 검색의 편이 를 도모하였다.
   예) 一去二上無點平 語入無定亦加點 〈正音解例 24a:3(訣)〉

4. 풀이에서 기술되는 사람의 이름은 본명을 사용함을 원칙으로 하였다.
   예) 주돈이(○)   주염계(×)

5. 원문에서 訣부분은 출전표시에 '訣'을 표시하였다.
   예) 〈正音解例 24a:3(訣)〉

6. 풀이에서 개념어를 영어와 병기할 경우에는 '치경음(齒莖音, alveolar)'의 방식으로 하였다.

7. 영인의 상태가 고르지 않아 해독이 어려운 원문의 글자는 '?'로 표시하였다.

001

가점(加點)

> 左加一點則去聲, 二則上聲, 無則平聲. 入聲加點同而促急 〈正音 4a:5〉
>
> 其加點則與平上去同. 〈正音解例 22a:7〉
>
> 一去二上無點平 語入無定亦加點 〈正音解例 24a:3(訣)〉

글자의 왼쪽에 이른바 '방점(傍點)'을 찍는 것, 또는 그 점.

'방점(傍點)'이 음절의 높낮이(pitch)를 나타내기 위한 것이었음에 대해서는 『訓民正音諺解』(西江大本)에 '去·컹聲셩·은 ·뭇 노·픈 소·리·라'(13b), '上:썅聲셩·은 ·처서·미 눗:갑·고 乃:냉終즁·이 노·픈 소·리·라'(13b) '平뼝聲셩·은 ·뭇 눗가·빈 소·리·라'(14a)에서 볼 수 있고 河野六郎(1951), 許雄(1955) 등에 의해서도 설명되었다.

'加一點爲去聲, 二點爲上聲, 無點爲平聲.'이라는 구절에서 동사 '加'는 '一點' 뿐만 아니라 '二點'도 목적어로 가지고 있는 것이며, 그렇다면 '無點' 역시 '加'의 목적어로 볼 수도 있다. '평성(平聲)'을 '표시하지 않는' 것이 아니라 평성(平聲)은 '無點을 가하여 나타낸다'는 발상은 주목할 만하다 (野間秀樹 2010: 157 참조). 『図説 アジア文字入門』(河出書房新社 2005)의 기술도 방점(傍點) 표기의 이러한 측면을 강조한 것처럼 보인다.

> ▲ 거성(去聲), 거이장(擧而壯), 무점(無點), 사성(四聲), 상성(上聲), 안이화(安而和), 이점(二點), 일점(一點), 입성(入聲), 촉이색(促而塞), 평성(平聲), 화이거(和而擧)

002

가획(加畫)

> ㅋ比ㄱ, 聲出稍厲, 故加畫. 〈正音解例 1b:7〉
>
> ㅇ而ㆆ, ㆆ而ㅎ, 其因聲加畫之義皆同, 而唯ㆁ爲異. 半舌音ㄹ, 半齒音ㅿ, 亦象

舌齒之形而異其體, 無<u>加畫</u>之義焉. 〈正音解例 2a:1, 正音解例 2a:4〉

因聲之厲每<u>加畫</u> 〈正音解例 9b:4(訣)〉

초성자(初聲字) 제자원리(制字原理)의 하나.

정음의 초성*은 사람의 발음기관의 모양을 본떠서 기본자(基本字)를 만들고 이에 가획원리(加畫原理)를 적용하여 나머지 글자를 만들었다. 기본자에 한 획(畫)을 더함으로써 '려(厲)'의 정도가 높아짐을 나타낸다. 다만 위의 두 번째 용례에서도 보듯이 아음(牙音)의 불청불탁음(不淸不濁音) 'ㆁ'와 전탁음(全濁音) 'ㄱ'의 관계는 다른 설(舌)·순(脣)·후음(喉音)의 경우와 다른 예외이며, 반설음(半舌音) 'ㄹ'와 반치음(半齒音) 'ㅿ'는 '이기체(異其體)'이며 '가화지의(加畫之義)'에 관여하지 않는다.

'획(畫)'의 자의(字義)에 대해서는 『說文解字』에 "畫, 介也. 從聿(段注: '二字今補). 象田四介." '介也'에 대해서는 說文解字注에 "'介'各本作'畍'. 此不識字者所改. 今正." 또 "聿所呂畫之." 段注에 "說從聿之意。引伸爲繪畫之字." 를 참조할 수 있다.

주역(周易)의 효(爻)를 '畫'으로 나타내는 예는 『周易』「乾」의 孔疏에 "但二畫之體, 雖象陰陽之氣, 未成萬物之象, 未得成卦。必三畫以象三才, 寫天、地、雷、風、水、火、山、澤之象, 乃謂之卦也。…但初有三畫, 雖有萬物之象, 於萬物變通之理, 猶有未盡, 故更重之, 而有六畫, 備萬物之形象, 窮天下之能事, 故六畫成卦也。"가 있다. '畫'이 '加'의 목적어가 된 예로는 남송(南宋) 주자(朱子)의 『晦庵集』卷三十八「書問答」「答袁機仲」에 "一畫爲儀, 二畫爲象, 三畫爲卦, 則八卦備矣。此上若旋次各<u>加</u>陰陽一畫, 則積至三重, 再成八卦者八, 方有六十四卦之名。"이 있다.

◤ 여(厲)

각(角)

> 牙錯而長, 木也. 聲以喉而實, 如木之生於水而有形也. 於時爲春, 於音爲角. 〈正
> 音解例 2b:2〉
> 牙迺春木其音角. 〈正音解例 10b:4(訣)〉

삼분손익법(三分損益法)을 통하여 얻는 五聲 중 하나.

삼분손익법은 『管子』에 나타나 있는 음계음을 구하는 방식이다. 어떤 길이의 피리가 내는 음을 바탕음[基音] '궁(宮)'으로 잡으면, 그 길이의 3분의 1을 줄인(3분의 1의 손(損)) 길이의 피리의 음은 '궁'보다 완전 5도가 높은 음 '치(徵)'이며, '치'를 내는 피리 길이의 3분의 1을 더한(3분의 1의 익(益)) 길이의 피리가 내는 음은 '치'보다 완전 4도가 낮은 음 '상(商)'이다. 다시 '상'의 3분의 1을 줄여 '우(羽)'를 얻고, '우'의 3분의 1을 더하여 '각(角)'을 얻는다. 이렇게 얻어진 '궁', '상', '각', '치', '우'의 음계를 오성(五聲) 혹은 오음(五音)이라고 한다. 이 삼분손익의 방법을 더 반복하여 얻어지는 황종(黃鐘)・대려(大呂)・태주(太簇)・협종(夾鐘)・고선(姑洗)・중려(仲呂)・유빈(蕤賓)・임종(林鐘)・이칙(夷則)・남려(南呂)・무역(無射)・응종(應鐘)의 음계를 12율이라고 부른다.

『訓民正音』에서는 아설순치후(牙舌脣齒喉)의 오음(五音)을 오행(五行), 사시(四時. 혹은 四季, 五季), 오성(五聲), 사방(四方. 혹은 五方)에 대응시키고 있다. 아음(牙音)은 각각 오행의 목(木), 사시의 봄, 오성의 각(角), 오방의 동(東)에 대응시켰다.

◼ 궁(宮), 사계(四季), 상(商), 아음(牙音), 오음(五音), 오행(五行), 우(羽), 치(徵)

거성(去聲)

左加一點則去聲, 二則上聲, 無則平聲. 〈正音 4a:4〉

所以ㅇㄴㅁㅇㄹㅿ六字爲平上去聲之終, 而餘皆爲入聲之終也. 〈正音解例 18a:4〉

而文之入聲, 與去聲相似. 〈正音解例 22a:2-3, 4〉

或似去聲, 如·몯爲釘, ·입爲口之類. 〈正音解例 22a:6-7〉

去聲擧而壯, 秋也, 萬物成熟. 〈正音解例 22b:2〉

文之入則似去聲. 〈正音解例 24a:4〉

사성(四聲)* 중 하나로 고조(高調)의 소리.

글자에 표시할 때 왼쪽에 방점 하나를 찍는다. 거성의 특징에 대하여 『訓民正音』에서는 '거이장(擧而壯)'이라는 표현을 쓰고 있다. 평성, 상성, 거성, 입성의 순서에서 세 번째에 해당하며, 사시(四時) 중에서 세 번째인 가을에 해당시키면서 고조의 소리를 만물이 성숙하는 것에 비유하였다.

◼ 거이장(擧而壯), 사성(四聲), 일점(一點)

005 거이장(擧而壯)

去聲擧而壯, 秋也, 萬物成熟. 〈正音解例 22b:2〉

높고(들려서) 씩씩하다는 뜻으로 사성(四聲) 중 거성(去聲)에 대한 설명.

고조의 소리를 '거(擧)'와 '장(壯)'을 사용하여 표현하였는데 상승조의 상성(上聲)을 '화(和)'와 '거(擧)'를 사용하여 표현한 것이 참조된다. 평성, 상성, 거성의 소리는 각각 편안히 낮던 소리가 들리고, 들려져서 높은 소리가 씩씩하게(壯하게) 유지된다는 것인데 평성, 상성, 거성의 이러한 순서는 전청, 차청, 전탁의 배열 및 설명과도 관련지을 수 있다. <正音解例 4a>면의 "ㄱ木之成質, ㅋ木之盛長, ㄲ木之老壯"은 역시 나무의 바탕을 이루는 것, 성장하는 것, 크게 자라 씩씩한 것의 순서로 배열하고 있다. 김민수(1957: 20)은 이러한 청탁의 설명을 오행소장설(五行消長說)과 관련짓고 있는데 그렇다면 이 오행소장설은 평성·상성·거성의 설명과도 연관될 것이라고 하였다.

◼ 거성(去聲), 일점(一點)

006 건(乾)

終聲之復用初聲者, 以其動而陽者乾也, 靜而陰者亦乾也, 乾實分陰陽而無不君宰也. 〈正音解例 8b:7, 8〉

주역(周易) 팔괘(八卦) 중 첫 번째 괘.

초성자를 종성자에 다시 사용하는 것을 건괘(乾卦)의 역리(易理)로 설명한 것으로서, 이성구(1985: 177)에 의하면 해례의 "動而陽者乾也, 靜而陰者亦乾也, 乾實分陰陽而無不君宰也" 부분은 『易學啓蒙』의 팔괘(八卦)에 대한 설명 중 '是故乾以分之'의 주석에 들어 있는 구절이다.

◼ 곤(坤)

007 고전(古篆)

象形而字倣古篆, 因聲而音叶七調. 三極之義, 二氣之妙, 莫不該括. 〈正音解例 27b:7〉

한자의 전서(篆書), 혹은 파스파자(八思巴字).

 '象形而字倣古篆'이라는 구절에 대해서는 종래 여러 가지의 해석이 시도되어 왔으나(홍윤표 2005), '古篆'이라는 단어의 파악 방식에 국한하여 검토하여 보면 홍윤표(2005: 54)에서 소개된 대표적인 몇 가지 견해는 다시 1) '古篆'을 한자, 특히 전서(篆書)와 연관시켜 접근하는 입장과 2) '古篆'을 '蒙古篆'으로 해석하여 파스파자(八思巴字)와 관련시키는 견해로 나눌 수 있다. '古篆'의 용례로는 『宋書』 卷六十六 하상지(何尙之)의 열전(列傳)에 "五銖則文皆古篆", 『舊唐書』卷四十六「經籍志」 第二十六「經籍」上에 "三字石經尙書古篆三卷" 및 "三字石經左傳古篆書十三卷", 『新唐書』 卷五十七「藝文志(新唐書)」 第四十七에 "三字石經尙書古篆三卷" 및 "三字石經左傳古篆書十二卷", 明初 趙撝謙 撰 『六書本義』 「象形論」에 "烏乎！古篆廢而分隸興, 分隸興而字學昧" 등이 있다. 『訓民正音』의 이 '字倣古篆'이 문자 창제자 측에 의한 표현이라 한다면, 漢字가 아닌 어떤 문자를 그 문자의 비창제자(非創制者)측에서 '篆'으로 표현한 예로서는 『續資治通鑑長編』 卷一百十九에 "趙元昊自制蕃書十二卷，字畫繁冗屈曲，類符篆，敎國人紀事，悉用蕃書。"를 들 수 있을 것이다. 즉 서하문자(西夏文字)를 '符篆'과 유사한 것으로 표현한 것인데, 여기서 말하는 '符篆'이란 '符籙', 즉 부적(符籍) 등에서 주문 따위를 적는 데 쓰이는 문자나 기호를 말하는 것으로 생각된다(諸橋轍次, 1955 ; 1968 ; 漢語大詞典編輯委員會 漢語大詞典編纂處 編, 1988 등 참조). 西夏文字에 대한 이러한 묘사와 『訓民正音』의 '字倣古篆'이라는 구절 사이의 유기적(有機的) 상관성의 유무에 대해서는 알 수 없으나, 적어도 당시 조선 지식인들에게 있어 서하문자(西夏文字)의 존재가 인식 범위 안의 것이었음은, 바로 훈민정음 제정의 핵심부서인 집현전에서 부제학(副提學)의 자리에 있었으나 훈민정음 제정에 대해서는 반대 입장에 표명한 최만리(崔萬理) 등의 이른바 '諺文創製反對上疏文'에 "自古九州之內，風土雖異，未有因方言

而別爲文字者, 唯蒙古・西夏・女眞・日本・西蕃之類, 各有其字, 是皆夷狄事
耳, 無足道者。"(『世宗實錄』, 世宗 26年 2月 20日條)이라 한 데서도 알 수 있다.

008 곤(坤)

天地之道, 一陰陽五行而已. 坤復之間爲太極, 而動靜之後爲陰陽. 〈正音解例 1a:3〉
和者爲初亦爲終 物生復歸皆於坤. 〈正音解例 13b:4(訣)〉

　주역(周易) 팔괘(八卦) 혹은 육십사괘(六十四卦)의 하나.
　『大漢和』에 의하면 ①주역 팔괘의 하나, ☷.『周易』「說卦」에 "坤爲地,
爲母, 爲布, 爲釜, 爲吝嗇, 爲均, 爲子母牛, 爲大輿, 爲文, 爲衆, 爲
柄, 其於地也爲黑。" ②주역 육십사괘의 하나, ䷁.『周易』「坤」에 "坤, 元
亨, 利牝馬之貞。"인데,『訓民正音』의 용례 중 전자는 ②육십사괘의 그것
(⇒'復')이다. 후자는 "終聲之復用初聲者, 以其動而陽者乾也, 靜而陰者亦乾
也, 乾實分陰陽而無不君宰也。"〈正音解例 8b〉에 대한 訣로서, 李成九(1985: 177)
에서 밝혔듯이 ①팔괘의 곤(坤)을 의미한다.

　▲ 복(復)

009 구장(口張)

ㅏ與・同而口張, 其形則ㅣ與・合而成, 取天地之用發於事物待人而成也. 〈正音
解例 5a:5〉
ㅓ與一同而口張, 其形則・與ㅣ合而成, 亦取天地之用發於事物待人而成也. 〈正

音解例 5b:1〉

입을 벌림.

金完鎭(1963)에서는 개구도(開口度)와 관련된 기술로 해석된 바 있다.『詩經』「大雅」「生民之什」'實覃實訏'의 鄭箋에 '訏, 謂張口鳴呼也.', 그 孔疏에 '言后稷實以漸大, 言差大於呱呱之時也.   於是之時, 言口出音聲則已大矣, 不復如呱呱時而已.' 또『晋書』卷九十四「列伝」第六十四「隱逸」하통(夏統)의 전(傳)에, '舌縮'의 용례이기도 한 '舌縮口張'((어처구니가 없어) 혀가 오그라들고 열린 입이 닫히지 않는다)이 나타난다. 또 현대중국어의 '張口結舌'((말이 궁해지거나 놀라서) 입을 벌린 채 말을 하지 못함)에서도 보인다.

◤ 구축(口蹙)

010 구축(口蹙)

ㅗ與、同而口蹙, 其形則、與一合而成, 取天地初交之義也. 〈正音解例 5a:3〉
ㅜ與一同而口蹙, 其形則一與、合而成, 亦取天地初交之義也. 〈正音解例 5a:7〉

입을 오므림.

金完鎭(1963)에서는 '口張'과 대립되는 개념으로, 원순성(圓脣性)을 부차적인 것으로 포함하나, 주로 개구도(開口度)와 관련된, 폐모음성(閉母音性)을 나타내는 복합적 표현으로 보았으나, 金完鎭(1978)에서는 역으로 원순성(圓脣性)에 역점을 주는 해석으로 수정되었다.

『詩經』「召南」「江有氾」'其嘯也歌'의 鄭箋에 '嘯, 蹙口而出聲.'라는 기술

이 있는데 16세기 초의 『訓蒙字會』에서는 '嘯'의 훈(訓)은 ".·프·람 (:쵸)"<叡
山本(訓蒙字會) 下14a>, 즉 '휘파람'이다. 그렇다면 『訓民正音』 편찬자가 '嘴'의
자의(字義)를 휘파람을 불 때의 입의 동작, 혹은 모양으로 이해하고 있었을
가능성이 적지 않다.

🔲 구장(口張)

011 국어(國語)

半舌有輕重二音. 然韻書字母唯一, 且國語雖不分輕重, 皆得成音. 〈正音解例 22b:6〉
`ㆍ 一起ㅣ聲, 於國語無用. 〈正音解例 23a:1〉

나라의 말, 혹은 중앙어.

『訓民正音』에 나타나는 '국어(國語)'의 해석에 대해서는 종래 많은 견해
가 있어 왔는데(김슬옹 2010: 218~222) 크게 '국어, 우리말, 우리나라 말, …'
로 보는 입장과 '서울말'로 보는 입장으로 나뉜다. '國語'라는 단어에 대해
『大漢和』는 ①'그 나라 고유의 언어' 외에 ②'遼, 金, 元 등이 中國 本土를
통치하였을 적에 그들 민족 본래의 언어를 말함'이라는 풀이를 달아 『遼史
』 卷百十六 「國語解(遼史)」의 "故史之所載, 官制、宮衛、部族、地理, 率以
國語爲之稱號。 不有註釋以辨之, 則世何從而知, 後何從而考哉." 등을 든다.
또 『漢語大詞典』 ①"指本族或本國共同使用的語言."의 예로 『隋書』 卷三十二
「志」 第二十七 「經籍」 一 「經」 「小學」의 "又後魏初定中原, 軍容號令, 皆以夷
語。 後染華俗, 多不能通, 故錄其本言, 相傳敎習, 謂之國語.", 『元史』 卷一百
十五 「列傳」 第二 현종(顯宗)의 전(傳)의 "撫循部曲之暇, 則命也默堅以國語
講≪通鑑≫。", 청(清) 위원(魏源)의 『聖武記』 卷一의 "故命文臣依國語製國

書, 不用蒙古、漢字。" 등을 든다.

위에 든 『訓民正音』의 용례 중 전자의 예에서는 '국어(國語)'는 '운서(韻書)'의 언어와의 대비되는 것으로 기존의 해석들 중 다수를 차지하는 '"나라"에서 사용되는 말' 정도로 보아도 문맥상 지장은 없다. '國'은 『大漢和』에도 인용된 『孟子』「離婁」 "人有恒言, 皆曰天下國家。"의 趙注에 '"天下'謂天子之所主, '國'謂諸侯之國, '家'謂卿大夫之家。"라 하였듯이 나라를 뜻할 수도 있으며, 그렇다면 명(明)의 책봉을 받은 조선의, 한어(漢語)가 아닌 지배 민족의 언어라는 뜻으로, '국어(國語)'가 사용된 것일 수도 있을 것이다.

한편 둘째의 예는 '兒童之言', '邊野之語'와 대비되는 문맥에서 사용된 '국어(國語)'의 예이다. 『大漢和』에서 '國'의 자의(字義)로 '都邑', '城中', '郊 안'을 들었듯이 '國'은 '중앙'을 뜻하기도 한다. 『大漢和』에서 든 예의 일부를, 필요에 따라 그 전후를 보충하면서 살펴보면, 우선 '都邑'을 뜻하는 '國'의 예로서는 『禮記』「學記」 "古之敎者, 家有塾; 黨有庠; 術有序; 國有學。', 鄭注에 '"術', 當爲'遂', 聲之誤也。…(中略)…遂在遠郊之外。", 孔疏에 "國謂天子所都, 及諸侯國中也。" 또 『孟子』「萬章章句下」 '"在國曰'市井之臣', 在野曰'草莽之臣'。"의 趙注에 "在國謂都邑也。"의 예에서는 분명히 '國'과 '野'가 대비되는 점, 『訓民正音』의 '國語'와 '邊野之語'의 대비를 상기시킨다. 다음으로 '城中'을 뜻하는 예로는 『周禮』「天官」 '體國經野'의 疏에 "國謂城中也。…(中略)…野謂二百里以外。" 또, 『周禮』「地官」「鄕大夫」 "國中自七尺以及六十, 野自六尺以及六十有五。"의 鄭注에 "國中, 城郭中也。"의 예에서도 역시 '國'은 '野'와의 대조되는 문맥에서 사용되어 있다. '郊內'를 뜻하는 것으로는 『毛詩注疏』卷二十一「小雅」「甫田之什」의 孔疏에 '≪爾雅≫云: "郊外曰'野'。" 則野人爲郊外也。野人爲郊外, 則國中謂郊內也。郊內謂之國中者, 以近國故繫國言之亦可, 地在郊內, 居在國中故也。' 역시 '野'와 대비된다.

그렇다면 '국어(國語)'도 '중앙어'로 해석될 여지가 있다고 하겠는데『訓民正音』이 부분에서 '國語'와 대비되는 '兒童之言'과 '邊野之語'가 문제가 된다.

'邊野'에 대하여『大漢和』는 '邊鄙한 들'로 풀며『後漢書』卷三「章帝紀」第三의 '不息邊野'를 든다.『漢語大詞典』은 '猶邊地.' 즉 국경 지대, 예로는『後漢書』卷五十四「馬援列傳」第十四의 "男兒要當死於邊野, 以馬革裹屍還葬耳。何能臥牀上在兒女子手中邪？" 등 몇 개를 든다.『後漢書』「馬援列傳」의 예는 '援曰'에 이어지는 마원(馬援)의 말인데, 그 말은 "方今匈奴、烏桓, 尙擾北邊, 欲自請擊之。"로 시작된다. 그렇다면『訓民正音』의 이 '邊野'도, 국경지대에서 사용되었던 한국어 이외에 언어도 그 안에 포함하는 것일까? 어느 쪽 해석을 따르든 간에 '邊野之語'는 중앙어는 아니다.

마지막으로 위 두 개의 예에 대한 결(訣)에 "方言俚語萬不同"이라 하였는데, 여기에 보이는 '方言俚語'와 '國語', '운서(韻書)의 언어', '兒童之言', '邊野之語' 등의 관계도 아울러 검토하여야 할 문제라 할 수 있다.

'國語'와 관련하여 흥미로운 것으로『訓民正音』序에 '國之語音'이라는 표현과 관련한 다음과 같은 예가 있다.

시대는 내려오나『大淸太祖承天廣運聖德神功肇紀立極仁孝睿武端毅欽安弘文定業高皇帝聖訓』卷三 '天命六年辛酉七月庚子' 條에서는 "上曰："無難也。" 但以蒙古字合我國之語音, 聯綴成句, 卽可因文見義矣。吾籌此已悉, 爾等試書之, 何爲不可。於是, 上心獨斷, 將蒙古字製爲國語, 創立滿文, 頒行國中, 滿文傳布, 自此始。" 역시 비한족왕조(非漢族王朝)에서 지배 민족의 언어를 가리켜서 부르는 예이다.

한편 홍윤표(2003)는 '國之語音 異乎中國'을 해석하면서, 입말과 글말이 다르다는 기존의 해석에서 벗어나, 입말끼리의 불일치로 보아야 한다는 견해를 제시한 바 있다.

◼ 방언(方言), 이어(俚語)

궁(宮)

脣方而合, 土也. 聲含而廣, 如土之含蓄萬物而廣大也. 於時爲季夏, 於音爲宮.
〈正音解例 3a:1〉

脣於位數本無定 土而季夏爲宮音 〈正音解例 10b:8(訣)〉

삼분손익법(三分損益法)을 통하여 얻는 오성(五聲) 중 하나.

『訓民正音』에서의 용례는 제자해 순음의 설명 부분 및 그에 대응하는
결(訣)에 보이며 오음(五音) 중에서 순음(脣音)에 대응한다. 『禮記』「月令」에
"中央土, …(中略)… 其音宮", 그 鄭注에 "聲始於宮, 宮數八十一, 屬土者, 以
其最濁, 君之象也. 季夏之氣和則宮調. ≪樂記≫ 曰: '宮亂則荒其君驕.'" 『春
秋繁露』「循天之道」에 "宮者, 中央之音也."라 하였다.

▧ 각(角), 상(商), 오음(五音), 우(羽), 치(徵)

013

려(厲)

ㅋ比ㄱ, 聲出稍厲, 故加畫. 〈正音解例 1b:7〉
ㄴㅁㅇ, 其聲最不厲, 故次序雖在於後, 而象形制字則爲之始. 〈正音解例 3b:4〉
ㅅㅈ雖皆爲全淸, 而ㅅ比ㅈ, 聲不厲, 故亦爲制字之始. 〈正音解例 3b:7〉
正音制字尙其象 因聲之厲每加畫 〈正音解例 9b:4(訣)〉
那彌戌欲聲不厲 次序雖後象形始 〈正音解例 10a:7(訣)〉
終聲是ㄱ, ㄱ居ᅌ終而爲즉. 洪字終聲是ᅌ, ᅌ居亞終而爲ᄫᅌ之類. 舌脣齒喉皆
同. 聲有緩急之殊, 故平上去其終聲不類入聲之促急. 不淸不濁之字, 其聲不
厲, 〈正音解例 17b:8〉
全淸次淸全濁之字, 其聲爲厲, 故用於終則宜於入. 〈正音解例 18a:2〉

자음 소리의 거칢.

앞의 네 개의 예는 모두 '가획(加畫)'과 관련된 기술이다. 이들의 내용을 종합하면 우선 불청불탁(不清不濁)의 'ㄴ, ㅁ, ㅇ'이 '려(厲)'의 정도가 가장 낮으며, 이들보다 전청(全清)이(다만 아음의 경우에 대해서는 직접적인 언급 없음), 전청(全清)보다 차청(次清)이 더 '초려(稍厲)'하다. 다만 치음(齒音)에서는 'ㅅ'과 'ㅈ'이 둘 다 전청(全清)인데도 'ㅈ'에 비해 'ㅅ'이 덜 '려(厲)'하다고 하였다. 다음으로 입성(入聲)과 관련된 마지막 용례를 통하여 불청불탁(不清不濁)이 '不厲'인데 반하여 전청, 차청, 전탁이 '려(厲)'라고 규정하였다(다만 전청과 전탁의 관계는 "全清並書則爲全濁, 以其全清之聲凝則爲全濁"에서 보듯이 '凝'이라는 또 다른 특성으로 규정된다). 그러므로 전청인 'ㅅ'은 비록 '最不厲'한 'ㄴ, ㅁ, ㅇ'과 함께 '制字之始'로 되어 있으나 불청불탁보다는 '려(厲)'의 정도가 더 높은 것이다.

◢ 가획(加畫)

014 무극(無極)

> │ 獨無位數者, 盖以人則無極之眞, 二五之精, 妙合而凝, 固未可以定位成數論也. 是則中聲之中, 亦自有陰陽五行方位之數也. 〈正音解例 7a:6〉

천지 만물이 이룩되기 전에 있었던 혼돈 상태에서 만물 생성의 근원이 된 하나의 기운.

이를 태극(太極)이라고 하는데, 그것은 또 아무것도 없는 상태이므로 무극이라고도 한다. '無極而太極'과 관련하여는 주돈이(周敦頤)의 『太極圖說』에 "無極而太極, 太極動而生陽, 動極而靜, 靜而生陰, 靜極復動, 一陽一陰, 互

爲其根, 分陰分陽, 兩儀立焉"이라 한 것이 있다.

『訓民正音』에서는 다른 모음과 달리 'ㅣ'에는 위(位)와 수(數)를 배당하지 않았다. 'ㅣ'를 人과 관련지으면서 사람은 '無極之眞'과 '二五之精(음양・오행)'이 미묘하게 얽혀 있어 스스로 음양・오행・방위의 수를 갖추고 있기 때문이라는 것이다.

『訓民正音』의 "無極之眞, 二五之精, 妙合而凝"은 태극도(太極圖)를 인용한 것이다(강신항 1978/2008: 30). 『周易傳義附錄』에 "太極者 象數未形而其理已具之稱, 形器已具, 而其理无朕之目, 在河圖、洛書, 皆虛中之象也."(태극이란 상(象), 수(數)가 아직 나타나지 않았으나 그 이치가 이미 갖추어져 있는 것의 명칭이고 형기(形器)가 이미 갖추어져 있으나 그 이치가 조짐이 없는 것의 조목이니 하도와 낙서에 있어서는 모두 중앙을 비운 상이다)라 하였다.

태극(太極)은 양의(兩儀)로 나뉘어지기 전의 하나라는 뜻으로 태일(太一)이라고도 한다. 『周易轉義』「五贊」에는 "太一肇判 陰降陽升 陽一而施 陰兩而承"(태일(太一)이 처음 나뉘어 음이 내려오고 양이 올라가니 양은 하나로 베풀고 음은 둘로 받든다)라 하였다.

🖼 태극(太極)

<u>015</u> 무점(無點)

> 凡字之左, 加一點爲去聲, 二點爲上聲, <u>無點</u>爲平聲. 〈正音解例 22a:3〉
> 一去二上<u>無點</u>平 〈正音解例 24a:2(訣)〉

글자의 왼편에 방점이 없는 경우로 평성을 표기하는 방식.

'무점(無點)'은 '無'를 서술어로 '點'을 보어로 하여 "점이 없음"로 해석하는 것이 일반적이지만 "加一點爲去聲, 二點爲上聲, 無點爲平聲"에서 동사 '加'가 '無點'까지 목적어로 가진다는 견해도 있다. 만약 그렇다면 일점(一點), 이점(二點)과 같이 무점(無點)의 경우에도 가점(加點)의 범주에 포함시켜, 무점(無點)을 평성의 표기에 관한 적극적인 개념으로 받아들이고 있었다고 할 수 있다.

▲ 가점(加點), 평성(平聲)

016 문여언잡용(文與諺雜用)

文與諺雜用則有因字音而補以中終聲者, 如孔子ㅣ魯ㅅ사ᄅᆞᆷ之類. 〈正音解例 21b:5〉

한자어와 고유어를 함께 표기하는 경우를 가리킴.

「합자해」에서 '孔子ㅣ 魯ㅅ 사ᄅᆞᆷ'의 예를 든 것과 마찬가지로 이른바 국한문혼용의 표기법을 설명하는 부분에 나타난다. 여기서는 '文'과 '諺'의 의미가 문제가 된다.

『訓民正音』에서 말, 글과 관련된 '文'의 용례는 〈正音 1a〉면에 "國之語音. 異乎中國. 與文字 不相流通."이 있고, 終聲解인 〈正音解例 19a〉면의 "且半舌之ㄹ, 當用於諺, 而不可用於文"과 〈正音解例 20a〉면의 "六聲通乎文與諺", "闖宜於諺不宜文"(위 19a면과 대응되는 訣)이 있으며 『합자해』인 〈正音解例 22a〉면의 "文之入聲, 與去聲相似. 諺之入聲無定,"과 〈正音解例 24a〉면의 "語入無定亦加點 文之入則似去聲"에서도 볼 수 있다. 대부분 '諺'과 대조되어 쓰이고 〈正音解例 24a〉면에서는 '語'와 대조적으로 쓰였음을 알 수 있다. 조규태(2010: 38)에서는 이 '語'가 '諺'의 잘못이라고 하였

다. '문여언잡용(文與諺雜用)'은 표기, 즉 글말과 관련된 설명이지만 『訓民正音』의 나머지 용례들은 입말의 특성에 관한 설명이다. 이 문맥에서 '文'은 '諺'과 대조적으로 중국에서 온 말, 즉 한자어를 가리키며, '諺(혹은 語)'은 고유어를 가리키는 것으로 보인다. 『종성해』와 『합자해』의 위 용례들에서 '文'은 문맥상 "(한자로 적힌) 한자어의 한자음"을 가리키는 것으로 볼 수 있다.

합자해 '문여언잡용(文與諺雜用)'에서 '文'을 "한자"로, '諺'을 "우리말" 혹은 "고유어"로 보아, 글말과 입말의 대비로 이해하는 것(김민수, 1957 ; 박종국, 1976 ; 김석환, 1978 ; 이정호, 1986 ; 이근수, 1995 ; 한글학회, 1998 ; 조규태, 2000 ; 박창원, 2005)은 균등하지 못하다. 또 "孔子ㅣ 魯ㅅ 사름"은 한국어에 한문이나 중국어를 섞어 쓴 것이 아니라 전체가 한국어이므로 '文與諺'을 "한문 혹은 중국어"와 "한국어"의 대비로 이해하는 것(류렬, 1947 ; 김윤경, 1954 ; 이성구, 1985 ; 강길운, 1992 ; 권재선, 1988/1995)도 정확하지 않다. "한자"와 "한글"의 대응으로 이해할 수도 있겠지만(강신항, 1974/1995 ; 서병국, 1975 ; 박병채, 1976 ; 렴종률·김영황, 1982 ; 강규선·황경수, 2006) 『訓民正音』에서 '文'과 '諺'의 다른 용례를 볼 때 입말의 성격이 강하였으므로 여기서도 일관적으로 "입말(의 표기)"로 이해하는 것이 어떨까 한다. '문여언잡용(文與諺雜用)'의 '文'은 "(한자로 적을) 한자어"를 '諺'은 "(당연히 한글로 적을) 고유어"를 가리킨다고 볼 수 있을 것이다.

◪ 문자(文字), 언어(諺語)

017 문자(文字)

國之語音. 異乎中國. 與<u>文字</u>不相流通. 〈正音 1a:2〉

한자(漢字)를 가리킴.

『訓民正音』의 '文'은 <正音 1a>면의 "國之語音. 異乎中國. 與文字 不相流通.", <正音解例 19a>면의 "且半舌之ㄹ, 當用於諺, 而不可用於文", <正音解例 20a>면의 "六聲通乎文與諺, 閭宜於諺不宜文", <正音解例 22a>면의 "文之入聲, 與去聲相似. 諺之入聲無定"의 용례를 볼 때 '諺'과 대조되어 한자어(문맥상 그 한자어의 한자음을 가리키기도 함)를 가리킴을 알 수 있다 ('문여언잡용(文與諺雜用)' 참고). <正音解例 21b>의 '文與諺雜用'은 표기와 관련된 설명으로 여기의 '文'도 "중국어에서 온 말, 즉 한자어"의 표기와 관련된 것으로 이해할 수 있다. 『訓民正音』의 '文'을 "중국어에서 온 말"(입말)로 일관되게 이해한다면 <正音 1a>면의 이 '文字'는 중국어를 적는 문자, 즉 한자로 이해된다. 기존의 번역에서도 대체로 '漢字, 漢文字, 文字'로 번역되었으나 조규태(2010: 306)는 중국 사람들의 글말인 '漢文'이라고 하였다.

▲ 문여언잡용(文與諺雜用), 언어(諺語)

018 반설음(半舌音)

ㄹ. 半舌音. 如閭字初發聲 <正音 2b:7>

半舌音ㄹ, 半齒音△, 亦象舌齒之形而異其體, 無加畫之義焉. <正音解例 2a:2>

칠음(七音)의 하나로 'ㄹ'로 표기되는 유음(流音)을 일컬음.

칠음이란 아음(牙音), 설음(舌音), 순음(脣音), 치음(齒音), 후음(喉音), 반설음(半舌音), 반치음(半齒音)을 말한다. 정음 초성 체계에서 불청불탁(不淸不濁)에 속하기도 한다. 반설음이라는 명칭에서 유음을 설음과 연관지어 이해하고 있음을 알 수 있다. 곧 '유음'처럼 조음방법으로 명명한 것이 아

니라 조음위치로 명명한 것이다. 유음도 설음과 마찬가지로 혀가 치경에
닿아 있는데 다만 설음과 달리 폐쇄가 일어나지 않고 혀 옆으로 소리가
빠져나오는 차이만 있다.

🔲 설음(舌音)

019 반설경음(半舌輕音)

若欲備用, 則依脣輕例, ㅇ連書ㄹ下, 爲半舌輕音, 舌乍附上齶. 〈正音解例 22b:8〉

반설음 중 가벼운 소리, 곧 유음의 한 변이음인 탄설음을 가리킴.
'ㄹ' 아래 'ㅇ'을 이은 글자 'ᄛ' 글자이다. 『訓民正音』에서는 반설음을
반설경음과 반설중음으로 나눌 수 있으며 이 중 반설경음은 순경음의 경
우처럼 'ㅇ'을 'ㄹ' 아래에 연서(連書)하여 표기한다고 하였다. 또 그 발음
은 혀가 잠깐(혹은 조금) 치경에 붙게 하는 것이라고 하였다. 즉 반설음을
굳이 가르자면 반설중음인 'ㄹ'과 반설경음인 'ᄛ'로 나눌 수 있고 'ᄛ'은
혀가 치경에 접촉하는 기간이 'ㄹ'보다 짧은 소리라는 것이다. 반설중음과
반설경음은 각각 유음의 변이음인 음절말의 설측음 [l]과 음절초의 탄설음
[ɾ]을 가리킨다고 할 수 있다. 'ᄛ'의 용례는 여기 합자해의 것이 유일하다.

🔲 반설음(半舌音)

020 반치음(半齒音)

△. 半齒音. 如穰字初發聲 〈正音 3a:1〉

半舌音ㄹ, <u>半齒音</u>△, 亦象舌齒之形而異其體, 無加畫之義焉. 〈正音解例 2a:2-3〉
又有半舌<u>半齒音</u> 〈正音解例 10a:5(訣)〉

칠음의 하나로 'Δ'로 표기되는 소리를 일컬음.

칠음이란 아음(牙音), 설음(舌音), 순음(脣音), 치음(齒音), 후음(喉音), 반설음(半舌音), 반치음(半齒音)을 말한다. 정음 초성 체계에서 불청불탁(不淸不濁)에 속하기도 한다. 『訓民正音』에서는 이를 'ㅅ'계의 소리로 보고 있으며 이는 유성치경마찰음 [z]로 추정된다. 중국어 중고음의 성모를 표기하는 삼십육자모(三十六字母)에서는 일모(日母)로 표기되는데 일모(日母)는 마찰음으로서 치음의 일종으로 분류되고 원래 비음이었던 것으로 차탁에 속한다. 당나라 때 중국어에서는 비음의 후반부가 구음화(口音化)하는 현상이 일어났다. 그 후에 일모(日母)는 그대로 비음 음가가 없어지고 유성마찰음이 되었고 현대 중국어 보통화에서는 [r](유성권설마찰음 [ʐ])이 되었다. 'Δ'의 분포는 고유어에서는 모음 간, 'ㄴ' 또는 'ㅁ'과 모음 사이, 모음과 'ㅸ' 또는 'ㅇ' 사이에 국한되어 나타났고 15세기 후반에서 16세기 전반에 걸쳐 소실되었다.

021 방언(方言)

<u>方言</u>俚語萬不同 有聲無字書難通 〈正音解例 24a:5(訣)〉
但<u>方言</u>俚語, 不與之同. 〈正音解例 27a:6〉

지방의 말.
『訓民正音』에서는 '方言俚語'의 한 덩어리로 쓰였다. '方言俚語'의 〈正

音解例 24a>의 용례는 "半舌有輕重二音. 然韻書字母唯一，且國語雖不分輕重，皆得成音. 若欲備用，則依脣輕例，ㅇ連書ㄹ下，爲半舌輕音，舌乍附上齶. 、一起ㅣ聲，於國語無用. 兒童之言，邊野之語，或有之，當合二字而用，如ㄱ긔之類. 其先縱後橫，與他不同."<正音解例 22b-23a>의 결(訣)에 해당하는데 훈민정음으로 우리말의 세밀한 변이음(반설경음)까지도 표기할 수 있고 '兒童之言，邊野之語'의 'ㄱ긔'와 같은 발음도 표기할 수 있다는 부분에 해당하므로 이 부분의 '方言俚語'는 '한국어'로 볼 수도 있고 '사투리나 세속어'로 볼 수도 있다.

<正音解例 27a>의 용례는 "우리나라가 예악과 문물이 중국의 것을 힘써 취하여 비길 만한데 '方言俚語'는 같지 않다"는 것으로 이 경우는 '한국어'를 가리킴을 알 수 있다. 이 뒤에 한국어를 문자로 적기 위한 노력들에 대한 설명이 나오기도 한다.

세종 26년 최만리의 諺文創製反對上疏文에 "自古九州之內，風土雖異，未有因方言而別爲文字者，唯蒙古，西夏，女眞，日本，西蕃之類，各有其字，是皆夷狄事耳，無足道者."라는 부분에서 방언에 대한 인식을 볼 수 있다. 즉 조선을 포함하여 중국의 구주(九州)에 포함되는 여러 지방은 풍토가 달라도 그 지방의 말을 따라 문자를 따로 만드는 일이 없었으며 몽고, 서하, 여진, 일본, 서번 등은 구주에 포함되지 않는 이적(夷狄)이므로 비교 대상이 아니라는 것이다. 즉 방언은 중국의 지방말로서의 한국어를 가리키는 것이다. 최만리의 諺文創製反對上疏文에는 '俚語'도 나온다. "前此吏讀，雖不外於文字，有識者尙且鄙之，思欲以吏文易之，而況諺文與文字，暫不干涉，專用委巷俚語者乎?" 즉, 한자를 바탕으로 한 이두도 전에는 야비하게 여겨 이문(吏文)으로 바꾸려고 했는데 지금의 훈민정음(언문)은 한자와 조금도 관련되지 않고 '委巷의 俚語'를 쓴 것이니 당연히 쓸 수 없다는 것이다. 여기서 위항(委巷)은 역시 구주(九州)의 구석, 東方에 있는 조선을 가리키고 이어(俚語)

역시 한국어를 가리키는 것으로 이해된다. '俚'의 용례도 보이는데 "新羅薛聰吏讀, 雖爲鄙<u>俚</u>, 然皆借中國通行之字, 施於語助, 與文字元不相離"와 같다. 이두(吏讀)가 한자[文字]를 기반으로 만들었지만 '鄙'하고 '俚'하다는 것이다. 이는 중국어가 아닌 이어(俚語)를 표현하기 위한 방식으로 한자를 임시로 변용한 것에 대한 인식을 보여준 것으로 생각된다.

『月印釋譜』<序23b>면에도 "方言은 우리 東方ㅅ 마리라"라는 구절이 있다.

◼ 문여언잡용(文與諺雜用), 문자(文字), 언어(諺語), 이어(俚語)

<u>022</u> 벽(闢)

一舌小縮而聲不深不淺, 地<u>闢</u>於丑也. 〈正音解例 4b:7〉

此下八聲, 一闔一<u>闢</u>. 〈正音解例 5a:2〉

木金陰陽之定質, 故<u>闢</u>. 〈正音解例 7a:4〉

中聲者, 一深一淺一闔一<u>闢</u>, 是則陰陽分而五行之氣具焉, 天之用也. 〈正音解例 7b:4〉

中聲以深淺闔<u>闢</u>唱之於前, 初聲以五音清濁和之於後, 而爲初亦爲終亦可見萬物初生於地, 復歸於地也. 〈正音解例 7b:8〉

覃亦出天爲已<u>闢</u> 〈正音解例 12b:1(訣)〉

ㅣ於深淺闔<u>闢</u>之聲, 並能相隨者, 以其舌展聲淺而便於開口也. 〈正音解例 16b:6〉

須就中聲尋闔<u>闢</u> 〈正音解例 17a:3(訣)〉

연다는 뜻으로 합(闔)과 반대되는 개념.

벽(闢)은 조음할 때 입을 벌리는 것을 말하며 중성의 'ㅏ, ㅓ, ㅑ, ㅕ'가 여기에 해당되고, 합(闔)은 조음할 때 입을 오므리는 것을 말하며 중성의

'ㅗ, ㅜ, ㅛ, ㅠ'가 여기에 해당된다. 곧 벽(闢)은 개모음(開母音) 또는 평순모음(平脣母音)에 속하고, 합(闔)은 원순모음(圓脣母音)에 속한다고 말할 수 있다.

이 합(闔)과 벽(闢)에 대하여 「제자해」에서 "陰陽五行方位之數"와 관련시켜 설명하고 있는데, 중성 중 목(木)에 해당되는 것은 'ㅏ, ㅕ', 화(火)에 해당되는 것은 'ㅜ, ㅛ', 토(土)에 해당되는 것은 'ㆍ, ㅡ', 금(金)에 해당되는 것은 'ㅓ, ㅑ', 수(水)에 해당되는 것은 'ㅗ, ㅠ'라고 하고 있다. 수(水)에 해당되는 'ㅗ, ㅠ'와 화(火)에 해당되는 'ㅜ, ㅛ'는 아직 기(氣)에서 벗어나지 못한 상태이고, 음과 양이 교합(交合)하는 시초이므로 합(闔)이라 하였고, 목(木)에 해당되는 'ㅏ, ㅕ'와 금(金)에 해당되는 'ㅓ, ㅑ'는 음과 양의 정해진 바탕(定質)이므로 벽(闢)이라 하였다.

초출자 'ㅗ, ㅏ, ㅜ, ㅓ'와 재출자 'ㅛ, ㅑ, ㅠ, ㅕ'의 순서를 보면, 입을 오므리는 소리와 입을 벌리는 소리를 번갈아 배열한 '일합일벽(一闔一闢)'의 차례로 되어 있다. '一闔一闢'이라는 표현은 <正音解例 5a:2>면과 <正音解例 7b:4>면에 나타나는데, 『周易』「繫辭傳」上 十一章에도 보인다. "是故闔戶謂之坤 闢戶謂之乾 <u>一闔一闢謂之變</u> 往來不窮謂之通 見乃謂之象 形乃謂之器 制而用之謂之法 利用出入民咸用之謂之神" 즉, 문을 닫는 것과 문을 여는 것이 각각 '坤[음]'과 '乾[양]'을 가리키는데 한 번 닫기도 하고 한 번 열기도 하는 것을 '변(變)'이라 부른다는 것이다.

◢ 합(闔)

023 변성(辨聲)

喉乃出聲之門, 舌乃辨聲之管, 故五音之中, 喉舌爲主也. 〈正音解例 3a:3〉

소리를 구별함.

변(辨)은 '변별하다, 구별하다'의 뜻이며 성(聲)은 '음성, 소리'의 뜻이다. 위의 예문은 '목구멍이 소리를 내는 문이고 혀는 소리를 구별하는 기관이기 때문에 오음(牙音, 脣音, 齒音, 舌音, 喉音) 가운데도 목구멍소리와 혓소리가 주가 된다'의 뜻이다.

『辭源』에는 성(聲)의 뜻은 ①"耳官之所感覺者也。凡物體顚動, 與空氣相激盪, 皆能爲聲。故以其淸濁高下, 分爲宮商角徵羽五音, 加變宮變徵而爲七, 樂器用之爲標準, 宮音則分平上去入四聲." ②"音樂也." ③"語言也." ④"名譽也." ⑤"宣也"라고 했고 음(音)의 뜻은 ①"聲成文者爲知音, 雜比曰音單出曰聲" ②"與聲同"이라고 했다. '성'과 '음'은 구별할 수도 있고 같은 뜻으로도 쓸 수 있다. 李成九(1986a)는 『訓民正音』에 나타난 '성'은 "낱글자"를 뜻하는 초·중·종성 "初聲凡十七字"<正音解例 1b:3>과 "발음"을 뜻하는 초·중·종성 "初聲有發動之義, 天之事也. 終聲有止定之義, 地之事也. 中聲承初之生, 接終之成, 人之事也."<正音解例 8b:1~4> 그리고 "낱글자"를 뜻하는 '성' "·ㅡㅣ 三字爲八聲之首, 而·又爲三字之冠也"<正音解例 6b:2~3>, "발음"을 뜻하는 '성' "夫人之有聲本於五行. 故合諸四時而不悖, 叶之五音而不戾."<正音解例 2b:4~5>이 확인되고 '음'은 "글자"를 뜻하는 '음' "正音二十八字, 各象其形而制之"<正音解例 1b:2>, "음절"을 뜻하는 '음' "凡字必合而成音." <正音解例 4a:4>, "오음"을 나타내는 '음' "喉乃出聲之門, 舌乃辨聲之管, 故五音之中, 喉舌爲主也." <正音解例 3a:3>, "말소리"를 뜻하는 '음' "半舌有輕重二音。然韻書字母唯一, 且國語雖不分輕重, 皆得成音."<正音解例 22b:4~6>'이 확인된다고 한다.

ㄱ. 牙音. 如君字初發聲 <u>並書</u>. 如虯字初發聲. 〈正音 1b:1〉

ㄷ. 舌音. 如斗字初發聲 <u>並書</u>. 如覃字初發聲. 〈正音 1b:5〉

ㅂ. 脣音. 如彆字初發聲 <u>並書</u>. 如步字初發聲. 〈正音 2a:2〉

ㅈ. 齒音. 如卽字初發聲 <u>並書</u>. 如慈字初發聲. 〈正音 2a:6〉

ㅅ. 齒音. 如戌字初發聲 <u>並書</u>. 如邪字初發聲. 〈正音 2b:2〉

ㆆ. 喉音. 如虛字初發聲 <u>並書</u>. 如洪字初發聲. 〈正音 2b:5〉

初聲合用則<u>並書</u>, 終聲同. 〈正音 4a:1〉

全淸<u>並書</u>則爲全濁, 以其全淸之聲凝則爲全濁也. 〈正音解例 4a:7〉

全淸<u>並書</u>爲全濁 〈正音解例 11b:1(訣)〉

初聲二字三字合用<u>並書</u>, 如諺語 ·싸 爲地, 짝 爲隻, ·쁨 爲隙之類. 〈正音解例 21a:4〉

各自<u>並書</u>, 如諺語·혀爲舌而·혀爲引, 괴여爲我愛人而괴·여爲人愛我, 소·다爲覆物而쏘·다爲射之之類. 〈正音解例 21b:4〉

其合用<u>並書</u>, 自左而右, 初中終三聲皆同. 〈正音解例 23b:3(訣)〉

둘 이상의 초성자·중성자·종성자를 왼쪽으로부터 오른쪽으로 아울러 쓰는 것.

같은 초성자를 아울러 쓰는 것을 각자병서(各自並書), 다른 글자끼리 아울러 쓰는 것을 합용병서(合用並書)라고 한다. 각자병서는 초성에만 존재하지만 합용병서는 초성뿐만 아니라 중성, 종성에도 존재한다. 『訓民正音』에서 제시된 각자병서를 통한 자모의 조합에는 'ㄲ, ㄸ, ㅃ, ㅉ, ㅆ, ㆅ, ㆀ'이 있다. 합용병서는 초성에 'ㅺ, ㅄ' 등, 중성에 'ㅘ, ㅙ' 등, 종성 합용병서에는 'ㄳ, ㄽ' 등이 있다.

복(復)

坤復之間爲太極, 而動靜之後爲陰陽. 〈正音解例 1a:3〉

역경(易經)의 64괘(卦) 이름의 하나. 괘도(掛圖)는 ䷗이다.
64괘의 도형은 아래와 같다.

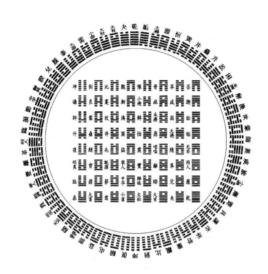

건(乾)은 양(陽)이며 곤(坤)은 음(陰)을 상징한다. '易學啓蒙輯汪'에 의하
면 64괘는 순환하며 구괘(姤卦)에서부터 곤괘(坤卦)까지는 양(陽)이 음(陰)
을 포함하며 복괘(復卦)로부터 건괘(乾卦)까지는 음에서 양이 나온다. 태극
(太極)이 곤괘와 복괘 사이에 있다. 역경에 의하면 태극은 우주의 원시상태
이며 거기에서 음양이 생긴다.

🔺 건(乾), 곤(坤), 태극(太極)

026 부서(附書)

· ─ ⊥ ㅜ ㅛ ㅠ, 附書初聲之下. ⟨正音 4a:2⟩

ㅣ ㅏ ㅓ ㅑ ㅕ, 附書於右. ⟨正音 4a:3⟩

　중성자를 초성자의 오른쪽이나 아래에 붙여 쓰는 방법.

　『訓民正音』에서 제시하고 있는 부서의 방식은 '·, ─, ⊥, ㅜ, ㅛ, ㅠ'
은 초성자의 아래에 붙여 쓰고, 'ㅣ, ㅏ, ㅓ, ㅑ, ㅕ'는 초성자의 오른쪽에
붙여 쓰는 것이다.

027 불청불탁(不淸不濁)

ㆁㄴㅁㅇㄹㅿ, 爲不淸不濁. ⟨正音解例 3b:3⟩

不淸不濁之字, 其聲不厲, 故用於終則宜於平上去. ⟨正音解例 17b:8⟩

不淸不濁用於終 ⟨正音解例 19a:6(訣)⟩

　차탁(次濁), 청탁(淸濁), 반청반탁(半淸半濁)이라고도 하는데 비음, 설측
음, 반모음(唯母) 등이 이에 해당함.

　중국음운학에서는 중고한어의 어두자음을 조음위치별로 나누어 아·
설·순·치·후의 오음(五音)으로 분류하고 같은 조음위치에서 발음되는
음들을 음의 성질에 따라 다시 전청, 차청, 전탁, 불청불탁으로 나눈다. 전
청은 무기무성자음이며 차청은 유기무성자음이고 전탁은 무기유성자음이
다. 훈민정음에서 'ㆁ, ㄴ, ㅁ, ㅇ, ㄹ, ㅿ'는 불청불탁에 속한다.

　▲ 전청(全淸), 전탁(全濁), 차청(次淸)

028 사계(四季)

脣居末, 土無定位而寄旺四季之義也. 〈正音解例 3a:6, 7〉

=사시(四時).

029 사성(四聲)

四聲兼人亦有由 〈正音解例 13a:3(訣)〉

諺之四聲何以辨 〈正音解例 23b:5(訣)〉

音因左點四聲分 〈正音解例 24a:1(訣)〉

평성(平聲), 상성(上聲), 거성(去聲), 입성(入聲)을 가리킴.

중국 중고 한어음의 성조에는 상성, 평성, 거성, 입성의 네 가지가 있다. 중세 한국어에서는 상성, 평성, 거성이 명확한 반면 입성의 경우 평성과 같기도 하고 상성과 같기도 하며 거성과 같기도 했다. 『訓民正音』에서 나온 예를 따르면 ':돌(石)'은 상성 '·갈(刀)'은 거성, '붇(筆)'은 입성이다. 입성자 중에 '긷(柱)', '녑(脅)'이 평성과 유사하며 ':낟(穀)', ':깁(繒)'은 상성과 유사하며 '·몯(釘)', '·입(口)'은 거성과 유사하다.

사성을 방점으로 표시할 때는 거성은 글자의 왼쪽에 한 점을 찍고, 상성은 같은 위치에 두 점을 찍으며, 평성은 점을 찍지 않는다.

▲ 거성(去聲), 상성(上聲), 입성(入聲), 평성(平聲)

사시(四時)

故合諸四時而不悖, 叶之五音而不戾. 〈正音解例 2a:5〉

一元之氣。周流不窮, 四時之運, 循環無端, 故貞而復元, 冬而復春 〈正音解例 9a:1〉

配諸四時與冲氣 〈正音解例 10b:1(訣)〉

춘·하·추·동의 사계절.

훈민정음이 성리학을 그 이론적 배경으로 삼고 있음은 주지의 사실로(이현희 2003: 595~596 참조), 음을 분류하고 그 제자 원리를 세움에 있어서도 내용상의 관련성이 있다. 성리학에서 음양(陰陽)·오행(五行)·방위(方位)의 수가 긴밀히 연관되듯이, 음의 분류 역시 이에 맞추어 이루어진다고 할 수 있다. 『訓民正音』에서는 아음·설음·순음·치음·후음이 계절, 오행, 음악의 오음, 방위와 연결됨을 다음과 같이 기술하고 있다.

牙音 － 春 － 木 － 角 － 東
舌音 － 夏 － 火 － 徵 － 南
脣音 － 季夏 － 土 － 宮 － 일정한 방위 없음
齒音 － 秋 － 金 － 商 － 西
喉音 － 冬 － 水 － 羽 － 北

이처럼 춘하추동의 사시(四時)란 성리학의 순환적이고 연결적인 관점에서 아설순치후의 자음 분류 방식과 관련된다고 할 수 있다.

또한 이러한 설명은 종성에서 초성을 다시 쓰는 점에 있어서도 적용된다. 사계절이 돌도 돌아 겨울에서 다시 봄이 되듯이, 초성이 다시 종성이 되고 종성이 다시 초성이 된다고 보는 것이다. "一元의 기운이 두루 흘러 다하지 않고 四時의 운행이 돌고 돌아 끝이 없는 까닭에 정(貞)에서 다시 원(元)이 되고 겨울에서 다시 봄이 되는 것이니(一元之氣, 周流不窮, 四時之運, 循環無端, 故貞而復元, 冬而復春)"라는 구절에서 이러한 내용을 발견할 수 있다.

🔲 사계(四季)

031 삼극(三極)

三極之義, 二氣之妙, 莫不該. 〈正音解例 27b:8〉

=삼재(三才).

해례의 본문에는 '삼재(三才)'라는 용어만이 사용된 반면, 정인지 서에는 '삼재(三才)'가 한 번 쓰이고, '삼극(三極)'이 한 번 사용되고 있다.

「繫辭傳上」에 따르면 "六爻之動 三極之道也"이라고 하였고, 왕필(王弼)의 주(注)에서는 "三極, 三才也", 공영달(孔穎達)의 소(疏)에서는 "六爻遞相推動而生變化, 是天地人三才至極之道"라고 한 것을 보아 '삼극(三極)'이 '삼재(三才)'와 동일한 개념임을 알 수 있다.

032 삼재(三才)

而三才之道備矣. 〈正音解例 6b:1〉

然三才爲萬物之先, 〈正音解例 6b:1〉

而天又爲三才之始, 猶・一ㅣ三字爲八聲之首, 而・又爲三字之冠也. 〈正音解例 6b:2〉

三才之道斯爲備 〈正音解例 12a:6(訣)〉

天地自然之聲, 則必有天地自然之文, 所以古人因聲制字, 以通萬物之情, 以載三
才之道, 而後世不能易也. 〈正音解例 26b:6〉

天・地・人.

삼재는 중국 고대 사상에서 말하는 우주의 세 가지 근원이다. 훈민정음
은 성리학 이론에 그 배경을 두고 있다고 할 수 있는데, 삼재(三才)는 바로
성리학 이론의 '삼극지의(三極之義)'를 반영하고 있다. 강신항(2010: 141)에
서는 「역경계사 하」 제10장에서 "易之爲書也 廣大悉皆 有天道焉 有人道焉
有地道焉 兼三才而兩之 故六 六者 非它也 三才之道也(易이라는 책은 광대하
여 모두 갖추어져 있어서, 여기에는 天道가 있으며 人道가 있고 地道도 있
다. 三才를 겸하고 있어서 이것을 곱치기 때문에 六, 六이란 딴 것이 아니
고 바로 三才之道다)"라고 한 것을 『訓民正音』에서는 기본모음자와 결부하
여 설명하고 있다고 지적한 바 있다.

중성 11자의 기본자인 'ㆍ, ㅡ, ㅣ'는 각각 천・지・인의 삼재를 상형한
것인데, 그 발생 순서는 'ㆍ→ ㅡ→ ㅣ'와 같다. 하늘은 자시(子時)에 열렸
고, 땅은 축시(丑時)에 열렸으며, 사람은 인시(寅時)에 열렸으므로, 'ㆍ, ㅡ,
ㅣ'도 그러한 순서로 만들어졌다고 본다고 할 수 있다. 나머지 8자(ㅗ, ㅏ,
ㅜ, ㅓ, ㅛ, ㅑ, ㅠ, ㅕ)는 이 기본자에서 출발한다. 삼재가 만물의 우선이 됨
과 동시에 하늘이 또 삼재의 시초가 되는 것과 같이, 'ㆍ, ㅡ, ㅣ'의 석 자가
여덟 소리의 우두머리가 되며, 석 자 중에서는 'ㆍ'가 가장 으뜸이 된다.

◢ 삼극(三極)

033 상(商)

於時爲秋, 於音爲商. 〈正音解例 2b:6〉

齒則商秋又是金 〈正音解例 10b:6(訣)〉

삼분손익법에 따라 음률을 나눈 '궁, 상, 각, 치, 우'의 오음 중 제2음.

대나무를 잘라 관의 길이로써 음률을 연구한 주나라 3분 손익법에 따라 음률을 구하면 '궁, 상, 각, 치, 우'의 5음을 얻을 수 있다. 이 중 '상'은 '궁' 다음의 음으로 5음계 및 7음계의 제2음이며, '궁'보다 2율(律) 높고 '각'보다 2율 낮다.

『訓民正音』에서는 아·설·순·치·후의 각 음과 계절, 오행, 오음, 방위를 연결 짓고 있다. 이때에 '상'은 치음과 관련된다. 치음은 단단하고 다른 물건을 끊기 때문에 금(金)에 해당하며, 계절로는 가을, 방위로는 서쪽에 해당한다.

▣ 각(角) 궁(宮), 오음(五音), 우(羽), 치(徵)

034 상성(上聲)

左加一點則去聲, 二則上聲, 無則平聲. 〈正音 4a:4〉

凡字之左, 加一點爲去聲, 二點爲上聲, 無點爲平聲. 〈正音解例 22a:3〉

或似上聲, 如:낟爲穀, :깁爲繒. 〈正音解例 22a:6〉

萬物舒泰. 上聲和而擧, 夏也, 萬物漸盛. 〈正音解例 22b:1〉

사성(四聲)의 하나로 처음이 낮고 나중이 높은 소리.

상성은 ':돌'과 같이 글자 왼쪽에 두 개의 점을 찍어서 표시한다. 평성·

상성·거성·입성은 계절과 만물의 변화와 연결되는데, 이 중 상성은 부드럽고 높아 여름에 해당되어 만물이 점점 풍성해지는 특성을 가진다고 이야기된다.

▲ 거성(去聲), 사성(四聲), 입성(入聲), 평성(平聲)

035 상형(象形)

ㄴㅁㅇ, 其聲最不厲, 故次序雖在於後, 而象形制字則爲之始. 〈正音解例 3b:5〉

次序雖後象形始 〈正音解例 10a:8(訣)〉

象形而字倣古篆, 因聲而音叶七調. 〈正音解例 27b:6〉

훈민정음 자모의 기본적인 제자 원리로, 대상의 모양을 본뜨는 방식.

훈민정음의 초성 17자는 이체자인 'ㄹ, ㅿ'을 제외한다면 오음에서 기본자 하나씩을 만든 후 이 기본자를 변형시키는 방식(가획)으로 제자되었는데, 이 기본자를 만드는 방식이 바로 상형에 의거한 것이라고 할 수 있다. 초성의 기본자는 'ㄱ, ㄴ, ㅁ, ㅅ, ㅇ'로 이들을 발음할 때 관여하는 주요한 조음 기관이나 조음 운동의 특징을 상형하여 만들었다.

ㄱ – 혀뿌리가 목구멍을 닫는 모양
ㄴ – 혀가 윗잇몸에 붙는 모양
ㅁ – 입 모양
ㅅ – 이(齒) 모양
ㅇ – 목구멍의 모양

한편 중성 11자의 기본자는 'ㆍ, ㅡ, ㅣ'로 천·지·인의 삼재(三才)를 상형한 것이다.

- · – 하늘을 본따서 둥근 모양
- ㅡ – 땅을 본따서 평평한 모양
- ㅣ – 사람이 서 있는 꼴을 본뜬 모양

　그런데 여기서 문제가 되는 부분은 훈민정음의 '상형'이 구체적으로 어떤 뜻인가 하는 데에 있다. 훈민정음의 제자원리로서 '상형설'은 널리 받아들여지는 것임에 틀림없으나, 이때의 '상형'이 무엇을 의미하는지에 대해서는 학자에 따라 견해상의 차이가 보이는 것이다.『漢語大詞典』에 따르면 '상형'의 의미는 ①그 형상을 본뜨는 것(象其形), ②한자의 글자를 만드는 기본적인 방법(漢語造字的基本方法)의 두 가지로 나눌 수 있다. 이 중 ②가 '육서(六書)'의 한 방식으로서의 '상형'에 해당하며, 허신(許愼)의 「說文解字」에는 "象形者, 畵成其物 隨體詰詘, 日月是也."라고 언급하고 있다.

　훈민정음의 제자 원리로서의 '상형'이 ②의 뜻을 가진다고 보는 입장에서는(유창균, 1966 ; 안병희, 1990 ; 안명철, 2006) 학자에 따라 그 범위가 조금씩 다르기는 하지만 대체적으로는 초성 기본자 'ㄱ, ㄴ, ㅁ, ㅅ, ㅇ'가 육서의 '상형'의 원리에 따라 제자된 것이라고 보며, 중성 기본자는 지사(指事)에 의하여, 그 외의 글자들은 회의나 형성 등에 따라 제자된 것이라고 본다. 예를 들어 'ㄱ'의 경우 가로선은 혀를, 세로선은 혀뿌리가 성문을 폐쇄한 상태를 시각적으로 상형한 것이라고 하였다. "한자가 구체적인 사물을 상징적으로 표시하여 지시물의 개념을 표상하게끔 한 데 대하여, 훈민정음은 조음기관의 모양이나 운동을 암시적으로 표시하여 발성기호를 표상하게끔 한 점이 다르다 하겠으나, 어느 구체적인 사물을 상징적으로 표상하였다는 점에 있어서 그것은 육서의 '상형'의 구성원리와 같다(유창균 1966:

377)"는 것이 그 입장이다.

그러나 한편으로는 훈민정음의 '상형'을 ②의 의미로 보기는 힘들다는 입장도 있다. 이는 『訓民正音』에서 정음 28자 모두를 '상형'으로 이루어진 것이라고 규정하고 있으나(正音二十八字 各象其形而制之) 상형의 원리라고 추정해 볼 수 있는 것은 일단 모음·자음의 기본자뿐이고(김완진, 1984), 육서의 '상형'이 사물을 매개로 '문자-의미'를 대응시킴에 반해 훈민정음의 상형은 '문자-소리'의 대응관계를 자의적으로 정하는 과정에서 문자 형태를 만드는 데에만 쓰였기에 『訓民正音』의 '상형'을 육서의 '상형'과 동일시할 수 없기 때문이며(김주필 2005: 98), 이러한 관점에서 특히 'ㆍ, ㅡ, ㅣ' 같은 것은 더더욱 '상형'보다는 '지사'에 가깝다고 볼 수 있기 때문이다(문효근 1993: 260). 따라서 『訓民正音』의 '상형'은 '일정한 사물의 모양을 본뜨다'라는 ①의 일반적인 의미로 쓰인 것이라고 볼 수 있다(박형우 2009).

한편 정인지 서의 "象形而字倣古篆"의 의미를 이해하는 데에 있어서도 여러 가지 논의가 있었는데, '象形'과 관련된 내용을 살펴보면 다음과 같다. 이 구절의 '象形'에 대하여 '聲'은 발음기관을 상형하고, '形'은 고전에서 구하였다고 이해하거나(공재석, 1967), '字倣古篆'이 고대 중국의 한자 구성 원리를 본받았다는 것을 의미하고, '상형'도 그 원리에 포함되는 것이나 '상형'을 강조하기 위해 앞에 내세운 것이라고 보는 입장도 있다(김완진, 1972). 이기문(1976)의 경우 세종실록 25년 기사에는 "其字倣古篆", 26년 최만리 상소에는 "宗形雖倣古之篆文"이라고만 나오며, 『訓民正音』 제자해에는 "象形"이라고만 제시되어 있는데, 정인지 서에는 "象形而字倣古篆"이라고 함을 지적하며, 세종 25·26년에는 '고전을 본떴다'는 말만이 있지만 28년에 와서 '상형'이 중요하게 되었고, 정인지 서에서는 이 둘을 합친 것임을 말하기도 하였다. 또한 김완진(1984)에서는 '字倣古篆'이 문자를 만드는 과정이며, '상형'은 세종 28년경에 부회(附會)된 것으로 보았다.

036 설근(舌根)

牙音ㄱ, 象舌根閉喉之形. 〈正音解例 1b:4〉

唯牙之ㆁ, 雖舌根閉喉聲氣出鼻, 〈正音解例 3b:8〉

牙取舌根閉喉形 〈正音解例 9b:7(訣)〉

혀뿌리.

아음 'ㄱ, ㄲ, ㅋ, ㆁ'는 설근(혀뿌리)으로 목구멍을 닫으면서 나는 소리이며, 이 중 'ㄱ'자는 혀뿌리가 목구멍을 닫는 모양을 본뜬 글자라고 할 수 있다.

037 설음(舌音)

ㄷ. 舌音. 如斗字初發聲 竝書. 如覃字初發聲 〈正音 1b:4〉

ㅌ. 舌音. 如吞字初發聲 〈正音 1b:6〉

ㄴ. 舌音. 如那字初發聲 〈正音 1b:7〉

舌音ㄴ, 象舌附上齶之形. 〈正音解例 1b:4〉

혓소리. 오음(五音)의 하나.

설음은 혀가 잇몸에 닿았다가 떨어지며 나는 음을 말하는 것으로 훈민정음 초성 17자 중 'ㄷ, ㄸ, ㅌ, ㄴ'을 가리키며 이 중 'ㄴ'은 혀가 잇몸에 닿는 모양을 본뜬 것이다.

◤ 순음, 아음, 치음, 후음.

<u>038</u> 성불심불천(聲不深不淺)

一舌小縮而<u>聲不深不淺</u>, 地闢於丑也. 〈正音解例 4b:7〉

중성 'ㅡ'를 발음할 때 소리가 나는 위치.

'深'과 '淺'은 각각 '깊다, 얕다'의 뜻으로 '성불심불천'은 '소리가 깊지도 얕지도 않음'을 뜻한다. 중성 'ㅡ'는 혀가 약간 오므라들며 발음되는데 이 때 'ㅡ'의 소리는 구강의 앞쪽이나 목구멍에 가까운 뒤쪽이 아니라 그 사이에서 나는 것을 말한다. 여기서 깊지도 얕지도 않다는 것은 '·'에 비해 깊지 않으며 'ㅣ'에 비해 얕지 않음을 나타낸다.

■ 성심(聲深), 성천(聲淺)

<u>039</u> 성서완(聲舒緩)

若用ㄹ爲彆之終, 則其<u>聲舒緩</u>, 不爲入也. 〈正音解例 19a:4〉

원래 입성이었던 한자음의 음절말 'ㄷ'이 'ㄹ'로 발음되어 나타나는 음상의 변화.

'舒'는 '펼치다, 옅어지다'의 뜻이고 '緩'은 '늘어지다, 느슨하다'의 뜻인데 '聲舒緩'은 입성일 때의 촉급했던 끝맺음에 비해 그 음상이 부드러워지는 것을 말한다. 고대 중국 한자음의 음절말 'ㄷ'은 한국 한자음에서는 'ㄹ'로 나타나는데 원래의 음인 'ㄷ'의 음상이 촉급(促急)한 것에 비해 'ㄹ'은 그 발음이 옅어지고 늘어지는 것을 뜻한다.

040

성심(聲深)

唯喉音次清爲全濁者, 盖以ㆆ聲深不爲之凝, ㅎ比ㆆ聲淺, 故凝而爲全濁也. 〈正音解例 4b:2〉

・舌縮而聲深, 天開於子也. 〈正音解例 4b:6〉

초성 'ㆆ'와 중성 'ㆍ'를 발음할 때 소리가 나는 위치.

'深'은 '깊다'는 뜻으로 자음이나 모음을 발음할 때 소리가 구강 안쪽의 깊은 곳이나 후두 쪽에서 나는 것을 말한다. 이에는 후음과 'ㆍ'가 해당된다.

강신항(2010: 138)에 따르면 훈민정음의 후음을 ㆆ[ʔ], ㅎ[h], ㆅ[hʔ], ㅇ[zero 혹은 ɦ]로 본다면 이들은 모두 성문음이라고 할 수 있으나, 같은 후음이라도 'ㆆ'는 성문 그 자체에서 발음되는 폐쇄음이므로 된소리인 성문폐쇄음을 중복시켜 된소리를 만들 수 없고, 같은 성문음인 'ㅎ'음에 된소리 요소를 가미하여 성문폐쇄 수반음인 'ㆅ'음이 되도록 한다는 것을 의미한다고 할 수 있다.

한편 제자해에서 'ㆍ'를 '聲深'으로 기술한 것과 관련하여, 김완진(1963)에서는 'ㆍ'는 '聲深'이므로 후설모음, 'ㅡ'는 '聲不深不淺'이므로 중설모음, 'ㅣ'는 '聲淺'이므로 전설모음으로 보아서, 중세국어의 모음체계를 전설・중설・후설의 대립을 갖는 체계로 보고자 한 바 있다.

◪ 성불심불천(聲不深不淺), 성천(聲淺)

성음(成音)

凡字必合而成音. 〈正音 4a:3~4〉

盖字韻之要, 在於中聲, 初終合而成音. 〈正音解例 8b:4〉

且ㅇ聲淡而虛, 不必用於終, 而中聲可得成音也. 〈正音解例 18b:1〉

中聲成音亦可通 〈正音解例 19b:5(訣)〉

음절을 이룸.

자음과 모음이 각각 초성, 중성, 종성으로 쓰여 하나의 음절을 이루는 것을 말한다. 여기서 '音'은 단순히 '소리'의 뜻을 가진 것이 아니며 초성, 중성, 종성이 결합하여 한 음절로서 발화의 단위를 이루는 것을 뜻한다고 보는 것이 타당하다.

041' 성음(成音)

半舌有輕重二音. 然韻書字母唯一, 且國語雖不分輕重, 皆得成音. 〈正音解例 22b:6〉

소리가 됨.

41의 '성음(成音)'의 '음(音)'이 음절을 가리키는 것과 달리, 여기서의 '음'은 '소리'를 뜻한다는 점에서 구분된다.

042 성음(聲音)

故人之聲音, 皆有陰陽之理, 顧人不察耳. 〈正音解例 1a:3-4〉

今正音之作, 初非智營而力索, 但因其聲音而極其理而已. 〈正音解例 1a:8-1b:1〉

又以聲音清濁而言之. 〈正音解例 3a:8-3b:1〉

聲音又自有清濁 〈正音解例 11a(訣)〉

聲音由此而生, 故曰母. 〈正音解例 14b:6-7〉

말소리를 뜻함.

말과 글을 통틀어 부르는 '말'이 아니라, 사람의 발성 기관을 통하여 나온 '음성'만을 이른다. 『訓民正音』 제자해에서는 사람의 성음에도 다 음양의 이치가 있는데 사람이 살피지 못한다고 하였다. 『訓民正音』을 지은 것도 처음부터 지혜나 노력으로 찾아낸 것이 아니라, 성음을 바탕으로 하여 이치를 다했을 뿐이라고 밝히고 있다. 또, 성음을 소리의 맑고 흐림(淸濁)으로 나누기도 한다. 중국 성운학에서 어두자음을 분류할 때 조음 위치에 따라서 오음(五音)으로 분류하고, 조음 방법에 따라 청탁으로 구분하였다. 그리고 훈민정음의 초성은 운서의 자모에 해당하는데, 성음이 이로부터 생겨나므로 '모(母)'로 일컫는다고 하였다.

043 성응(聲凝)

全淸竝書則爲全濁, 以其全淸之聲凝則爲全濁也. 〈正音解例 4a:8-4b:1〉

소리가 엉김.

훈민정음 제자해에는 전청(全淸) 글자를 나란히 쓰면 전탁(全濁) 글자가 되는데, 이는 전청의 소리가 엉기면 전탁이 되기 때문이라고 밝히고 있다. 전탁음은 전청음에 성문 폐쇄음 '응(凝)'이 수반된 것이다(강신항 1978: 10).

▲ 불청불탁(不淸不濁), 전청(全淸), 전탁(全濁), 차청(次淸)

044 성자(成字)

合字解 初中終三聲, 合而成字. 〈正音解例 20b:2-3〉

음절을 이룸.

초성, 중성, 종성이 모여 하나의 음절을 이루는 것을 뜻한다. 종성은 초성과 중성을 이어받아 음절(혹은 자운)을 이룬다. 예를 들어 '즉'(卽)자의 종성은 'ㄱ'인데 'ㄱ'가 '즈'의 끝에 놓여서 '즉'이 되며, '뽕'자의 종성은 'ㅇ'인데 'ㅇ'가 '뽀'의 끝에 놓여 '뽕'이 되는 것과 같다. 그리고 초성, 중성, 종성 세 소리가 합하여 하나의 글자, 즉 음절자를 이룬다. 훈민정음은 28자로 이루어진 음소문자이지만, 초성과 중성, 종성을 합하여 한 글자로 모아쓰는 음절문자의 성격도 띠고 있음을 알 수 있다.

045 성천(聲淺)

唯喉音次淸爲全濁者, 盖以ㆆ聲深不爲之凝, ㅎ比ㆆ 聲淺, 故凝而爲全濁也. 〈正音解例 4b:1-3〉

ㅣ舌不縮而聲淺, 人生於寅也. 〈正音解例 4b:8-5a:1〉

侵象人立厥聲淺 〈正音解例 12a:5(訣)〉

以其舌展聲淺而便於開口也. 〈正音解例 16b:7〉

소리가 얕음.

『訓民正音』에서는 중성의 기본자 '·, ㅡ, ㅣ'를 '성천(聲淺)'과 '성심(聲深)'에 따라 분류하고 있다. 즉 이 세 중성의 기본자를 소리의 깊이로서 분류하고 있는 것인데, 여기서의 소리의 깊이란 '혀의 오그림 정도'가 된다.

그러므로 성천은 혀를 오그리지 않은 것을 뜻한다.

혀의 오그림 정도에 따라 중성의 기본자 세 글자를 분류하면 ‘ · : ㅡ : ㅣ = 오그림(깊음): 약간 오그림(중간): 안오그림(얕음)’이 된다.

▲ 성심(聲深)

046 순경음(脣輕音)

○連書脣音之下, 則爲脣輕音. 〈正音 3b:7〉
○連書脣音之下, 則爲脣輕音者, 以輕音脣乍合而喉聲多也. 〈正音解例 4b:3-5〉

가벼운 입술소리를 뜻함.

순음(ㅂ, ㅍ, ㅃ, ㅁ) 아래에 ‘ㅇ’를 연서하여 표기한 글자인 ‘ㅸ, ㆄ, ㅹ, ㅱ’를 가리킨다. 이들은 본래의 순음보다 가볍게 소리나며 입술이 잠깐 합쳐지고, 목구멍 소리가 많다. 이들 중 ‘ㅸ’는 15세기 중엽에 소실된다. 그리고 ‘ㆄ, ㅹ, ㅱ’ 등은 『訓民正音』 용자례에 예가 거의 나타나지 않는 것으로 보아 고유어 표기에는 쓰이지 않은 것으로 추측할 수 있다.

▲ 순음(脣音)

047 순음(脣音)

ㅂ. 脣音. 如彆字初發聲 〈正音 2a:1〉
ㅍ. 脣音. 如漂字初發聲 〈正音 2a:3〉
ㅁ. 脣音. 如彌字初發聲 〈正音 3b:4〉

○連書脣音之下, 則爲脣輕音. 〈正音 3b:6-7〉

　脣音ㅁ, 象口形. 〈正音解例 1b:5〉

　○連書脣音之下, 則爲脣輕音者, 以輕音脣乍合而喉聲多也. 〈正音解例 4b:3-5〉

입술소리를 뜻함.

윗입술과 아랫입술에 의하여 조음되는 소리로서 '순음'이라고도 한다.
'ㅂ, ㅍ, ㅃ, ㅁ'가 순음에 속한다. 'ㅂ'는 '彆'자의 첫소리와, 'ㅍ'는 '漂'의
첫소리와, 'ㅁ'는 '彌'자의 첫소리와 같다. 이 중 'ㅁ'는 입의 모양을 본떠
만든 글자이다. 그리고 이 순음 아래에 'ㅇ'를 이어 쓰면 순경음 'ㅸ, ㆄ,
ㅹ'이 된다. 훈민정음 언해본에서는 이를 '입시울소리'라고 하였다.

　◼ 순경음(脣輕音)

048 속습(俗習)

如入聲之彆字, 終聲當用ㄷ, 而俗習讀爲 ㄹ, 盖ㄷ變而爲輕也. 〈正音解例 19a:2-4〉

斗輕爲閭是俗習 〈正音解例 20a:6〉

세속의 습관.

15세기 당시 일반 세속 사람들의 언어 습관을 일컫는다. 훈민정음 종성
해에서는 입성의 '彆'자는 종성에 마땅히 'ㄷ'을 써야 하는데, 세속의 습관
에서는 흔히 'ㄹ' 받침으로 읽는 것은 대개 'ㄷ'이 변하여 가볍게 되었기
때문이라고 하였다. '斗'자의 'ㄷ'이 가벼워져서 '閭'의 'ㄹ'이 되는 것 역
시 세속의 습관이다.

아음(牙音)

ㄱ. 牙音. 如君字初發聲 〈正音 1a:7〉

ㅋ. 牙音. 如快字初發聲 〈正音 1b:2〉

ㆁ. 牙音. 如業字初發聲 〈正音 1b:3〉

牙音ㄱ, 象舌根閉喉之形. 〈正音解例 1b:4〉

今亦取象於喉, 而不爲牙音制字之始. 〈正音解例 4a:1-3〉

如牙音君字初聲是ㄱ, ㄱ與ㅜㄴ 而爲군. 〈正音解例 14b:7-8〉

초성의 기본음 다섯 가지 음 중의 하나로서 어금닛소리라고 함.

현대음성학의 연구개음(軟口蓋音, velar sound)에 해당한다. 『訓民正音』에서 규정한 아음은 'ㄱ, ㅋ, ㄲ, ㆁ' 등 네 가지이다. 이 중에서 'ㄱ'는 '君'에, 'ㅋ'는 '快', 'ㄲ'는 '虯', 'ㆁ'는 '業'의 어두 자음에 대응된다.

'ㄱ'는 아음의 기본자로서 상형자이다. 'ㄱ'는 '혀뿌리가 목구멍을 막는 모양을 본뜬 것(象舌根閉喉之形)'이다. 'ㅋ'는 기본자 'ㄱ'에 획을 더한 것으로서 '가획자'이다. 'ㆁ'는 'ㅋ'와는 다르게 만들어진 글자로서, 제자해에서는 '오직 ㆁ만은 다르다(而唯ㆁ爲異)'로 기술되어 있다. 이것은 'ㆁ'가 가획자가 아니라 이체자라는 것을 뜻한다.

'ㄱ, ㅋ, ㆁ'는 연구개음으로서 동일한 조음위치의 음들이지만, 이들의 음의 싱질은 각기 나르나. 'ㄱ'는 전정(全淸)으로서 현대음성학의 평음에 해당한다. 'ㅋ'는 차청(次淸)으로서 현대음성학의 격음에 해당한다. 'ㆁ'는 불청불탁(不淸不濁)으로서 현대음성학의 유성음에 해당한다.

050 안이화(安而和)

平聲<u>安而和</u>, 春也, 萬物舒泰. 〈正音解例 22a:8–22b:1〉

편안하고 온화함.

훈민정음의 네 가지 성조 중에서 평성(平聲)을 설명하는 내용이다. 안이화(安而和)에 바로 후행하는 내용으로 '春也, 萬物舒泰'가 있는데, 이것도 역시 평성을 설명하는 내용이다. 결국, 안이화(安而和)는 "봄"을 뜻하는데, 이 '봄'은 '만물이 피어나서 자라는 것'이 된다. 그러므로 안이화(安而和)는 '낮은 소리'라는 평성의 특성을 나타내는 말이다.

▲ 거이장(擧而壯), 화이거(和而擧)

051 어음(語音)

國之<u>語音</u> 異乎中國 〈正音 1a:2〉

구어로서의 '말'을 뜻함.

'語音'에 대한 해례본의 언해는 '말쏨'으로 되어 있다. 어음과 관련된 『訓民正音』의 주석은 다음과 같다.

- 語는 말쓰미라 〈正音解例 1a〉
- 音은 소리니 〈正音解例 1a〉

어음을 주석에 해석된 대로 풀이하면 '말쏨소리(말쏨소리)'가 될 것이다. 그렇지만 실제로 언해에 반영된 것은 '말쏨(말쏨)'이다. 이 경우만 놓고 본다면, 어음의 '음(音)'은 잉여적인 것이다. 그렇지만, 당시의 언해자들이 '語音'의 번역에 '소리'를 굳이 반영하지 않은 것은, 이것이 당시 한국어의 구어에 대한 것임이 명백했기 때문이다. 이것은『訓民正音』의 첫 부분에서 어렵지 않게 상기할 수 있다.

- 國之語音 異乎中國 與文字不相流通 〈正音解例 1a〉
- 나랏말쓰미 중국에 달아 문자와로 서르 스뭇디 아니홀씨 〈正音解例 1a〉

위의 예문을 해석하면, '나라의 어음'은 '중국의 문자'로써 나타내기에 적합하지 않다는 사실을 알 수 있다(김슬옹 2010: 243). '문자'를 문어로 해석한다면('문자' 참조), 어음이 구어인 것이 명백해진다. 그러므로 여기서의 어음은 구어로 해석할 수 있는 것이다. 여기서의 '音'은 구어라는 것을 강조하기 위한 하나의 수단이다. 언해에서는 그것이 문맥상 간취될 수 있기 때문에 적극적으로 번역이 되지 않은 것이다.

052 언어(諺語)

> 人如諺語·옷爲衣, ㄷ如諺語·실爲絲之類. 〈正音解例 18b:3-4〉
> 如諺語·짜爲地 〈正音解例 21a:4〉
> 各自竝書, 如諺語·혀爲舌而·혀爲引 〈正音解例 21a:5-6〉
> 如諺語·괴爲琴柱 〈正音解例 21b:1〉
> 如諺語흙爲土 〈正音解例 21b:2-3〉
> 諺語平上去入 〈正音解例 21b:7〉

'한국어', 혹은 '토박이말'을 뜻함.

합자해에서 성조를 설명하면서 나타나는 개념이다. 크게 두 가지로 나타나는데, 첫 번째는 토박이말을 중국한자어에 대응시키는 것이고, 두 번째가 성조의 전반을 설명하는 것이다. 첫 번째는 '如諺語○爲□'와 같은 형식으로 나타난다. '○' 부분에는 토박이말이 나오고. '□' 부분에는 그에 대응하는 한자어가 나온다. 두 번째는 성조의 용례를 나타내는 '諺語平上去入'에서 나타난다.

'諺語'는 '諺'과 '語'로 분류된다. 이 중에서 '語'는 앞서 '語音'에서 언급했다시피 구어로서의 당시 한국어를 뜻하는 것이다. 결국 여기서 문제시되는 것은 '諺'의 성격이다. 이것은 한국어 구어의 특성을 나타내는 말로 이해함이 옳다.

<u>0</u>53 여(厲)

> ㅋ比ㄱ, 聲出稍厲, 故加畫. 〈正音解例 1b:7〉
> ㄴㅁㅇ, 其聲最不厲, 故次序雖在於後, 而象形制字則爲之始. 〈正音解例 3b:4〉
> ㅅㅈ 雖皆爲全淸, 而ㅅ比ㅈ, 聲不厲, 故亦爲制字之始. 〈正音解例 3b:7〉
> 正音制字尙其象 因聲之厲每加畫 〈正音解例 9b:4〉
> 那彌戌欲聲不厲 次序雖後象形始 〈正音解例 10a:7〉
> 不淸不濁之字, 其聲不厲, 故用於終則宜於平上去. 〈正音解例 17b:8〉
> 全淸次淸全濁之字, 其聲爲厲, 故用於終則宜於入. 〈正音解例 18a:2〉

소리가 '거칠다', '세다' 정도의 뜻인 당시의 음성학 용어.

"ㅋ比ㄱ, 聲出稍厲, 故加畫." 즉, 평파열음계열(무기파열음, ㄱ,ㄷ,ㅂ 등)에 비해 격음계열(유기파열음, ㅋ,ㅌ,ㅍ 등)이 약간 '厲'하다고 설명하고 있다. '厲'는 '힘쓰다', '사납다'와 같은 뜻을 가지는 말인데, 당시의 음성학 용어로서, 소리가 '거칠다', '세다' 정도의 의미로 사용된 모양이다. '厲'는 또한 "ㄴㅁㅇ 其聲最不厲", "ㅅ比ㅈ 聲不厲"처럼 사용되고 있으며, 아래와 같은 체계를 상정하여 字形에 반영한 것으로 정리된다.

不厲	――――――→	厲
ㄴ	ㄷ	ㅌ
ㅁ	ㅂ	ㅍ
	ㄱ	ㅋ
ㆁ		
ㅇ	ㆆ	ㅎ
ㅅ	ㅈ	ㅊ

여기서는, 일반적으로 '비음계열 → 평파열음계열 → 격음계열'의 순서로 '厲'하다고 분석하였으며, 'ㅅ'(마찰음)보다 'ㅈ'(파찰음)이 '厲'하다고 분석하였다. 또한 'ㅇ → ㆆ → ㅎ'을 '喉音'으로 묶는 것은 중국의 전통적인 음운학의 영향을 받은 것이라고 할 수 있으나, 이 순서로 '厲'하다고 하는 것은 흥미로운 분석이기도 하다.

위의 표에 있어서 'ㆁ, ㄱ, ㅋ'에 대해서는, "唯牙之ㆁ, 雖舌根閉喉聲氣出鼻, 而其聲與ㅇ相似, 故韻書疑與喩多相混用, 今亦取象於喉, 而不爲牙音制字之始."<正音解例 3b-4a>라는 기술에 근거하여, 음운론적으로는 'ㆁ→ㄱ→ㅋ'이라는 체계를 인정하면서도 문자론적으로는 'ㆁ'과 'ㄱ, ㅋ'를 서로 달리 다루었다는 것을 감안하여, 이와 같이 배열해 본 것이다.

<u>054</u> 연서(連書)

○ 連書脣音之下, 則爲脣輕音. 〈正音 3b:6〉

○ 連書脣音之下, 〈正音解例 4b:2〉

欲之連書爲脣輕 〈正音解例 11b:5(訣)〉

○ 連書ㄹ下, 爲半舌輕音, 〈正音解例 22b:7-8〉

글자를 위 아래로 이어 쓰는 방법을 뜻함.

『訓民正音』에는 글자를 쓰는 방법에 크게 연서, 병서, 부서 등 세 가지
가 있는데, 그 중 하나이다. 연서와 병서는 초성자를 쓰는 방법에 해당하
고, 부서는 초성자와 중성자를 함께 쓰는 방법에 해당한다. 연서는 초성자
두 개를 위 아래로 이어 쓰는 방법이다. 위 아래로 이어 쓰는 초성자 중에
서 아래에 오는 초성자에는 'ㅇ'가 있다. 이 'ㅇ'는 순음 계열과 결합하는
데, 이것이 바로 순경음이다(ㅇ連書脣音之下 則爲脣輕音). 따라서 'ㅇ'가 연
서되는 것은 'ㅱ, ㅸ, ㆄ, ㅹ' 등 네 가지이다. 또한 실제 문자로 쓰이지는
않았으나, 合字解에는 'ㅇ'을 'ㄹ' 아래에 연서하여 '半舌輕音'으로 부를
수 있다고 명시가 되어 있다.

<u>055</u> 오음(五音)

叶之五音而不戾. 〈正音解例 2a:5-6〉

故五音之中, 喉舌爲主也. 〈正音解例 3a:3-4〉

五行五音無不協 〈正音解例 10b:2(訣)〉

五音各一爲次清 〈正音解例 11a:6(訣)〉

五音之緩急, 亦各自爲對. 〈正音解例 18b:4-5〉

五音緩急各自對 〈正音解例 20a:4(訣)〉

조선시대 음악의 다섯 가지 음률인 궁(宮), 상(商), 각(角), 치(徵), 우(羽)를 뜻함.

오음은 오행(五行), 사시(四時), 방위(方位) 등과 밀접한 관련이 있다. 특히, 『예기』에는 궁, 상, 각, 치, 우 등의 오음을 각각 토(土), 금(金), 목(木), 화(火), 수(水) 등의 오행에 대응시키고 있다.

▲ 사시(四時), 오행(五行)

056 오행(五行)

天地之道, 一陰陽五行而已. 〈正音解例 1a:3〉

夫人之有聲本於五行. 〈正音解例 2a:5〉

然水乃生物之源, 火乃成物之用, 故五行之中, 水火爲大. 〈正音解例 3a:2〉

是則初聲之中, 自有陰陽五行方位之數也. 〈正音解例 3a:8〉

是則中聲之中, 亦自有陰陽五行方位之數也. 〈正音解例 7a:8–7b:1〉

中聲者, 一深一淺一闔一闢, 是則陰陽分而五行之氣具焉, 天之用也. 〈正音解例 7b:3–5〉

初聲者, 或虛或實或颺或滯或重若輕, 是則剛柔著而五行之質成焉, 地之功也. 〈正音解例 7b:5–7〉

盖五行在天則神之運也. 〈正音解例 8a:6〉

天地之化本一氣 陰陽五行相始終 〈正音解例 9a:7–8(訣)〉

配諸四時與沖氣 五行五音無不協 〈正音解例 10b:1–2(訣)〉

우주의 만물을 형성하고 운행하는 다섯가지 요소인 '목(木)·화(火)·토(土)·금(金)·수(水)'를 가리킴.

『訓民正音』 제자해에서는 하늘과 땅의 근본 원리는 음양과 오행이라고 밝힌 후, 사람의 말소리는 오행에 근본을 두고 있으므로 사시(四時)나 음악의 오행(五音)에 맞추어도 어긋나지 않는다고 하였다. 『訓民正音』에서는 오행을 이용하여 초성의 제자 원리를 설명한다. 이를 정리하면 다음과 같다.

初聲	소리의 특성	五行	四時	五音	方位
喉音	聲虛而通	水	冬	羽	北
牙音	聲似喉而實	木	春	角	東
舌音	聲轉而颺	火	夏	徵	南
齒音	聲屑而滯	金	秋	商	西
脣音	聲含而廣	土	季夏	宮	中央

이 오행으로 만물의 생성소멸을 설명하는 것이 곧 오행설(五行說)이다. 오행설을 정식으로 주창한 것은 BC 4세기 경, 전국시대에 추연(鄒衍)이다. 추연은 오덕종시설(五德終始說)을 내세워, 오행의 덕을 제왕조(帝王朝)에 배당시켜 우(虞)는 토덕(土德), 하(夏)는 목덕(木德), 은(殷)은 김덕(金德), 주(周)는 화덕(火德)으로 왕이 되었다는 설을 내세웠다.

이 오행(五行)은 상생(相生)하고 상극(相剋)한다. 상생은 木이 火를 낳고(木生火) 火가 土를 낳으며(火生土) 土가 金을 낳고(土生金), 金이 水를 낳고(金生水) 水가 木을 낳는(水生木) 순서로, '木, 火, 土, 金, 水'의 순서이다. 相剋은 水가 火를 이기고(水剋火) 火가 金을 이기며(火剋金) 金이 木을 이기고(金剋木), 木이 土를 이기며 土가 水를 이기는 순서이며, '水, 火, 金, 木, 土'의 순서이다.

◤ 음양(陰陽)

057

완급(緩急)

聲有緩急之殊, 故平上去其終聲不類入聲之促急. 〈正音解例 17b:6-7〉

五音之緩急, 亦各自爲對. 〈正音解例 18b:4-5〉

其緩急相對, 亦猶是也. 〈正音解例 18b:8-19a:1〉

五音緩急各自對 〈正音解例 20a:4(訣)〉

느림과 빠름.

소리에는 완급의 다름이 있으므로, 평성, 거성, 상성은 그 받침이 입성의 촉급(促急)함과는 다르다. 성조는 본래 음절 전체의 높낮이를 의미하며, 평성, 거성, 상성, 입성의 사성(四聲)을 일컫는다. 그런데 음절의 높낮이에 의해 구별되는 평성, 거성, 상성과는 달리, 중국에서는 운미에 '-p, -t, -k' 종성자가 있는 글자를 입성이라고 해 왔다. 이들은 다른 음절에 비하여 음절말에서 성문의 폐쇄가 빨리 일어난다. 훈민정음 편찬자들은 우선 종성만 가지고 평성·상성·거성과 입성을 구별하였다.

또 이 완급에 따라 오음(五音)이 각각 짝을 이루게 된다. 아음의 'ㆁ'과 'ㄱ', 설음의 'ㄴ'과 'ㄷ', 순음의 'ㅁ'과 'ㅂ', 치음의 'ㅿ'과 'ㅅ', 후음의 'ㅇ'과 'ㆆ'은 그 느림과 빠름에 따라 서로 짝을 이룬다.

058

용자례(用字例)

用字例 〈正音解例 24b:2〉

초성·중성·종성의 자모 각각에 대해 어휘의 표기상의 실례를 들어서 그 사용법을 보여주는 부분.

앞서 제자해, 초성해, 중성해, 종성해, 합자해의 순서로 5해를 구성하고, 마지막으로 합자법의 원리에 의해 올바로 구성된 단어를 직접 예를 들어 보여주고 있는 부분이 곧 용자례이다. 94개의 어휘가 수록되어 있다.

◼ 제자해(制字解), 종성해(終聲解), 중성해(中聲解), 초성해(初聲解), 합자해(合字解)

<u>059</u> 우(羽)

於時爲冬, 於音爲羽. 〈正音解例 2a:7-8〉
五行五音無不協 維喉爲水冬與羽 〈正音解例 10b:1-2(訣)〉

오음(五音), 즉 궁상각치우(宮商角徵羽) 중의 한 음.

제자해에서 후음(喉音)을 설명하는 데에 이용되었다. '우'는 오행에서는 물에 대응하며 사시(四時)로는 겨울, 방위로는 북에 대응한다.

◼ 각(角), 궁(宮), 상(商), 오음(五音), 치(徵)

<u>060</u> 우민(愚民)

故<u>愚民</u>. 有所欲言而終不得伸其情者. 多矣. 〈正音 1a:3〉

어리석은 백성을 이름.

세종의 서문에서는, 말하고자 하는 바가 있어도 자신의 뜻을 표현하지 못하는 '우민'이 많다고 하였다. 이 경우 '우민'은 글을 잘 알지 못하는 어리석은 백성을 뜻한다.

운서(韻書)

唯牙之ㆁ, 雖舌根閉喉聲氣出鼻, 而其聲與ㅇ相似, 故韻書疑與喩多相混用, 今亦
取象於喉, 而不爲牙音制字之始. 〈正音解例 3b:7-4a:3〉

正音初聲, 卽韻書之字母也. 〈正音解例 14b:6〉

然韻書字母唯一. 〈正音解例 22b:5〉

　중국의 성운학(聲韻學)에 관한 서적.

　한자를 韻에 따라 분류하고 주석한 것을 일컫는다. 훈민정음 제자해에
서는 'ㆁ'이 혓뿌리가 목구멍을 막아 소리의 기운이 코로 나오지만, 그 소
리가 'ㅇ'과 비슷하므로 운서에 '疑母'와 '喩母'가 서로 혼용되는 일이 많
다고 하였다. 疑母는 'ŋ'를, 喩母는 'j'를 대표하는 것이었는데, 元代 이후
어두 'ŋ' 음이 소실되어 운서에서 疑母字와 喩母字가 서로 혼동되었다. 제
자해에서 'ㆁ'와 'ㅇ'의 소리가 '서로 비슷하다'(相似)라고 표현한 것은 이
에 연유한다.

　그리고 훈민정음 초성해에서, 초성은 운서의 자모라고 하였다. 한자음에
서 첫소리를 나타내는 말을 주로 '성'이라고 부르는데, 이 성을 나타내는
기호를 성모, 또는 자모라고 부른다. 그리고 중·종성을 운모라 한다. 따
라서 훈민정음의 초성은 운서의 자모가 된다.

　훈민정음을 만들 때 참고한 중국의 운서로는 『古今韻會擧要』, 『廣韻』, 『集
韻』, 『禮部韻略』, 『洪武正韻』 등이 있다. 세종 때에 편찬한 우리나라 최초
의 운서로는 『東國正韻』이 있다(조규태 2010: 17).

字韻則淸濁之能辨, 樂歌則律呂之克諧. 〈正音解例 28a:5-6(訣)〉

동양음악의 음 이름에 있어서 십이율(十二律)의 양률(陽律)인 육률(六律)과 음려(陰呂)인 육려(六呂)를 통틀어 이르는 말.

이는 정인지가 한글의 효용에 대해 이야기하면서 한글을 사용하면 음악의 '율려'가 고르게 잘 조화된다고 하였다. 6률은 황종(黃鐘)·태주(太簇)·고선(姑洗)·유빈(蕤賓)·이칙(夷則)·무역(無射)이고, 6려는 대려(大呂)·협종(夾鐘)·중려(仲呂)·임종(林鐘)·남려(南呂)·응종(應鐘)이다. 이 12율려는 1년 12개월과 12지와도 관련이 있다. 홀수의 달이 양이고, 짝수의 달이 음이다. 북송의 邵雍은 말소리를 나타내는 데 율려를 썼는데, 성(聲)을 려(呂)라 하고, 운(韻)을 율(律)이라고 하였다.

cf. 律, 呂

서양음악의 12음 체계와 마찬가지로, 한국음악에서도 예로부터 한 옥타브를 12개의 반음으로 나누어 사용하여 왔다. 이러한 12반음들을 12율려 또는 12율이라 한다. 이 12율은 황종, 대려, 태주, 협종, 고선, 중려, 유빈, 임종, 이칙, 남려, 무역, 응종과 같은 고유 율명을 지닌다. 이는 서양 음악의 12반음 체계와는 비교되는데, 서양음악은 12음체계가 평균율인데, 한국음악은 12율이 순정율이다.

과거 동양의 전통 음악은 궁·상·각·치·우의 5음을 기본으로 하고, 이 음의 기준을 잡기 위하여 6율과 6려를 사용하였는데, 6률은 양률을 의미하고 6려는 음률을 의미한다. 이는 본래 소리의 고저 장단이 다른 관(管)의 음조의 종류를 의미한다.

『악서』에 또 말하기를 "6률을 6시라고도 하는 것은 그 양의 자리가 음보다 앞[始]에 있기 때문이다. 또 6려를 6간이라고도 하는 것은 그 자리가 양과 양의 사이[間]에 있기 때문이다. 6려를 또 6동이라고 하는 것은 그 정(情)이 양의 정과 같기[同] 때문이다. 나누어 말하면 이렇게 하지만, 합해서 말하면 다 양기를 좇아 위아래가 통하므로, 6률·6려라 하지 않고 다같이 12율이라고 부른다."라고 하였다.(『樂學軌範』卷 1: 8b)

063 음양(陰陽)

天地之道, 一陰陽五行而已. 〈正音解例 1a:3〉

坤復之間爲太極, 而動靜之後爲陰陽. 〈正音解例 1a:4〉

凡有生類在天地之間者, 捨陰陽而何之. 〈正音解例 1a:5〉

故人之聲音, 皆有陰陽之理. 〈正音解例 1a:6-7〉

是則初聲之中, 自有陰陽陽五行方位之數也. 〈正音解例 3a:7-8〉

水火未離乎氣, 陰陽交合之初, 故闔. 〈正音解例 7a:3〉

木金陰陽之定質, 故闢. 〈正音解例 7a:4〉

是則中聲之中, 亦自有陰陽五行方位之數也. 〈正音解例 7b:1〉

陰陽, 天道也. 〈正音解例 7b:2〉

中聲者, 一深一淺一闔一闢, 是則陰陽分而五行之氣具焉, 天之用也. 〈正音解例 7b:4〉

以初中終合成之字言之, 亦有動靜互根陰陽交變之義焉. 〈正音解例 8a:4〉

終聲之復用初聲者, 以其動而陽者乾也, 靜而陰者亦乾也, 乾實分陰陽而無不君宰也. 〈正音解例 8b:8〉

天地之化本一氣 陰陽五行相始終 〈正音解例 9a:8(訣)〉

且就三聲究至理 自有剛柔與陰陽 〈正音解例 13a:6(訣)〉

中是天用陰陽分 初迺地功剛柔彰 〈正音解例 13a:7(訣)〉

음(陰)과 양(陽).

천지 만물에 있어서 서로 상반되는 이원적 대립관계를 이루고 있는 각각이 곧 '음'과 '양'이다. 이 '음양'으로 우주나 인간에게 나타나는 모든 현상을 설명하려는 것이 음양설(陰陽說)이다. 일반적으로 '양'에는 '日·春·夏·東·南·火·男' 등이 있고, '음'에는 '月·秋·冬·西·北·水·女' 등이 있다. '음양'을 태극이 나뉜 두 기운인 '理氣'라고 일컫기도 한다.

제자해에서는, 하늘과 땅 사이에 살고 있는 생물들이 음양을 버리고 살수가 없다고 하면서, 사람의 말소리에도 역시 모두 음양의 이치가 있지만 사람이 살피지 못할 뿐이라고 하였다. 그리고 초성과 중성이 모두 음양과 오행의 원리에 의해 창제된 것임을 밝히고 있다. 그런데 이 음양의 대립관계는 고정 불변의 것은 아니다. 제자해에서도, 초성이 모음인 중성과의 대립관계에서는 음이 되고, 받침인 종성과의 관계에서는 양이 된다고 하였다.

◤ 오행(五行), 이기(二氣), 태극(太極)

064 이기(二氣)

三極之義, 二氣之妙, 莫不該括. 〈正音解例 27b:8〉

음(陰)과 양(陽)을 말함.

『訓民正音』에서는 三極(三才: 天地人)의 뜻과 二氣의 묘가 다 포함되지 않은 것이 없다고 하였다. 여기에서 二氣란 陰陽을 뜻하는데, 중국 송나라의 유학자 주돈이(周敦頤, 1017~1073)가 지은 「태극도설」에는 "二氣交感 化生萬物[1]"이라고 하여 二氣가 교감하면 만물을 낳게 된다는 내용이 있고, 『性理大全』에서 朱子도 "陰陽是氣 五行是質"[2]하여 陰陽을 '氣'라고 가리킨 바 있다.

▣ 음양(陰陽)

065 이두(吏讀)

> 昔新羅薛聰, 始作<u>吏讀</u>, 官府民間, 至今行之. 〈正音解例 27a:8–27b:1〉

한자의 음과 뜻을 빌려 우리말을 적던 표기법의 하나.

『訓民正音』에서는 설총이 이두를 처음 만들었다고 명기하고 있는데, 이두를 넓은 뜻으로 잡아서, 향찰과 좁은 의미의 이두와 구결을 포함하는 것으로 한다면 설총이 이두를 완성하였다고 볼 수 있다(안병희 2001: 15~16). 이에 대하여 이두(吏讀) 자료가 설총 이전부터 존재하고 있으므로 설총은 이두를 창제한 것이 아니고 체계화한 것으로 보아야 할 것(강신항 2003: 173)이라는 주장도 있다.

한편, 훈민정음 창제 이전에 한자로써 행한 문자 생활은 크게 두 가지로 나누어 볼 수 있는데, 순수한 한문 곧 고전 한문으로 행하는 문자 생활이 그 하나요, 음과 새김을 빌려 쓴 한자 곧 이두로써 국어를 표기하는 문자 생활이 다른 하나이므로(안병희 2007: 236), 이두가 우리의 문자 생활에서 중요한 역할을 하였음은 능히 짐작할 수 있다.

---

1) 『性理大全』 卷一 33a: 6-7.
2) 『性理大全』 卷之二十七 15b: 5.

066 이십팔자(二十八字)

新制二十八字. 〈正音 1a:5〉

正音二十八字, 各象其形而制之. 〈正音解例 1b:2〉

我 殿下創制正音二十八字, 略揭例義以示之, 名曰訓民正音. 〈正音解例 27b:5〉

以二十八字而轉換無窮, 簡而要, 精而通. 〈正音解例 28a:1〉

훈민정음 초성 17자와 중성 11자를 말함.

『訓民正音』에서는 이 이십팔자(二十八字)가 세종이 새로 만든 글자임을 밝혔으며, 상형의 방법을 사용하였다고 말한다. 또한 전환이 무궁하고, 간단하고도 요긴하며 정밀하면서도 통한다고 설명하고 있다.

이 이십팔자(二十八字)는 음소문자(音素文字)이지만, 실제로 글을 쓸 때에는 초·중·종성(또는 초·중성)을 합하여 한 음절이 되도록 모아쓰기 때문에 음절문자(音節文字)의 성격도 가지고 있다(이성구 1985: 137). 한편, 『훈몽자회』의 범례 끝에 실린 '언문자모(諺文字母)'의 협주에는 "俗所謂反切二十七字"3)로 되어 있는데(안병희 2007: 246), 창제 당시의 이십팔자(二十八字)에서 'ㆆ'이 빠져있다.

■ 종성(終聲), 중성(中聲), 초성(初聲)

067 이어(俚語)

方言俚語萬不同 有聲無字書難通 〈正音解例 24a:5(訣)〉

但方言俚語, 不與之同. 〈正音解例 27a:6〉

---

3) 『訓蒙字會』 凡例2a: 8.

중국어에 대한 한국어, 혹은 민간에서 쓰이던 속된 말.

이들 예에서 보듯이 반드시 '方言俚語'로 나타나며, 동시에 이 두 개가 '方言*' 용례의 전부이다. '方言俚語'로 병렬되어 사용된 예로는 『朱子語類』 卷七十八 「尙書」一 「綱領」에 "<典>·<謨>之書, 恐是曾經史官潤色來. 如 「周誥」等篇, 恐只似如今榜文曉諭俗人者, 方言俚語隨地隨時, 各自不同."이   있 다. 『訓民正音』에서의 '方言俚語'에 대한, 특히 '方言'과 '俚語'의 관계에 대한 기존에 해석에 관해서는 김슬옹(2010: 222~225)을 참조할 수 있다.

'俚語'라는 단어에 대한 풀이로 諸橋의 『大漢和』는 "민간에서 행해지는 말. 俗語. 俚辭. 俚言", 『漢語大詞典』은 "方言俗語 ; 民間淺近的話語."를 들 었다. 이들이 공통적으로 드는 예는 『五代史』 卷三十二 「死節傳」 第二十의 "彦章武人, 不知書, 常爲俚語謂人曰: '豹死留皮, 人死留名.'"이다.

『訓民正音』의 용례 중 전자는 "半舌有輕重二音. 然韻書字母唯一, 且國語 雖不分輕重, 皆得成音. 若欲備用, 則依脣輕例, ㅇ連書ㄹ下, 爲半舌輕音, 舌乍附上齶. ·一起ㅣ聲, 於國語無用. 兒童之言, 邊野之語, 或有之, 當合 二字而用, 如기긷之類. 其先縱後橫, 與他不同."<正音解例 22b-23a>에 대한 訣이 다. 여기서 '方言'과 '俚語'가 어떤 관계에 있는 것인지, 그리고, '方言', '俚 語'가 '國語*', '兒童之言', '邊野之語'와 어떠한 관계를 맺는 것인가가 문 제가 된다.

'俚'의 자의(字義)로 諸橋 『大漢和』는 그 넷째로 '비속한 노래. 俗歌'를 들었으며, 『漢語大詞典』은 그 셋째로 '指民間歌謠'라 하면서, 둘 다 唐 孟浩 然의 「和張明府登鹿門山」의 "謬承巴俚和 非敢應同聲"을 그 예로 든다. 만약 『訓民正音』 편찬자의 의식에 『列子』 「仲尼」 第四의 '聞兒童謠'가 있었다면 '兒童'의 노래 따위에 나타나는 언어를 '俚語'로 표현하였을 가능성도 있 을지 모른다. 元 陳仁子에 『文選補遺』 卷三十五 '謠'에 대한 注에도 "通乎 俚俗, 曰謠."라 하였다.

단 한 가지 불안 요소가 있다면, 合字解 訣에 있어 이 "音因左點四聲分 一去二上無點平 語入無定亦加點 文之入則似去聲 方言俚語萬不同 有聲無字書 難通"이라는 부분은 그 직전에서 환운(換韻)되어 그 뒤의 "一朝制作俟神工 大東千古開矇矓"로 이어져서 결(訣) 전체를 마무리 짓는 단락에 들어간다 는 점이다. 물론 '一朝制作俟神工'와 같이 원래 압운이 불필요한 부분에서 도 운을 달았다는 점에서 결(訣)의 마지막 한 聯이 다시 한 단락을 이룬다 고 볼 수도 있겠다. 그런데 '一朝制作'을 기리는 이 단락에서 '半舌音'의 '輕重'이나 'ㆍㅡ起ㅣ聲'과 같은 구체적, 세부적 사항에 대해 언급한다는 것도 특이하기 때문이다.

『訓民正音』의 용례 중 후자는 鄭麟趾 서(序)의 예인데, 여기서 '方言俚 語'는 '禮樂文章'과 대조되는 것으로, 문제의 부분은 '吾東方'은 '禮樂文章' 은 '侔擬華夏'하나 다만 '方言俚語'는 이--'華夏'--와 같지 않다는 뜻 으로 해석된다. 즉, '方言俚語'은 '華夏'의 언어와 대조되는 '吾東方'의 것 으로 해석되는 것이다. 그러한 의미로 여기에서의 '方言俚語'의 용법은 "半 舌有輕重二音。 然韻書字母唯一, 且國語雖不分輕重, 皆得成音. 若欲備用, 則依脣輕例, ㅇ連書ㄹ下, 爲半舌輕音, 舌乍附上齶。"<正音解例 22b>에서의 중 국의 언어와 대비되는 '國語'의 용법과 유사하다고 할 수 있다.

■ 국어(國語), 방언(方言)

<u>068</u> 이점(二點)

凡字之左, 加一點爲去聲, 二點爲上聲, 無點爲平聲. 〈正音解例 22a:3〉

훈민정음 글자의 왼 편에 점 두 개를 찍었다는 것으로, 해당 글자가 상성임을 표시함.

『訓民正音』에서는 점이 없으면 평성, 점이 하나면 거성, 둘이면 상성으로 정하였다. 글자 옆에 점을 찍는 것에 대하여는 중국의 사성 이론을 취하여 한자어와 중세 한국어 표기에 적용한 것으로, 그 표시는 방점으로 하고(김민수 1957: 172), 15세기의 중세 한국어는 성조 언어였으므로 이를 나타내는 방점법이 있었던 것이다(강신항 2003: 128).

다만, 지석영의 「국문론」에서는 "셰종죠끠옵셔 어졍ᄒ시와 두옵신 국문을 봉심ᄒ온즉 평성에는 아모표도 업고 샹성에는 엽헤 졈 ᄒ나를 치고 거성에는 엽헤 졈 둘를 쳐서 표 ᄒ얏더라." 하여 상성과 거성에 대한 방점 해석이 창제 당시와 사뭇 다름을 알 수 있다.

◼ 상성(上聲)

069 일점(一點)

左加一點則去聲, 二則上聲, 無則平聲. 〈正音 4a:4〉
凡字之左, 加一點爲去聲, 二點爲上聲, 無點爲平聲. 〈正音解例 22a:2〉

훈민정음 글자의 왼 편에 점 한 개를 찍었다는 것으로, 해당 글자의 성조가 거성임을 표시함.

『訓民正音』에서는 점이 없으면 평성, 점이 하나면 거성, 둘이면 상성으로 정하였다.

◼ 거성(去聲), 이점(二點)

入聲加點同而促急. 〈正音 4a:5〉

聲有緩急之殊, 故平上去其終聲不類入聲之促急. 〈正音解例 17b:7〉

所以ㆁㄴㅁㅇㄹㅿ六字爲平上去聲之終, 而餘皆爲入聲之終也. 〈正音解例 18a:4〉

如入聲之彆字, 終聲當用ㄷ, 而俗習讀爲ㄹ, 盖ㄷ變而爲輕也. 〈正音解例 19a:2〉

是皆爲入聲促急 初作終聲理固然 〈正音解例 19b:1(訣)〉

而文之入聲, 與去聲相似. 〈正音解例 22a:4〉

諺之入聲無定, 或似平聲, 如긷爲柱, 녑爲脅. 〈正音解例 22a:4〉

入聲促而塞, 冬也, 萬物閉藏. 〈正音解例 22b:3〉

四聲의 하나로 짧고 빨리 막는 소리를 말함.

『訓民正音』에서는 입성 소리의 성격을 빠르고 막혀서 겨울에 해당된다고 설명하였다. 또한, 종성의 경우에는 'ㆁ, ㄴ, ㅁ, ㅇ, ㄹ, ㅿ'를 제외한 다른 자음으로 끝날 때 입성이 된다고 하였다. 한편, 한자음의 입성은 거성과 비슷하나, 중세 한국어의 입성은 일정치 않아서 평성, 상성, 거성과 비슷하게 되어, 점을 찍는 방법이 평성, 거성, 상성과 같다고 하였다.

김민수(1957: 11)에서는 입성이란 것이 언해본에 "섈리 긋듣ᄂᆞᆫ 소리라"하였듯이, 구체적으로 말하면 ㄱ, ㄷ, ㅂ 등을 받침으로 하는 폐음절을 이르므로, 이러한 입성은 다시 평·상·거의 삼성을 내포하고 있다고 언급하였다. 렴종률·홍기문(1982: 62)에서도 입성은 짧고 급하게 끝내는 음이라고 지적하였다. 한편 이성구(1985: 144)에서는 입성의 경우에도 방점을 찍지만, 그 방점의 수는 일정하지 않아서 거성과 같이 한 점, 상성과 같이 두 점, 평성과 같이 점이 없는 것도 있는데, 실제 문헌에 표기된 것을 보면 중세 한국어 표기와 한자음 표기에 차이가 있음을 지적하였다. 그는 우리말 표기에는 세 종류의 방점을 찍었으나, 한자음 표기의 입성은 거성과 같이

한 점을 찍었다고 하면서, 『訓蒙字會』 범례에서도 "平聲無點, 上聲二點, 去聲入聲皆一點"[4]을 예로 들어 거성과 입성에 모두 한 점을 찍도록 하였음을 밝힌 바 있다. 이에 대하여 안병희(2007: 99)에서는 입성은 성조로는 아무런 변별적 기능이 없고 촉급할 뿐이라고 하였다.

■ 사성(四聲)

071 자모(字母)

正音初聲, 卽韻書之字母也. 〈正音解例 14b:6〉
然韻書字母唯一, 且國語雖不分輕重, 皆得成音. 〈正音解例 22b:5〉

① 훈민정음의 초성 글자를 말함.
② 중국 음운학(音韻學)에서 동일한 성모(聲母)를 가진 글자들 가운데에서 대표로 삼은 글자를 말하는데, 초성을 표시하는 글자를 말함.
≪훈민정음≫에서는 정음의 초성이 운서(韻書)에서의 자모라 하였다. 따라서 한국어에서는 초성에 해당하는 자모(字母)와 중성과 종성에 해당하는 운모(韻母)가 결합하여야 현대 언어학의 음절에 해당하는 자운(字韻)을 이룰 수 있다.

■ 초성(初聲)

---

4) 『訓蒙字會』 凡例3b: 7-9.

자운(字韻)

> 盖字韻之要, 在於中聲, 初終合而成音. 〈正音解例 8b:3〉
> 中聲者, 居字韻之中, 合初終而成音. 〈正音解例 15b:8〉
> 終聲者, 承初中而成字韻. 〈正音解例 17b:3〉
> 字韻則清濁之能辨, 樂歌則律呂之克諧. 〈正音解例 28a:5〉

　자모(字母)와 운모(韻母)가 결합한 것으로 하나의 음절을 가진 한자음을 말함.

　『訓民正音』에서는 초성, 중성, 종성이 있어야 자운(字韻)이 된다고 하였다. 이 자운은 말소리의 맑음과 흐림을 구별할 수 있고 음악의 곡조를 고르게 한다고 하였다.

　강신항(2003: 156)에서도 자운은 하나의 음절을 구성하는 한자음을 가리킨다고 하였으며, 조규태(2010: 22)에서도 자모와 운모를 합친 것이 자운이니 원문의 자운은 일반적으로 말하면 '말소리'란 뜻이요, 엄격히 말하면 '음절'이란 뜻임을 밝힌 바 있다.

　　▲ 자모(字母)

073 재출(再出)

> ㅛㅑㅠㅕ起於ㅣ而兼乎人, 爲再出也. 〈正音解例 5b:7〉
> 欲穰兼人爲再出 二圓爲形見其義 〈正音解例 12b:5(訣)〉

　재차 나옴의 뜻으로 중성 'ㅛ, ㅑ, ㅠ, ㅕ'의 넉 자를 말함.

　훈민정음의 중성은 천·지·인 삼재(三才)를 본뜬 ·(하늘의 둥근 모양),

―(땅의 평평한 모양), ㅣ(사람이 선 모양)를 기본으로 하여 초출자(初出字)
'ㅗ, ㅏ, ㅜ, ㅓ'을 만들고, 초출자에서 다시 재출자(再出字) 'ㅛ, ㅑ, ㅠ,
ㅕ'를 만들었다.

초출자 'ㅗ, ㅏ, ㅜ, ㅓ'에 점을 하나씩 더 찍어서 재출자 'ㅛ, ㅑ, ㅠ,
ㅕ'가 되는 것으로 '초출'과 '재출'의 착상은 팔괘(八卦)의 초교(初交)·재
교(再交)의 원리와 관련이 있는 것이다(이성구 1985: 166).

🔺 초출(初出)

074 전청(全淸)

> ㄱㄷㅂㅈㅅㆆ, 爲全淸. 〈正音解例 3b:1〉
>
> ㅅㅈ雖皆爲全淸, 而ㅅ比ㅈ, 聲不厲, 故亦爲制字之始. 〈正音解例 3b:6〉
>
> 全淸並書則爲全濁, 以其全淸之聲凝則爲全濁也. 〈正音解例 4a:7, 8〉
>
> 全淸聲是君斗彆 卽戌挹亦全淸聲 〈正音解例 11a:3(訣)〉
>
> 全淸並書爲全濁 唯洪自虛是不同 〈正音解例 11b:1(訣)〉
>
> 全淸次淸全濁之字, 其聲爲厲, 故用於終則宜於入. 〈正音解例 18a:1〉
>
> 全淸次淸及全濁 是皆爲入聲促急 〈正音解例 19a:8(訣)〉

『훈민정음』 및 『동국정운』의 초성 체계 중에서, 'ㄱ(君), ㄷ(斗), ㅂ(彆),
ㅅ(戌), ㅈ(卽), ㆆ(挹)'이 지니는 음성적 특질을 말함. 현대 음성에서의 무
성무기자음(無聲無氣子音)에 해당됨.

성음 청탁 구분의 이명(異名)을 소개한 자료를 보면, 전청은 '청(淸)',
'순청(純淸)', '최청(最淸)'이라고도 하였다.

중국 성운학에서 어두자음을 조음 위치에 따라 아설순치후(牙舌脣齒喉)

의 오음으로 분류하고, 조음 방법 및 음의 성질에 따라 청탁으로 구분하였
는데, 훈민정음에서는 '전청(全淸), 차청(次淸), 전탁(全濁), 불청불탁(不淸不
濁)'이라는 용어를 사용하였다.

　◪ 불청불탁(不淸不濁), 전탁(全濁), 차청(次淸), 청탁(淸濁)

075　전탁(全濁)

　　ㄲㄸㅃㅉㅆㆅ, 爲全濁. 〈正音解例 3b:3〉

　　全淸並書則爲全濁, 以其全淸之聲凝則爲全濁也. 〈正音解例 4a:8〉

　　唯喉音次淸爲全濁者, 盖以ㆆ聲深不爲之凝, ㅎ比ㆆ聲淺, 故凝而爲全濁也. 〈正音
　　解例 4b:1, 3〉

　　全濁之聲虯覃步 又有慈邪亦有洪 〈正音解例 11a:7(訣)〉

　　全淸並書爲全濁 唯洪自虛是不同 〈正音解例 11b:1(訣)〉

　　全淸次淸全濁之字, 其聲爲厲, 故用於終則宜於入. 〈正音解例 18a:1〉

　　훈민정음 초성 체계 중, 'ㄲ(虯), ㄸ(覃), ㅃ(步), ㅆ(邪), ㅉ(慈), ㆅ(洪)'이
공통적으로 가지고 있는 음성적 특질을 말함.

　　성음 청탁 구분의 이명(異名)을 소개한 자료에서 전탁은 '탁(濁)', '순탁
(純濁)', '최탁(最濁)'이라고도 하였다.

　　전탁의 실제 음가에 대해 크게 경음설(硬音說)과 탁음설(濁音說)의 두 견
해가 존재한다. 경음설은 허웅(1953), 도수희(1971) 등에 의해 설명되었다.
허웅(1953: 113~114)은 '엉긴다[凝]'라는 표현법은 어감상 '되어진다'와 통
하고 된소리의 청각인상으로 붙인 명칭이며, 전탁은 경음이라 하였다. 탁
음설은 김민수(1953) 등이 주장한 견해이다. 김민수(1953: 10)는 전탁음은 주

로 한자음을 충실히 표기하기 위하여 사용된 음으로 그 음가는 된소리가 아니며 유성음이라고 하였다.

렴종률·홍기문(1982: 48)에서는 'ㆅ'이 훈민정음에서 목구멍소리[喉音] 'ㅎ'의 된소리라 하였으나, 순한소리글자[全淸]에서 엉긴 형태 'ㄲ·ㄸ ㅃ·ㅉ·ㅆ'와는 달리 거센소리[次淸]에서 엉킨 형태로 하였음을 지적하면서 'ㅎ'에는 된소리가 없으며 그보다 얕은 'ㆆ'로 된소리 글자를 만들었다고 하였다.

◪ 불청불탁(不淸不濁), 전청(全淸), 차청(次淸), 청탁(淸濁)

076 제자해(制字解)

制字解 〈正音解例 1a:2〉

훈민정음 해례본의 첫째 장의 이름, 곧 훈민정음 해례에서 훈민정음의 제작을 풀이한 부분.

077 정음(正音)

今正音之作, 初非智營而力索, 但因其聲音而極其理而已. 〈正音解例 1a:7〉
正音二十八字, 各象其形而制之. 〈正音解例 1b:2〉
正音作而天地萬物之理咸備, 其神矣哉. 〈正音解例 9a:4〉
正音制字尙其象 因聲之厲每加畫 〈正音解例 9b:3(訣)〉
正音之字只卄八 探賾錯綜窮深幾 〈正音解例 14b:1(訣)〉

正音初聲, 卽韻書之字母也. 〈正音解例 14b:6〉

癸亥冬. 我 殿下創制正音二十八字, 略揭例義以示之, 名曰訓民正音. 〈正音解例 27b:5〉

正音之作, 無所祖述, 而成於自然. 〈正音解例 29a:3〉

'훈민정음(訓民正音)'의 준말.

정음(正音)은 훈민정음(訓民正音)의 준말로 해례에는 '훈민정음(訓民正音)'이라 하지 않고 모두 '정음(正音)'이라고 하였으나, 정인지 서에서 나오는 '정음(正音)'과 '훈민정음(訓民正音)'은 문맥으로 보아 똑같은 개념이라고 보기 어렵다. '훈민정음'은 단독 개념이 틀림없지만 '정음'은 좀더 외연(外延)이 넓은 일반 개념의 성격을 가지고 있다. 다른 문헌의 용례를 보면 소옹(邵雍)의 『황극경세서(皇極經世書)』에 '정성(正聲)'과 대응하는 말로 '정음'이 사용되었다. 채원정(蔡元定)의 『율려신서(律呂新書)』에도 '정음'이라는 말이 나오는데, 이것은 음악과 관계되는 말이다(이성구 1985: 150-151).

078 종성(終聲)

終聲復用初聲. 〈正音 3b:7〉

初聲合用則並書, 終聲同. 〈正音 4a:1〉

終聲有止定之義, 地之事也. 〈正音解例 8b:1〉

終聲之復用初聲者, 以其動而陽者乾也, 靜而陰者亦乾也, 乾實分陰陽而無不君宰也. 〈正音解例 8b:6〉

初聲之復爲終, 終聲之復爲初, 亦此義也. 〈正音解例 9a:3〉

終聲比地陰之靜 字音於此止定焉 〈正音解例 14a:1(訣)〉

終聲者, 承初中而成字韻. 〈正音解例 17b:3〉

終聲是ㄱ, ㄱ居즈終而爲즉. 〈正音解例 17b:4〉

洪字終聲是ㆁ, ㆁ居ᅘᅩ終而爲ᄬ之類. 〈正音解例 17b:5〉

聲有緩急之殊, 故平上去其終聲不類入聲之促急. 〈正音解例 17b:7〉

如入聲之彆字, 終聲當用ㄷ, 而俗習讀爲ㄹ, 盖ㄷ變而爲輕也. 〈正音解例 19a:2〉

初作終聲理固然 只將八字用不窮 〈正音解例 19b:2(訣)〉

終聲在初中之下. 〈正音解例 21a:2〉

終聲二字三字合用, 如諺語ᄒᆞᆰ爲土, ·났爲釣, 둚·뾲爲酉時之類. 〈正音解例 21b:2〉

文與諺雜用則有因字音而補以中終聲者, 如孔子ㅣ魯ㅅ:사ᄅᆞᆷ之類 〈正音解例 21b:6〉

欲書終聲在何處 初中聲下接着寫 〈正音解例 23b:1(訣)〉

終聲ㄱ, 如닥爲楮, 독爲甕. 〈正音解例 26a:6〉

끝소리. 받침. 나중소리. 끝닿소리. 철자형태(綴字形態)로서의 음절의 받침 글자를 가리킴.

종성해에는 "ㄱㆁㄷㄴㅂㅁㅅㄹ八字可足用也"라고 하여 종성에는 'ㄱ, ㆁ, ㄷ, ㄴ, ㅂ, ㅁ, ㅅ, ㄹ'의 여덟 자만 쓰도록 하였다.

◀ 중성(中聲), 초성(初聲)

079 종성부용초성(終聲復用初聲)

終聲復用初聲. 〈正音 3b:7〉

종성은 다시 초성을 사용한다는 말.

삼성(三聲)인 초성·중성·종성 중에서 종성 글자는 따로 만들지 않고 초성 글자를 그대로 사용한다는 규정이다.

'종성부용초성'에 대해 종성에 모든 초성을 받침으로 쓸 수 있다고 한 것으로 해석하기도 하였으나(김민수 1957: 171; 강신항 1987: 18 외), 여기에서는 종성 글자는 따로 만들지 않고 초성 글자를 사용한다는 규정으로 풀이한다.

🔲 종성(終聲), 중성(中聲), 초성(初聲)

080 종성해(終聲解)

終聲解 〈正音解例 17b: 2〉

『訓民正音』에서 종성(終聲)이 어떤 개념인지를 설명하는 부분.

『訓民正音』은 '御製序' '制字解', '初聲解', '中聲解', '終聲解', '合字解', '用字例'와 '鄭麟趾序'로 구성되어 있다. 종성해는 그 중에 한 부분으로서 종성을 설명하는 부분이다.

🔲 용자례(用字例), 제자해(制字解), 종성해(終成解), 중성해(中聲解), 초성(初聲), 합자해(合字解).

081 중성(中聲)

　·. 如呑字中聲 〈正音 3a:2〉

　ㅡ. 如卽字中聲 〈正音 3a:3〉

　ㅣ. 如侵字中聲 〈正音 3a:4〉

　ㅗ. 如洪字中聲 〈正音 3a:5〉

　ㅏ. 如覃字中聲 〈正音 3a:6〉

　ㅜ. 如君字中聲 〈正音 3a:7〉

ㅓ. 如業字中聲 〈正音 3b:1〉

ㅛ. 如欲字中聲 〈正音 3b:2〉

ㅑ. 如穰字中聲 〈正音 3b:3〉

ㅠ. 如戌字中聲 〈正音 3b:4〉

ㅕ. 如彆字中聲 〈正音 3b:5〉

中聲凡十一字. 〈正音解例 4b:5〉

是則中聲之中, 亦自有陰陽五行方位之數也. 〈正音解例 7a:8〉

以初聲對中聲而言之. 陰陽, 天道也. 剛柔, 地道也. 〈正音解例 7b:2〉

中聲者, 一深一淺一闔一闢, 是則陰陽分而五行之氣具焉, 天之用也. 〈正音解例 7b:3〉

中聲以深淺闔闢唱之於前 〈正音解例 7b:7〉

中聲承初之生, 接終之成, 人之事也. 〈正音解例 8b:4〉

盖字韻之要, 在於中聲, 初終合而成音. 〈正音解例 8b:4〉

中聲十一亦取象. 精義未可容易觀. 〈正音解例 11b:7〉

中聲唱之初聲和, 天先乎地理自然 〈正音解例 13b:1〉

韻成要在中聲用人能輔相天地宜 〈正音解例 14a:3〉

中聲者, 居字韻之中, 合初終而成音. 〈正音解例 15b:8〉

如吞字中聲是・, ・居ㅌㄴ之間而爲ᄐᆞᆫ. 〈正音解例 16a:1〉

卽字中聲是ㅡ, ㅡ居ㅈㄱ之間而爲즉. 〈正音解例 16a:2〉

侵字中聲是ㅣ, ㅣ居ㅊㅁ之間而爲침之類. 〈正音解例 16a:3〉

一字中聲之與ㅣ相合者十. ㅢ ㅚ ㅐ ㅟ ㅔ ㅚ ㅒ ㅖ ㅖ 是也. 〈正音解例 16b:3〉

二字中聲之與ㅣ相合者四, ㅙ ㅞ ㅙ ㅞ 是也. 〈正音解例 16b:4〉

母字之音各有中, 須就中聲尋闔闢 〈正音解例 17a:3〉

且ㅇ聲淡而虛, 不必用於終, 而中聲可得成音也. 〈正音解例 18b:1〉

唯有欲聲所當處, 中聲成音亦可通 〈正音解例 19b:5〉

初聲或在中聲之上, 或在中聲之左. 如君字ㄱ在ㅜ上, 業字ㆁ在ㅓ左之類. 〈正音解例 20b:4〉

中聲則圓者橫者在初聲之下, ・ㅡㅗㅛㅜㅠ是也. 〈正音解例 20b:5〉

中聲二字三字合用, 如諺語과爲琴柱, 홰爲炬之類. 〈正音解例 21a:8〉

初聲在中聲左上, 把欲於諺用相同. 〈正音解例 23a:5〉

中聲十一附初聲, 圓橫書下右書縱. 〈正音解例 23a:7〉

欲書終聲在何處? 初中聲下接着寫. 〈正音解例 23b:2〉

中聲・, 如독爲頤, 뜻爲小豆, ᄃ리爲橋, ᄀ래爲楸. 一, 如믈爲水, 발측爲跟, 그력爲鴈, 드레爲汲器. 〈正音解例 25a:7〉

음절에서 가운데 오는 음을 말하는데, 현대 언어학의 모음에 해당함.

중국성운학에서는 한 글자의 음을 이분하여 자모(字母)와 운모(韻母)로 나누었는데 비해 훈민정음에서는 한 음절을 초성(初聲)・중성(中聲)・종성(終聲)으로 나누었다. 그 중에서 '中聲'은 한 음절의 가운데에서 발음되는 소리라는 뜻으로 모음(母音 ; vowel)을 말한다. 중성 11자로 '・, 一, ㅣ'는 하늘・땅・사람의 삼재(三才)의 원리를 적용한 기본자이고, 'ㅗ, ㅏ, ㅜ, ㅓ'는 기본자를 배합하여 만든 '초출자(初出字)'이며, 'ㅛ, ㅑ, ㅠ, ㅕ'는 초출자에 점 하나씩 가한 '재출자(再出字)'이다.

◼ 삼재(三才), 종성(終聲), 초성(初聲)

082 중성해(中聲解)

中聲解 〈正音解例 15b:7〉

『訓民正音』에서 中聲이 어떤 개념인지를 설명하는 부분.

『訓民正音』은 '제자해(制字解)', '초성해(初聲解)', '중성해(中聲解)', '종성해(終聲解)', '합자해(合字解)', '용자례(用字例)'와 '정인지서(鄭麟趾序)'로 구성되어 있다. 중성해(中聲解)는 그 중의 한 부분으로서 중성을 설명하는 부분이다.

▣ 용자례(用字例), 제자해(制字解), 종성해(終成解), 중성해(中聲解), 초성(初聲), 합
자해(合字解).

083 차청(次清)

ㅋㅌㅍㅊㅎ, 爲<u>次清</u>. 〈正音解例 3b:2〉

唯喉音<u>次清</u>爲全濁者, 盖以ㆆ聲深不爲之凝, ㅎ比ㆆ聲淺, 故凝而爲全濁也. 〈正音
解例 4b:1〉

全清聲是君斗彆, 卽戌挹亦全清聲, 若酒快吞漂侵虛, 五音各一爲<u>次清</u> 〈正音解例
11a:6〉

全清<u>次清</u>全濁之字, 其聲爲厲, 故用於終則宜於入. 〈正音解例 18a:1〉

全清<u>次清</u>及全濁, 是皆爲入聲促急. 〈正音解例 19a:8〉

훈민정음 초성 체계 중, 'ㅋ, ㅌ, ㅍ, ㅊ, ㅎ'를 이르는 말임.

즉, 유기무성자음(有氣無聲子音)을 가리킨다. 강신항(1978)에 따르면 성음
청탁(聲音清濁)은 중국 음운학에서는 어두 자음을 조음 위치별로 나누어
아설순치후(牙舌脣齒喉)의 오음으로 분류하고, 동일음을 다시 음의 성질대
로 나누어 전청, 차청, 전탁, 불청불탁이라고 했다. 그 중에서 차청은 유기
무성자음이다.

▣ 불청불탁(不清不濁), 전청(全清), 전탁(全濁)

084 천지인(天地人)

取象於天地人, 而三才之道備矣. 〈正音解例 6a:8〉

삼재(三才). 즉 하늘, 땅, 사람을 말함.

■ 삼극(三極), 삼재(三才)

085 청탁(淸濁)

中聲以深淺闔闢唱之於前, 初聲以五音淸濁和之於後, 而爲初亦爲終亦可見萬物
初生於地, 復歸於地也. 〈正音解例 8a:1〉
聲音又自有淸濁, 要於初發細推尋 〈正音解例 11a:1(訣)〉
字韻則淸濁之能辨, 樂歌則律呂之克諧. 〈正音解例 28a:5〉

조음 방법에 의한 변별 자질을 말함.

『訓民正音』에서 자음을 조음 위치로 분류하면 아음, 설음, 순음, 치음,
후음으로 나눌 수 있으며, 조음 방법으로 분류하면 전청, 차청, 전탁, 불청
불탁으로 나눌 수 있다. 청탁(淸濁)은 '맑고 흐림'을 말하는 것으로 중국
성운학에서 말소리를 구별하는 기준의 하나로 조음 방법에 의한 변별 자
질을 말한다. 전청음(全淸音)은 무성무기음이고, 차청음(次淸音)은 무성유
기음이며, 전탁음(全濁音)은 유성유기음이고, 차탁 또는 불청불탁은 비음,
유음, 반모음 등의 향음(響音)을 일컬어 왔다. 훈민정음을 창제하면서도 이
중국 성운학의 자음 변별 자질을 가져와 당시의 한국말 자음을 분류하고
있는데, 이 중 전탁음만은 한국어의 '된소리'에 해당하여 중국어의 자음들
과 다소 차이가 있다.

초발성(初發聲)

ㄱ. 牙音. 如君字<u>初發聲</u> 並書. 如虯字<u>初發聲</u>. 〈正音 1a:8〉

ㅋ. 牙音. 如快字<u>初發聲</u> 〈正音 1b:2〉

ㆁ. 牙音. 如業字<u>初發聲</u> 〈正音 1b:3〉

ㄷ. 舌音. 如斗字<u>初發聲</u> 並書. 如覃字<u>初發聲</u> 〈正音 1b:4〉

ㅌ. 舌音. 如吞字<u>初發聲</u> 〈正音 1b:6〉

ㄴ. 舌音. 如那字<u>初發聲</u> 〈正音 1b:7〉

ㅂ. 脣音. 如彆字<u>初發聲</u> 並書. 如步字<u>初發聲</u> 〈正音 2a:1, 2〉

ㅍ. 脣音. 如漂字<u>初發聲</u> 〈正音 2a:3〉

ㅁ. 脣音. 如彌字<u>初發聲</u> 〈正音 2a:4〉

ㅈ. 齒音. 如卽字<u>初發聲</u> 並書. 如慈字<u>初發聲</u> 〈正音 2a:5〉

ㅊ. 齒音. 如侵字<u>初發聲</u> 〈正音 2a:7〉

ㅅ. 齒音. 如戌字<u>初發聲</u> 並書. 如邪字<u>初發聲</u> 〈正音 2b:1, 2〉

ㆆ. 喉音. 如挹字<u>初發聲</u> 〈正音 2a:3〉

ㅎ. 喉音. 如虛字<u>初發聲</u> 並書. 如洪字<u>初發聲</u> 〈正音 2a:4〉

ㅇ. 喉音. 如欲字<u>初發聲</u> 〈正音 2a:6〉

ㄹ. 半舌音. 如閭字<u>初發聲</u> 〈正音 2b:7〉

ㅿ. 半齒音. 如穰字<u>初發聲</u> 〈正音 3a:1〉

처음 나는 소리. 한 음절에서 처음 발음되는 소리.

언해문에 '처엄펴아나는소리'로 번역하고 있으며, 언해문의 다른 부분에 있는 '첫소리'와 같은 뜻으로 쓰고 있는 말이다. 이는 곧 음절의 첫소리(初聲)을 말한다.

초성(初聲)

終聲復用初聲. 〈正音 3b:6〉

初聲合用則並書, 終聲同. 〈正音 3b:7〉

·ㅡㅗㅜㅛㅠ, 附書初聲之下. ㅣㅏㅓㅑㅕ, 附書於右. 〈正音 4a:2〉

正音二十八字, 各象其形而制之. 初聲凡十七字. 〈正音解例 1b:3〉

是則初聲之中, 自有陰陽五行方位之數也. 〈正音解例 3a:7〉

以初聲對中聲而言之. 〈正音解例 7b:2〉

初聲者, 或虛或實或颺或滯或重若輕, 是則剛柔著而五行之質成焉, 地之功也. 〈正音解例 7b:5〉

中聲以深淺闔闢唱之於前, 初聲以五音淸濁和之於後, 而爲初亦爲終亦可見萬物初生於地, 復歸於地也. 〈正音解例 7b:5〉

終聲之復用初聲者, 以其動而陽者乾也, 靜而陰者亦乾也, 乾實分陰陽而無不君宰也. 〈正音解例 8b:6〉

初聲之復爲終, 終聲之復爲初, 亦此義也. 〈正音解例 9a:2〉

正音制字尙其象 因聲之厲每加畫 音出牙舌脣齒喉 是爲初聲字十七 〈正音解例 9b:6(訣)〉

中聲唱之初聲和 天先乎地理自然 和者爲初亦爲終 物生復歸皆於坤 〈正音解例 13b:1(訣)〉

初聲復有發生義 爲陽之動主於天 終聲比地陰之靜 字音於此止定焉 〈正音解例 13b:7(訣)〉

韻成要在中聲用 人能輔相天地宜 陽之爲用通於陰 至而伸則反而歸 初終雖云分兩儀 終用初聲義可知 〈正音解例 14a:8(訣)〉

正音初聲, 卽韻書之字母也. 聲音由此而生, 故曰母. 〈正音解例 14b:5〉

牙音君字初聲是ㄱ, ㄱ與ㅜ而爲군. 快字初聲是ㅋ, ㅋ與ㅙ而爲쾌. 虯字初聲是ㄲ, ㄲ與ㅠ而爲뀨. 業字初聲是ㆁ, ㆁ與ㅓ而爲업之類. 〈正音解例 15a:2〉

初聲或在中聲之上, 或在中聲之左. 〈正音解例 20b:3〉

中聲則圓者橫者在初聲之下, ·ㅡㅗㅛㅜㅠ是也. 縱者在初聲之右, ㅣㅏㅑㅓㅕ是也. 〈正音解例 20b:6〉

初聲二字三字合用並書, 如諺語ᄯᅡ爲地, ᄧᅡᆨ爲雙 〈正音解例 21a:3〉
初聲之ㆆ與ㅇ相似, 於諺可以通用也. 〈正音解例 22b:3〉
初聲在中聲左上　挹欲於諺用相同　中聲十一附初聲　圓橫書下右書縱 〈正音解例 23a:5, 7(訣)〉
初聲ㄱ, 如감爲柿, ᄀᆯ爲蘆. 〈正音解例 24b:3〉

자운(字韻)을 이루는 첫소리.

『訓民正音』의 '初聲解'는 "正音初聲, 則韻書之字母也."로 시작한다. 한 음절을 초성(初聲), 중성(中聲), 종성(終聲)으로 나누어 설명하는 방법은, 현대 한국어학에서도 여전히 흔히 쓰이고 있다. 일반언어학에서 말하는 'initial-middle-final'이나 'onset-vowel-coda' 또는 '음절두자음-음절핵모음-음절말자음'이라는 三分法과 통하고, 중국의 음운학의 '성모(聲母), (개음(介音)+) 운복(韻腹), 운미(韻尾)'에 해당한다.

그러나, 한국어학의 '초성(初聲), 중성(中聲), 종성(終聲)'에서 특징적인 것은, 반모음 'ㅣ'[j]가 반드시 모음의 일부로 처리된다는 것이다. 이는 중세한국어의 언어적특징이라고 하기보다는, 훈민정음이라는 표기체계에서 유래하는 분석이라고 볼 수가 있다. 또한 동국정운식 한자음에서는 '유(由)'(juw)를 '유ᇢ'처럼, 즉 한자 운미 '-w'를 '종성(終聲)'인 것처럼 다루면서도 '維'(juj)는 '윙'처럼, 'j'를 '중성(中聲)'의 일부인 것처럼 다루고 있어 정연하지 못한 부분이 있다는 점도 주의할 필요가 있다. 적어도 이러한 점에 관해서는, 훈민정음 창제의 목적은 한자음 체계를 바로잡기 위한 것이라기보다 역시 일차적으로는 '한국어'를 표기하기 위한 것이었다고 할 수 있을 것이다.

☞ 종성(終聲), 중성(中聲)

<u>088</u> 초성해(初聲解)

初聲解 〈정음해례 14b:5〉

『訓民正音』에서 초성(初聲)이라는 어떤 개념인지를 설명한 부분.
110字의 설명과 7×8字의 형식의 결(訣)로 된 매우 짧은 설명이 있다.

■ 용자례(用字例), 제자해(制字解), 종성해(終聲解), 중성해(中聲解), 초성(初聲), 합자해(合字解)

<u>089</u> 초출(初出)

ㅗ ㅏ ㅜ ㅓ 始於天地, 爲初出也. ㅛ ㅑ ㅠ ㅕ 起於ㅣ 而兼乎人, 爲再出也. 〈正音解例 5b:6〉

'初出字'라는, 이차적으로 만들어지는 모음자(母音字)들 중에서 처음으로 합성되는 글자를 나타낸다. 예를 들어 'ㆍ'와 'ㅡ'에서 만들어지는 'ㅗ', 'ㅣ'와 'ㆍ'에서 만들어지는 'ㅏ' 등이 '초출(初出)'이다. 이에 대해 'ㅛ, ㅑ' 등 거기에 다시 획을 가하여 만들어지는 글자를 '재출(再出)'이라고 한다.

■ 재출(再出)

<u>090</u> 촉급(促急)

凡字必合而成音. 左加一點則去聲, 二則上聲, 無則平聲. 入聲加點同而促急. 〈正音 4a:6〉

聲有緩急之殊, 故平上去其終聲不類入聲之促急. 〈正音解例 17b:7〉

全淸次淸及全濁　是皆爲入聲促急　初作終聲理固然　只將八字用不窮 〈正音解例 19b:1〉

訓民正音諺解에는, "入聲은 ᄲᆞᆯ리 긋ᄃᆞᆫᄂᆞᆫ 소리라 促急은 ᄲᆞᆯ롤 씨라"〈訓諺 14a〉와 같은 주석이 있다. '입성(入聲)'은 성조의 하나이며, 중국의 전통적인 '사성(四聲)' 즉 '平上去入'중에 하나로서 운미에 '-k, -t, -p' 등 폐쇄음을 가지는 음절의 성조를 말한다. 이들은 그렇지 않은 음절에 비해 음절 중에서 모음의 계속시간이 짧기 때문에, 그것을 포착하여 '촉급(促急)'이라고 표현한 것이며, 그러한 설명은 한국어에서도 음절말에 '-ㄱ, -ㄷ, -ㅂ, -ㅅ' 등을 가지는 음절들에 해당하기 때문에, 중국어 '입성(入聲)'에 대한 설명을 그대로 빌린 것이라고 할 수 있다. 한국어에서는 '-ㅅ'으로 끝나는 음절도 '促急'해서 '入聲'에 분류된다는 점에 주목할 만하다.

"左加一點則去聲, 二則上聲, 無則平聲. 入聲加點同而促急. "〈正音 4a:6〉라는 기술은, '입성은 음절말 자음을 보면 분명히 구별되기 때문에, 따로 입성을 나타내는 성점기호를 만들지는 않았음'을 표현하는 기술이라고 할 수 있다.

▣ 입성(入聲)

091 촉이색(促而塞)

入聲促而塞, 冬也, 萬物閉藏. 〈正音解例 22b:3〉

해례본의 '합자해(合字解)'에 있어서 사성(四聲)의 설명 중 입성(入聲)을 형용하는 말.

平聲	安而和,	春也,	萬物舒泰.
上聲	和而擧,	夏也,	萬物漸盛.
去聲	擧而壯,	秋也,	萬物成熟.
入聲	促而塞,	冬也,	萬物閉藏.

여기서는 '평상거입(平上去入)'을 '춘하추동(春夏秋冬)'으로 비유하고 있으며, 말하자면 ＿／ ‾ ● 와 같은 개념도로 표현되듯이 서로 이어져서 연속되는 개념으로 의식하여 기술했을 것이다. '평상거(平上去)' 부분에서 '안이화(安而和)', '화이거(和而擧)', '거이장(擧而壯)'처럼 '화(和)', '거(擧)'라는 한자가 중복적으로, 이어지게 사용되고 있는 것은 그러한 의식이 나타난 것이라고 할 수 있다.

'촉이색(促而塞)'은 꼭 그러한 문맥 속에서 해석되어야 하며, 어떻게 보면 수사적인, 문학적인 요소도 감안하고 해석되어야 한다. 위에서 볼 수 있듯이 '평상거(平上去)'가 모두 연속되는 것으로 파악되는 데 비해, 입성(入聲)은 그 영속성을 일단 끊는, 약간 특이한 존재로서 분석하고 있음이 드러난다. <정음 4a: 6>에서는 입성(入聲)을 '촉급(促急)'으로 설명하는데, 그것과 마찬가지로, 입성(入聲)은 기타 성조에 비해 모음의 계속시간이 짧기 때문에, '촉이색(促而塞)'이라고 표현한 것이다.

■ 거이장(擧而壯), 안이화(安而和), 입성(入聲), 화이거(和而擧)

<u>092</u> 축(縮)

· 舌縮而聲深, 天開於子也. 形之圓, 象乎天地. 〈正音解例 4b:5〉

一 舌小縮而聲不深不淺, 地闢於丑也. 形之平, 象乎地也. 〈正音解例 4b:7〉

ㅣ 舌不縮而聲淺, 人生於寅也. 形之立, 象乎人也. 〈正音解例 5a:1〉

　중성의 기본자인 '·, ㅡ, ㅣ'를 발음할 때 혀의 모양.

　'축(縮)'은 혀가 '오므라들다, 수축하다'라는 뜻으로 중성의 기본자인 '·, ㅡ, ㅣ'를 각각 발음할 때 나타나는 혀의 모양을 말한다. '·'를 발음할 때에는 혀가 오므라들며(縮), 'ㅡ'를 발음할 때에는 혀가 '·'보다는 덜 오므라들고(小縮), 중성 'ㅣ'를 발음할 때에는 혀가 오므라들지 않고 평평한(不縮) 모양을 나타낸다.

<u>093</u> 치(徵)

舌銳而動, 火也. 聲轉而颺, 如火之轉展而揚揚也. 於時爲夏, 於音爲徵. 〈正音解例 2b:4〉

牙迺春木其音角 徵音夏火是舌聲 齒則商秋又是金 〈正音解例 10b:5〉

　삼분손익법(三分損益法)에 의한 5음계 궁상각치우(宮商角徵羽) 중의 하나. 삼분손익법(三分損益法)은 주나라 시기의 고전 『관자(管子)』에 나타나 있는 음계음을 구하는 방식이다. 어떤 길이의 피리가 내는 음을 바탕음(基音) '궁(宮)'으로 잡으면, 그 길이의 3분의 1을 줄인(3분의 1의 損) 길이의 피리의 음은 궁보다 완전 5도가 높은 음 '치(徵)'이며, 치(徵)를 내는 피리 길이의 3분의 1을 더한(3분의 1의 益) 길이의 피리가 내는 음은 치(徵)보다 완전 4도가 낮은 음 '상(商)'이다. 다시 '상'의 3분의 1을 줄여 '우(羽)'를 얻고, '우'의 3분의 1을 더하여 '각(角)'을 얻는다. 이렇게 얻어진 '궁, 상, 각, 치, 우'의 음계를 오성(五聲)이라 부르고, 이 삼분손익의 방법을 더 반복하여 얻어지는 황종(黃鍾) · 대려(大呂) · 태주(太簇) · 협종(夾鍾) · 고선(姑洗) · 중려(仲呂) · 유빈(蕤賓) · 임종(林鍾) · 이칙(夷則) · 남궁(南呂) · 무역(無射) · 응종(應鍾)의 음계를 12율이라고 부른다.

◼ 궁(宮), 각(角), 상(商), 우(羽)

094 치음(齒音)

ㅈ. 齒音. 如卽字初發聲 並書. 如慈字初發聲 〈正音 2a:5〉

ㅊ. 齒音. 如侵字初發聲 〈正音 2a:7〉

ㅅ. 齒音. 如戌字初發聲 並書. 如邪字初發聲 〈正音 2b:1〉

齒音ㅅ, 象齒形. 〈正音解例 1b:6〉

성모(聲母)를 아설순치후(牙舌脣齒喉)의 다섯 가지의 조음점(調音點)으로 분류하여 '오음(五音)'이라 부르는 중국 음운학의 전통을 그대로 따른 용어. 'ㅅ', 'ㅈ', 'ㅊ'이 '치음(齒音)'으로 설명되어 있는데, 현대 언어학 용어로 해석하면 '치경음(齒莖音, alveolar)' 정도에 해당할 것이다.

095 칠조(七調)

象形而字倣古篆, 因聲而音叶七調. 〈正音解例 27b〉

칠음(七音). 중국 음악에서 궁상각치우(宮商角徵羽)의 다섯 음과 반상(半商)·반치(半徵)와의 일곱 음계를 합하여 이르는 말.

한국 음악에서는, 평조와 계면조의 선법에 각각 둔 일곱 가지 조(調)로서 평조(平調)·월조(越調)·출조(出調)·준조(俊調)·황종조(黃鐘調)·이아조(二雅調)·반섭조(般涉調) 등을 합하여 이르는 말.

<u>096</u> 태극(太極)

坤復之間爲<u>太極</u>, 而動靜之後爲陰陽. 〈正音解例 1a:4〉

중국의 고대 사상 중 음양 사상과 결합하여 만물을 생성시키는 우주의 근원.

『주역(周易)』의 계사상전(繫辭上傳)에 "易有太極 是生兩儀 兩儀生四象 四象生八卦 八卦定吉凶 吉凶生大業"이라고 하였다. 태극(太極)의 원리는 송나라 주돈이의 「太極圖說」에서 체계적인 이론으로 되었다.

이 태극도설은 성리학의 본체론 형성에 있어서 주로 동(動)과 정(靜) 및 음양오행의 상호 묘합적 작용, 변화와 생성 등의 변증법적 관점을 이용하여 우주 기원의 생성 과정에 대하여 생성론적 본체론에 이르도록 심도 있는 탐구를 하였다. 또한 성리학에서 가치론적 인성론을 완성하는데 토대가 되었다. 그리고 후에 성리대전의 맨 앞장을 장식하는 문장이 되었고, 퇴계 이황의 성학십도의 맨 앞면의 내용을 장식하는 내용이 되었다.

097 통용(通用)

然ㄱㆁㄷㄴㅂㅁㅅㄹ八字可足用也. 如빗곶爲梨花, 영의갗爲狐皮, 而ㅅ字可以
通用, 故只用ㅅ字. 〈正音解例 18a:7〉

初聲之ㆆ與ㅇ相似, 於諺可以通用也. 〈正音解例 22b:4〉

음운론적 대립이 없어서, 혹은 많이 혼란되어서, 서로 구별할 필요가 없
음을 나타냄.

"종성(終聲)에는 'ㅈ, ㅊ, ㅿ'이 올 수도 있지만, 'ㅅ'으로 '통용(通用)'할 수
있기 때문에, 'ㅅ'만으로 표기하도록 한다"고 하는데, 여기서는 /ㅅ/, /ㅈ/,
/ㅊ/, /ㅿ/의 네 음소가 종성(終聲) 위치에서 중화(中和)됨(혹은 中和가 거의
완료된 단계임)을 표현한 것으로 해석할 수가 있다. 여기서는 근대어 단계
에서 이들에 합류하게 되는 종성(終聲) 위치의 /ㄷ/과는 여전히 확실히 서
로 구별되는 것에 주의할 필요가 있다.

098 평성(平聲)

凡字必合而成音. 左加一點則去聲, 二則上聲, 無則平聲. 〈正音 4a:5〉

凡字之左, 加一點爲去聲, 二點爲上聲, 無點爲平聲. 〈正音解例 22a:3〉

而文之入聲, 與去聲相似. 諺之入聲無定, 或似平聲, 如…. 或似上聲, 如…. 或
似去聲, 如…之類. 〈正音解例 22a:5〉

平聲安而和, 春也, 萬物舒泰. 〈正音解例 22a:8〉

諺之四聲何以辨 平聲則弓上則石 刀爲去而筆爲入 〈正音解例 23b:6〉

성조의 하나이며, 중국에서 전통적으로 사용되었던 평(平)·상(上)·거

(去)・입(入)이라는 '사성(四聲)' 중의 하나. 訓民正音諺解에는, "平聲은 뭇 눗가톤 소리라"<訓諺 14a>와 같은 주석이 있다. 한국에서는 적어도 조선왕조부터 현대까지는 平聲(低平調, Low), 去聲(高平調, High), 上聲(上昇調, Rising)으로 받아들여졌다. 『訓民正音』에서는 왼쪽에 찍히는(반드시 찍혀야 하는) 傍點(聲點)의 수에 의해 각각 '무점(無點)', '일점(一點)', '이점(二點)'으로 표현된다. 이는 어떤 시대의 중국한자음이 한국한자음 체계로 받아들여지는 과정에서, 한자음과 함께 사성(四聲)의 높낮이가 그 이름과 함께 받아들여져서 정착된 것이라고 볼 수 있다.

◢ 거성(去聲), 상성(上聲), 입성(入聲)

<u>099</u> 합(闔)

中聲凡十一字. ・舌縮而聲深, … 一舌小縮而聲不深不淺, … ㅣ舌不縮而聲淺, … 此下八聲, 一闔一闢. 〈正音解例 5a:2〉

水火未離乎氣, 陰陽交合之初, 故闔. 〈正音解例 7a:4〉

中聲者, 一深一淺一闔一闢, 是則陰陽分而五行之氣具焉, 天之用也. 〈正音解例 7b:4〉

中聲以深淺闔闢唱之於前, 初聲以五音淸 〈正音解例 7b:8〉

洪出於天尙爲闔 象取天圓合地平 〈正音解例 12a:7〉

ㅣ於深淺闔闢之聲, 竝能相隨者, 以其舌展聲淺而便於開口也. 〈正音解例 16b:6〉

母字之音各有中 須就中聲尋闢闔 〈正音解例 17a:2〉

원순고모음(圓脣高母音) 'ㅗ, ㅜ' 등을 '闔'(닫혔다) 비원순고모음(非圓脣非高母音) 'ㅏ, ㅓ' 등을 '闢'(열렸다)으로 대립적으로 포착하였다. "此下八聲(ㅗ, ㅏ, ㅜ, ㅓ, ㅛ, ㅑ, ㅠ, ㅕ), 一闔一闢." 에 따른 문장에서는, 'ㅗ, ㅜ, ㅛ, ㅠ'를 '합(闔)', 'ㅓ, ㅏ, ㅕ, ㅑ'를 '벽(闢)'으로 정리하였다. 『訓民正音』

에서는, 이들 밖에 '구축(口蹙)', '구장(口張)'이라는 용어들도 이들과 비슷한 개념을 나타내는 용어로서 사용되고 있는데, '구축(口蹙)', '구장(口張)'은 구체적인 발음 방식을 기술하는 문맥에서, '합(闔)', '벽(闢)'은 약간 철학적인 문맥에서 주로 사용된다. 이들은 '원순성(圓脣性)' 여부, 혹은 '개구도(開口度)'의 크고 작음을 포착한 용어라고 볼 수 있는데, 어느 한쪽이라고 보기보다 오히려 두 가지를 통합적으로, 원순모음이며 고모음인 'ㅗ, ㅜ'(口蹙・闔)와 비원순모음이며 저모음인 'ㅏ, ㅓ'(口張・闢)를 대극적(對極的)으로 포착했다고 보는 것이 타당할 것이다.

◤ 구장(口張), 구축(口蹙), 벽(闢)

100 합용(合用)

初聲<u>合用</u>則並書, 終聲同. 〈正音 3b:7〉

二字<u>合用</u>者, ㅗ 與 ㅏ 同出於 ·, 故合而爲 ㅘ. 〈正音解例 16a:5〉

洪覃自呑可<u>合用</u> 君業出卽亦可合 〈正音解例 17a:4〉

中聲二字三字<u>合用</u>, 如諺語 과 爲琴柱, 홰 爲炬之類. 〈正音解例 21b:1〉

終聲二字三字<u>合用</u>, 如諺語 ᄒᆞᆰ 爲土, 낛 爲釣, ᄃᆞᆲᄢᅢ 爲酉時之類. 〈正音解例 21b:2〉

初終<u>合用</u>各並書 中亦有合悉自左 〈正音解例 23b:3〉

'합용(合用)'은 두 가지 의미로 사용된다. 즉, "初聲合用則並書, 終聲同."에서 처럼 초성(初聲)이나 종성(終聲)에서 두 가지의 자음자(子音字)를 '아울러 쓰는' 경우와 "二字合用者, ㅗ與ㅏ 同出於 ·, 故合而爲 ㅘ"〈正音解例 16a〉에서처럼 중성(中聲)에서 모음자(母音字)를 '아울러 쓰는' 경우이다.

"初聲合用則並書, 終聲同."에서는, '합용병서(合用並書)'[cf. 101.]라는 개

넘에 있어서 통사론적으로 '즉(則)'이 들어간 것을 감안하면, '합용(合用)'
은 초성을 복합적으로 사용한다는, 즉 어두자음군(語頭子音群)과 같은 현
상이 일어난다는 언어현상을, '병서(竝書)'는 나란히 쓴다는 문자론적인 문
제를 말하고 있음을 알 수 있다.

◤ 합용병서(合用竝書)

101 합용병서(合用竝書)

初聲合用則竝書, 終聲同. 〈正音 3b:7〉
初聲二字三字合用竝書, 如諺語·ᄯᅡ爲地, ᄧᅡ爲雙, ·ᄢᅳᆷ爲隙之類. 〈正音解例 21a:4〉
其合用竝書, 自左而右, 初中終三聲皆同. 〈正音解例 21b:4〉

"初聲二字三字合用竝書, 如諺語·ᄯᅡ爲地, ᄧᅡ爲雙, ·ᄢᅳᆷ爲隙之類. 各自竝書,
如諺語·혀爲舌而·ᅘᅧ爲引, 괴·여爲我愛人而 괴·ᅇᅧ爲人愛我, 소·다爲覆物而쏘·
다爲射之之類." 초성(初聲) 두 글자 세 글자를 '합용(合用)'하려면 '병서(竝
書)'하라, 즉 초성이 복합적이면 나란히 쓰라는 규칙을 설명하는 것으로
해석된다. '합용병서(合用竝書)'는, 바로 뒤에 나타나는 '각자병서(各自竝
書)'의 상위개념(上位槪念)으로 볼 가능성도 있다. '합용병서(合用竝書)'의
예로서는, 다음과 같은 예를 들고 있다.

초성 [2자······ ᄯᅡ(·ᄯᅡ=地) ᄡᅡᆨ(ᄧᅡ=隻)······
      [3자······ ᄢᅵ(·ᄢᅳᆷ=隙)

종성 [2자······ ᆰ(ᄒᆰ=土) ᆪ(·낛=釣)······
      [3자······ ᆳ(ᄃᆰ·ᄳᅢ=酉時)······

초성(初聲)의 '합용(合用)'에 관해 아무런 음운론적인 기술도 없는 이상은, 이 표기가 설명의 필요도 없을 정도로, 그들의 음룬론적 직관을 바로 반영한 표기였다고 봐야 할 듯하다. 'ᄯ'의 'ㅅ'이 그대로 's'로 읽혔는지 된소리 기호였는지, '괴ᅇᅧ'의 'ᅇᅧ'의 음가는 음운론적으로 어떻게 해석되는지 등은 아직도 학계에서 의견의 일치를 보지 못한 문제들이지만, 여기서 특히 설명할 필요도 없는 것으로 예로 든 'ᄯ', 'ᅇᅧ'와 같은 표기가 실제로 어떤 음가를 나타내는 것이었는지를 밝히는 일은, 우리들에 남겨진 숙제라고 할 수 있다.

순경음 'ᄫ'(β)은 15세기 중엽에 한국어를 표기하기 위해 널리 사용되었다가 짧은 시간에 폐지되게 된 글자인데, <正音 3b: 6>에 "ㅇ連書脣音之下, 則爲脣輕音."이라는 기술이 보일 뿐, 여기서는 다루어지지 않았다는 사실에도 주목할 필요가 있다. 즉, 'ᄫ'는 하나의 음소를 나타내는 것이지, '합용병서(合用並書)'는 아니라는 판단을 암시한다.

▲ 並書(병서), 合用(합용)

102 합자해(合字解)

『訓民正音』에서는 제자해(制字解), 초성해(初聲解), 중성해(中聲解), 종성해(終聲解)에 따라, 자모(字母)들을 어떻게 합쳐서 하나의 글자를 만드는지, 즉 모아쓰기의 방법에 대해서 설명한 부분.

"凡字之左, 加一點爲去聲, 二點爲上聲, 無點爲平聲"<正音解例 22a>과 같은 기술이 있으며, 여기서는 성점(聲點)도 거기서 필수적인 요소로 규정되어 있다는 점이 주목된다.

여기서는 성조의 정체에 대한 이론적인 설명이나, 한국어(諺)에서의 초성(初聲) 'ㆆ', 'ㅇ'의 '통용(通用)', 반설음(半舌音)의 중경(重輕)(ㄹ/ᄛ)의 구별, 'ㆍ', 'ㅡ' 앞에 'ㅣ'가 이러나는 'ᆝ', 'ᆜ'가 유아어나 방언에 나타날 수 있음 등등이 같이 설명되고 있다.

🔲 용자례(用字例), 제자해(制字解), 終聲解(종성해), 中聲解(중성해), 初聲解(초성해)

103 화이거(和而擧)

上聲和而擧, 夏也, 萬物漸盛. 〈正音解例 22b:1〉

해례본의 '합자해(合字解)'에 있어서 사성(四聲)의 설명 중 상성(上聲)을 형용하는 말.

四聲		聲點	例	發音의 特徵		
平		無	활(弓)	安而和	春也	萬物舒泰
上		二	:돌(石)	和而擧	夏也	萬物漸盛
去		一	·갈(刀)	擧而壯	秋也	萬物成熟
入	似平聲	無	긷(柱), 녑(脅)	促而塞	冬也	萬物閉藏
	似上聲	二	:낟(穀), :깁(繒)			
	似去聲	一	·몯(釘), ·입(口)			

『訓民正音』에서는 '평상거입(平上去入)'을 '춘하추동(春夏秋冬)'으로 비유하고 있으며, 말하자면 ＿／ ￣ ● 와 같은 개념도로 표현되듯이 서로 이어져서 연속되는 개념으로 의식하여 기술했을 것이다. '평상거(平上去)' 부분에서 '안이화(安而和)', '화이거(和而擧)', '거이장(擧而壯)'처럼 '화(和)', '거(擧)'라는 한자가 중복적으로, 이어지게 사용되고 있는 것은 그러한 의식이 나타난 것이라고 할 수 있다.

‘화이거(和而擧)’는 꼭 그러한 문맥 속에서 해서되어야 하며, 어떻게 보면 수사적인, 문학적인 요소도 감안하고 해석되어야 하는데, 일단은 ‘처음에 평성처럼 낮았다가(和) 올라가는(而擧) 소리’ 정도로 해석할 수가 있다.

◼ 거이장(擧而壯), 상성(上聲), 안이화(安而和), 촉이색(促而塞)

104 후음(喉音)

ㆆ. 喉音. 如挹字初發聲. ㅎ. 喉音. 如虛字初發聲. 竝書. 如洪字初發聲. ㅇ. 喉音. 如欲字初發聲. 〈正音 2b:3〉

喉音ㅇ, 象喉形. 〈正音解例 1b:6〉

唯喉音次淸爲全濁者, 盖以ㆆ聲深不爲之凝, ㅎ比ㆆ聲淺, 故凝而爲全濁也. 〈正音解例 4b:1〉

성모(聲母)를 아설순치후(牙舌脣齒喉)의 다섯 가지의 조음점(調音點)으로 분류하여 ‘오음(五音)’이라 부르는 중국 음운학의 전통을 그대로 따른 용어. ‘ㅇ’, ‘ㆆ’, ‘ㅎ’이 ‘후음(喉音)’으로 설명되어 있는데, 이것을 어떻게 해석해야 하는지는 매우 어려운 문제라고 할 수 있다.

먼저, ‘ㅇ’은 현재 널리 논의되는 바에 따르면, 음운론적으로 단지 자음이 없음을 나타내는 것(∅)과 /ɦ/과 같은 후두유성마찰음(喉頭有聲摩擦音)을 나타내는 것의 두 가지가 있다고 분석되어 있기도 하나, 『訓民正音』에서는 그러한 설명을 전혀 찾을 수가 없다는 것에 주목할 필요가 있다. 즉, 『訓民正音』의 설명을 따라, 일단 ‘후음(喉音)’으로서 후두유성마찰음(喉頭有聲摩擦音) /ɦ/의 존재를 인정한다면, 자음이 없는, 모음으로 시작하는 모든 음절은 그 /ɦ/로 시작된다고 봐도 문제없을 것이다.

후음에 관해서, 다음과 같은 기술이 보인다. "喉居後而牙次之, 北東之位也."<正音解例 3a2>(목구멍은 구강 뒤 쪽에 있고 어금니는 그 다음에 있으니 북과 동의 자리이다), "喉邃而潤, 水也. 聲虛而通, 如水之虛明而流通也. 於時爲冬, 於音爲羽."(목구멍은 입 안의 깊숙한 곳에 있어 축축하며, 오행의 수에 해당한다. 소리가 허하고 막힘이 없이 통함은, 물이 환히 맑으며 잘 흐르는 것과 같다. 계절로는 겨울에 해당하고, 음으로는 우(羽)에 해당한다.)

<正音解例 2b:1>

🔳 설음(舌音), 순음(脣音), 아음(牙音), 치음(齒音)

<u>105</u> 훈민정음해례(訓民正音解例)

세종의 말로서 공포(公布)된 '訓民正音'에 대해, 신하들이 자세한 설명과 용례를 붙이고 해설한 것이며, 흔히 『(訓民正音)解例本』으로 언급된다. 정인지, 최항, 박팽년, 신숙주, 성삼문, 강희안, 이개, 이선로 등이 관여하였으며, 제자해, 초성해, 중성해, 종성해, 합자해의 5해와 용자례의 1례로 되어 있다.

참고문헌

강신항(1978/2008), 『훈민정음(역주)』, 신구문화사.

강신항(1987/2003), 『훈민정음연구』, 성균관대학교출판부.

공재석(1967), 「한글 古篆起源說에 대한 한 고찰」, 『중국학보』 7, pp.45-54.

김민수(1953), 「各字竝書 音價論」, 『국어국문학』 4.

김민수(1957), 『(주해) 훈민정음』, 통문관.

김슬옹(2010), 『세종대왕과 훈민정음학』, 지식산업사.

김완진(1963), 「국어 모음체계의 신고찰」, 『진단학보』 24, 진단학회.

김완진(1972), 「세종의 어문정책에 대한 연구: 훈민정음을 위요한 수삼의 문제」, 『성곡
논총』 3, pp.185-215.

金完鎭(1978), 「母音體系와 母音調和에 대한 反省」, 『語學研究』 14-2, 서울대학교 어
학연구소.

김완진(1984), 「훈민정음 창제에 관한 연구」, 『한국문화』 5, pp.1-19.

김주필(2005), 「중국 문자학과 『訓民正音』 문자이론」, 『인문연구』 48, pp.69-102.

도수희(1971), 「各字竝書 研究」, 『한글 50周紀念論文集』, 한글학회.

렴종률・홍기문(1982), 『『訓民正音』에 대하여』, 김일성종합대학출판사.

문효근(1993), 「훈민정음 제자 원리」, 『세종학 연구』 8.

박형우(2009), 「훈민정음 '象形而字倣古篆'의 의미」, 『한민족어문학』 53, pp.153- 180.

안명철(2006), 「훈민정음 제자 원리와 육서(六書)」, 『우리말글』 38, pp.43-58.

안병희(1990), 「훈민정음의 제자 원리에 대하여」, 『강신항 교수 회갑기념 국어학 논문
집』, 태학사, pp.135-145.

안병희(2001), 「설총과 국어」, 『새국어생활』 11-3, 국립국어연구원.

유창균(1966), 「"象形而字倣古篆"에 대하여」, 『진단학보』 29・30, 진단학회, pp.371-
390.

이기문(1976), 「최근의 훈민정음 연구에서 제기된 몇 문제」, 『진단학보』 42, 진단학회,
pp.187-190.

이기문(1998), 『신정판 국어사개설』, 태학사.

李成九(1985), 「訓民正音解例의 '聲·音·字'의 意味」, 『鳳竹軒 朴鵬培博士 回甲紀念 論文集』, 培英社, 590-608.

이성구(1985), 『훈민정음연구』, 동문사.

이현희(2003), 「훈민정음연구사」, 송기중외 편, 『한국의 문자와 문자연구』, 집문당, pp.593-626.

조규태(2010), 『번역하고 풀이한 훈민정음』, 한국문화사.

지석영(1896), 「국문론」, 『대조선독립협회회보』 1.

허 웅(1953), 「竝書의 音價에 對한 反省」, 『국어국문학』 7.

許 雄(1955), 「旁點研究 (慶尙道 方言 聲調와의 比較)」, 『東方學志』 2, 延禧大學校 東方研究所.

홍윤표(2003), 「훈민정음 명칭과 제자 원리에 대한 새로운 해석」, 북경국제학술대회 발표문, 이중언어학회.

홍윤표(2005), 「訓民正音의 '象形而字倣古篆'에 대하여」, 『國語學』 46, 國語學會.

孔子文化大全編輯部(1989), 『性理大全(一)』, 山東友誼出版社.

孔子文化大全編輯部(1989), 『性理大全(二)』, 山東友誼出版社.

東京外國語大學アジア・アフリカ言語文化研究所(2005), 『図説 アジア文字入門』, 河出書房新社.

野間秀樹(2010), 『ハングルの誕生 音から文字を創る』, 平凡社新書 523, 平凡社.

諸橋轍次(1955・1968), 『大漢和辭典』, 大修館書店.

河野六郎(1951), 「諺文古文獻の聲點に就いて」, 『朝鮮學報』 1, 朝鮮學會, 河野六郎(1979), 『河野六郎著作集 第1卷』, 平凡社에 再收錄.

漢語大詞典編輯委員會 漢語大詞典編纂處 編(1988), 『漢語大詞典』, 漢語大詞典出版社.

찾아보기

저자소개

이현희_ 서울대학교 인문대학 국어국문학과 교수
두임림_ 서울대학교 국어국문학과 국어학 전공 박사 졸업, 경복대학교 조교수
사 화_ 서울대학교 국어국문학과 국어학 전공 박사 졸업
스기야마 유타카_ 서울대학교 국어국문학과 국어학 전공 박사과정 수료,
　　　일본 京都産業大學 外國語學部 아시아言語學課 韓國語專攻 전임강사
정혜린_ 서울대학교 국어국문학과 국어학 전공 박사과정 수료
김소영_ 서울대학교 국어국문학과 국어학 전공 박사과정 수료
김주상_ 서울대학교 국어국문학과 국어학 전공 박사과정 수료,
　　　일본 神田外語大學 MULC 어학전임강사
백채원_ 서울대학교 국어국문학과 국어학 전공 박사과정 수료
가와사키 케이고_ 서울대학교 국어국문학과 국어학 전공 박사과정 수료,
　　　숭실대학교 일어일본학과 조교수
이상훈_ 서울대학교 국어국문학과 국어학 전공 박사과정 수료
김한결_ 서울대학교 국어국문학과 국어학 전공 박사과정 수료
김민지_ 서울대학교 국어국문학과 국어학 전공 박사과정 수료
왕 철_ 서울대학교 국어국문학과 국어학 전공 석사과정 졸업

『訓民正音』의 한 이해

초판 인쇄 2014년 10월 01일 | 초판 발행 2014년 10월 08일
지은이 이현희, 두임림, 사화, 스기야마 유타카, 정혜린, 김소영, 김주상, 백채원,
　　　가와사키 케이고, 이상훈, 김한결, 김민지, 왕철
펴낸이 이대현
편 집 박선주
디자인 이홍주
펴낸곳 도서출판 역락 | 등록 제303-2002-000014호(등록일 1999년 4월 19일)
주소 서울시 서초구 동광로 46길 6-6(반포동 문창빌딩 2층)
전화 02-3409-2058(영업부), 2060(편집부) | 팩시밀리 02-3409-2059
전자우편 youkrack@hanmail.net
ISBN 978-89-5686-085-3　93710

정가 25,000원
■ 잘못된 책은 교환해 드립니다.

이 도서의 국립중앙도서관 출판예정도서목록(CIP)은 서지정보유통지원시스템 홈페이지(http://
seoji.nl.go.kr)와 국가자료공동목록시스템(http://www.nl.go.kr/kolisnet)에서 이용하실 수 있
습니다.(CIP제어번호: CIP2014026531)